30代の旅と模索

―80年代の体験的世界地図づくり

組原　洋

学文社

まえがき

本書は、私が31歳の時に沖縄に住むようになってから30代の時期にやった旅を中心にまとめたものである。前著『而立への旅』は私が小6の頃に難聴になってから30歳になるまでの記録をまとめ、『40代の旅と日常』は40代の記録をまとめたので、時期的には本書はその中間になる。

本書のもとになった記録は２０２１年12月中旬からまとめ始めたが、手書きのノートや日記の形で残っているものについては、これをまずパソコンに打ち込んでいく作業から始めなければならなかったので結構時間がかかり、まとめ終えたのは２０２２年3月末だった。

当初は前2著の間を埋めたいというだけの理由でこのような作業をしていたのだが、同年2月24日にロシアが突然ウクライナに侵攻し、それ以来ずっとこの関係のニュースを追っているうちに、ベルリンの壁が崩壊し、ソ連が解体してしまったあともまだ問題は続いていたことを再認識させられたので、今の時点でもう一度80年代にやった旅を見直し、その意味を考えてみる必要性を強く感じるようになった。

旅を続ける原動力となっていたのは、直接には、働いていた大学で１９８１年度に法人類学という科目を新設したため、その講義資料を準備する必要があったからで、そういう意味でこの時期の旅は大部分が「仕事」を意識して行ったもので、講義をやり始めてから最初にやった旅が、『旅の深層』第1章に収録した1981年夏のアフリカの旅である。しかし私自身の意識としては、「仕事」ということをそんなに重々しく考えていたわけではなく、この本の副題の通り、「行き着くところが、行きたいところ」の旅であった。法人類学という科目をそんなに長く維持・継続できるとは思っていなかったし、そもそも旅を続けるためにこの科目を設置したという側面もあって、やがて時が来れば私は沖縄から去るであろうと予想していた。ところがそういう軽いノリでやっているうちにだんだん、世界地図づくりにはまり込んでいったというわけである。

個人的な事情としては、沖縄に来て以来、前著『旅の表層』第2章に記した「旅する哲学」の基盤に変化が生じていた。「もう一人の自分」という、自問する相手が沖縄に来て以来見事なぐらいに消失したのである。そういう状況になって「僕の哲学」を如何に維持するかという課題がだんだん強く意識されるようになってきて、現在に至るまで考え続けてきているが、それが迷いの原因となって、旅先が決まらないとか、ひどいときには旅に出かけることさえできないという事態も経験してきた。このような「模索」の状況も、記録から分かる範囲でできるだけ具体的に記した。

前著『40代の旅と日常』でも記したように、私は1980年に大学専任教員となったときからずっと「自分抜きの研究はしない」と決意し、公言もして実践してきた。この作業をやり始めた時期のことを、古稀を過ぎた現在の視点で振り返ることのできた幸運をありがたく感じている。

２０１０年のクリスマスの時に、ブラジルのマリンガにある浄土宗和順会の老人福祉施設を見学しに行ったが、その時もらった月めくりカレンダーの12月のところに「断ちきる勇気　続ける根気」とあるのが気に入って、今も家の中にぶら下げて見ているが、こうやって50年間の歩みをまとめることができたことからすれば「続ける根気」の方はあったと言えそうである。

私の30代の「旅と模索」を支えてくれた方々には、お名前はいちいち挙げないが、心から「ありがとう」を言いたい。

目次

1　フィリピン団体旅行記

沖縄大学地域研究所年報第3号（1992年3月）に「旅の動機をめぐる考察」という題で書いていたときに、1980年12月に沖縄からフィリピンに行った時の旅行記が見つかった。まだ法人類学の科目を設置する前の旅でどこかに発表することを前提としないで書いたまま、ずっと忘却していたのだった。

私の場合、海外を個人旅行中に便宜上ツアーに参加したことは何度かあったが、最初から団体に加わっての旅は2011年にチベットに行った時だけである。そういうこともあってか、私としては妙に強く記憶に残っている旅なのである。しかし、都合よく同行者の名前をすっかり忘れてしまうぐらいの時間はたち、他人の書いたもののような感じで読み直してみて、この旅から意識的な研究旅行が始まったことに気づいたのだった。

I

マニラの国際空港は列車の終着駅のようだった。人がごったがえしているというだけではない。感じが飛行場らしくないのである。普通、空港というのは、何となくお上品なものであり、パッパッと歯切れの良いものであると思うのだが、ここにはそれがなかった。

午前3時をまわっているというのに、随分人が多い。荷物を持って、ホテルのミニバスに乗るまで人垣をかき分けるようにして進まねばならなかった。まさかこんなにたくさんの人すべてが送迎のために来ているとは思われない。おかげで、一緒のおばあちゃんとおばちゃんがはぐれてしまった。この二人はタクシーに乗せられかかっていた。手をひっぱってホテルのミニバスまで連れてきて、やっと出発。

ホテルについて部屋が決まったのが朝4時頃だった。同室になった男の人と一緒に部屋へ行き、すぐにパンツとシャツになってベッドに横になる。じきに寝てしまった。目をさますともう昼前になっていた。

同室の人と食堂に行ってみると、すでに朝食の時間は終わってしまっていた。朝食券でコーヒーだけ飲んで、さっそく市内観光に出かける。バスはきのうのミニバスで、日本語の話せる女性のガイドつきである。一緒についてきた旅行社の人は、寝そべるようにしてイスにすわって、日本のスポーツ新聞を読んでいる。もう一人、運転手のほかに若い男が乗ったが、これは、こちらの旅行社の人のようである。

バスはまず、戦没者の墓地へ行った。芝生がやわらかい。ここの芝生は水分が多いようだ。石碑がいくつも立ち並んでいて、そこに、ABC順に亡くなった人の名が刻んである。アメリカ軍人の墓地だが、国籍はフィリピンが半分位である。そのため、名前もラテン系のものが多い。

礼拝堂があった。マリア様の絵が描いてあるが、いつも見るマリア様とは大分顔つきが違うようだ。やさしい感じがない。われわれが腰掛けだと思ったのは、お祈りする時にひじを置く台だった。礼拝堂の前でガイドさんが、「あなた達は仏教徒ですか」と尋ねる。フィリピンにこれで4度目とかのKさんが、「いや何でもない」と答え、私が「野蛮人だもんですからね」と言う。ガイドさんは、キョトンとしてわれわれをみつめる。笑ったのはわれわれだけだった。

全体に、われわれの方はふざけたのばかりが集まったようだ。ツアーの参加者は十何名かだが、半分は航空券を安く買うだけの目的の人で、さらに、おばあちゃんとおばちゃんは、こちらの親戚を訪問しに来たという話で、結局、一緒に見物しているのは男4名である。私と同室のAさん、Kさん、Kさんと同室のHさん、そして私。

再びバスに乗って、今度は、中国人墓地へ行く。この町の名所は墓ばかりなのか？　スラムのような所を通り抜けると、金ピカの丘に出た。墓の形は沖縄のを大きくしたようなもので、つまり、家の格好をしている。そして、本当に金やら銀やらをありったけ使った豪華なものである。「福」と書いたのがある。これは、まだ人が入っていない墓で、これから死ぬ人の墓だそうである。

いつの間にか墓を抜けて——一度も降りなかった——今度は公園に出る。スペイン時代の古い要塞だとか。英雄ホセ・リサールもここで殺された。日本軍が使用していたという牢屋があった。潮が満ちてくるとこの牢屋も水で一杯になり、おぼれて死ぬ。ここも一種の墓場だ。歩きながらガイドさんが、戦争のときは日本と不幸な関係だったけれど、今は、というようなことをおずおずと言う。われわれは何も言わない。

回廊に出ると、サルマタ一つの男が4～5名見えた。ニコニコはしゃいでバスケットボールのゴールのようなものにぶらさがっている。なんじゃいな？　回廊の下は川になっていた。ドブ川。

ドブ川の中にも男達がいる。皆、手にタモをもっている。回廊から観光客が小銭を投げると、この男達がタモでこれをすくおうとするのである。うまくすくえずに川の中に落ちてしまうと、川の中に立っている男が逆立ちして、足だけを水面上に出して底をさらう。

これで見物はおしまいで、あとレストランで昼食になる。油いためのごはん、粒が小さくてサラサラしているが、よくのどに通る。ソーメンチャンプルー。あと魚とカニ。特別に豪華とも思えないが、まずくもない。食事の最初にガイドさんが、「お飲物は？」というので、ジュースやビールをそれぞれ注文したのだが、それとは別に紅茶も出たので、「注文する必要なかったんじゃないか」とKさんがブツブツ言っている。食事が済んで便所に行くと、小便壺に氷の塊がおいてあった。便所から帰って、さて、これでおしまいという時になって、私の座っている所へ私のポートレート写真が置かれていた。ああ、食事中にやたらとフラッシュをたいていたのはこれだったのだ。ふーむ、なかなかよく撮れている、結構だね、と思ったとたんに、写真を持ってきた女性が10ペソだという。350円だ。高い。女はぜひと言ってかなり粘ったが、阿呆らしいので買わなかった。KさんもAさんも買わない。Hさんは買った。Kさんが、いやならノーと言ってハッキリ断わればいいと忠告してくれた。さらに今度は、ジュースやビール代はツアー代金外とのことで、これにも10ペソ払わされる。これ位のものははじめからツアー代に含めておいてくれりゃいいのにと、Aさんが不満をもらす。

Aさんは、これでマニラは2回目だそうだが、この前来た時は、ポートレート写真6枚をテープルの上に置かれて、6000円請求されたそうだ。要らん、と断わると、4000円でいいと言われ、さらに1000円にまで落ちたとか。Kさんが、コースに乗せられていると徹底的にボラれると口を添える。例えば、ビールやジュースにしても、町で飲めばたったの2ペソである。ホテルで飲めばこのレストランよりもっと高くなって、14ペソになる。Kさんの主唱で、4人で安上がりにやろうと衆議一決する。そして、Kさんが旅行社の人に、「もう放っておいて下さい」とやったものだから気まずい雰囲気になった。

ミニバスでホテルにもどり、ロビーで明日の予定を話し合う。ガイドさんも一緒に加わる。Hさんは何かの施設を調査しに来たとかで、ガイドさんに、目的地に連れていってくれと頼む。ガイドさんが考え込む様子をする。するとHさんは、「ちぇっ、この人誤解してるよ」と舌うちした。まじめな目的のために行こうということらしいのだが、ガイドさんは、Hさんと2人きりで行くというので、色めいたお話と勘違いしたらしい。

私は是非、マニラの外にも出てみたかった。東南アジアは、首都と田舎ではまるで違うという話なので、マニラ以外のフィリピンもみたかったのだ。といっても、ガイドつきなんて無用である。バスに乗るだけのことだ。私がこう言うと、旅行社の人が、とんでもないという顔をする。一人で出たりしたら裸になって帰ってくるだろうというのだ。Aさんもそれにうなずく。そんなに怖い所なのか？　一方、Kさんも観光コースはごめんとのことで、結局Kさん、Aさん、私の3人でマニラから出て、半日のバス旅行をすることに決める。したがって旅行社の準備したツアーには乗る人がいないので、旅行社の人が解散を宣言した。

われわれ4人、Kさんらの部屋に集まって雑談する。話はまず女のことである。Aさんが女を買う様子を教えてくれた。飾り窓に女が2、300人もいて、ここから選ぶのだそうだ。こんなに多いと選ぶのに時間がかかる、とKさん。一般的にはこちらの女は、体型的に乳が大きい人が多いそうである。それと、朝までちゃんと添寝してくれるそうだ。値段は一晩で1万5000円だそうだが、そのうち女にいくのはせいぜい1000円だそうで、残りは斡旋業者が取るというのだからアホらしい。

こういった話が一通りすんで、Hさんが、スラムの中の中国人墓地を見た時、及びドブ川へのカネ投げの現場を見た時の驚きを語る。この人は、外国に出るのが初めてなのだ。私など、どちらも、どうという感じをもたず、これが当たり前の外国だというふうに受けとったのだが、初めてだとやはりびっくりするものらしい。

4人でタクシーに乗って出かける。アンバサダーホテル前で降りて、ブラブラ歩いていく。日本語名のバーが多い。こんなにたくさんかたまっているとは意外だった。スナック屋でビールを飲む。抜けていてまずい。私は半分も飲まずにやめた。またブラブラ歩き始める。人の目はきついようである。好意的な目は少ない。小指をたてて冷やかす。それもバカにしたような感じだ。

Kさんがわれわれを日本名のクラブへ招じ入れた。沖縄の人がやっているんだそうである。そこで暗くなるまで飲んでいたが、私はもう全く飲まずに、つまみをポリポリやっていた。私は、日本人に会いに来たのではない、フィリピン人に会いに来たのだ、それがなんで日本人のバーに入ってなきゃならんのだ。そう思って不快になる。ハシゴする段になって、私は、一人で飯を食って帰る、と3人に言った。そう言って帰ろうとすると、Kさんが私をとめて、また4人一緒にタクシーに乗る。ちぇっ、やはり個人でくるんだったと後悔する。ところが、つき合わされると思ったのは間違いで、タクシーはホテルにまっすぐ行った。そして私を降ろすと、3人はまた飲みに出かけていった。私がマニラは初めてなので、あぶないと思ってわざわざ送ってくれたというわけだ。有難迷惑な話だ。おかげで飯も食えない。このホテルは市の中心からかなりはずれており、食べようと思うともう一度出かけるしかない。かといって、ホテルのバカ高い食事を食べる気なんて、てんからない。仕方ないので、晩飯は抜くことにした。飛行機で出たピーナッツがあったのを思い出し、これをポリポリ食べながら、備え付けのミネラルウォーター（水道の水は危ないので飲まない）を飲んだが、とても足りない。高級ホテルに泊まって腹をすかせている自分がおかしくなった。

このホテルは本当に上等である。初めてこの部屋に入った時Aさんも私も思わずうなってしまった。室内テレビがあって、硬貨を入れないでもつくようになっているので、もうけものだと思ってスイッチを入れた。6つの放送をやっている。うち二つがアメリカのものと聞いた。沖縄の米軍放送のようなものらしい。チャンネルを回して比較しているうちに、4チャンネルが日本のNHKのようなものだと判断できた。といっても、この4チャンネルもちゃんとコマーシャルが入る。コマーシャルは電気製品の、かなり安物の宣伝が多い。もちろん、日本企業のコマーシャルも随分多い。

大統領の演説はおもしろかった。というのは、この国は公用語が二つあるので、まずタガログ語で2、30秒話した後、それと同内容の話を今度は英語で繰り返す。タガログ語、英語の順で繰り返すのである。ニュースとなると、大統領と夫人の独擅場となる。他にはニュースは何もありませんといった感じである。国内ニュースは大統領のスケジュールを要約したようなものだ。独裁というのがやっとのみ込めはじめた。

テレビも見疲れたので、寝ようとして困った。Aさんが帰って来た時に開けてあげないといけないのだが、私は耳が遠いのである。補聴器をつけていないとロクに聞こえない。仕方ないので寝ころんで本を読んでいたが、Aさんは帰ってこない。疲れて眠い。夫を待ちわびる妻の心境だ。そのうち、補聴器をつけたまま眠ってしまった。

II

Aさんが帰って来たのは朝6時半だった。女を買ったのではなくて、酔いつぶれて、都心の安宿に泊まってきたのだそうだ。Aさんが洗面を済ますのを待って、朝食に行く。一食抜いたおかげでとてもおいしい。ヴァイキング式のセルフサービスだが、どの料理もよい材料を使ってある。油を使ったものが多いが、夕食抜きにはもって来いだ。ロビーでブラブラしていると、昨日のガイドさんがやってきた。その他にもう一人少女を連れてきている。この娘も日本語を、ガイドさんよりはたどたどしくだが話した。昨日の話だと、Kさん、Aさんと私の3人は自由行動でやるということだったので、なぜなのかよく分からないが、ともかくわれわれはこの娘さんと一緒に出発した。

タクシーでバスターミナルに向かう。バス会社はヴィクトリー・ライナー。9時前にバスは出発した。マニラ市内を突き抜けてゆく。行先は、オロンガポという町なのだそうだ。私は地図を持っていないので、その街がどこにあるのか知らない。

私としては、とにかくマニラから出さえすればよいのだから、どこでもかまわない。バスはやがて人込みを抜けて田畑の間を走ってゆく。乾期のせいか、何も植えてない部分が多い。雄牛が草をはんでいる。家も高床式のものが多くなる。

私は、これまでかなり外国の田舎は見てきたつもりだが、フィリピンの田舎は十分落ちついているように思われる。人々の笑顔をよくみかける。殺気だったマニラとは大分違う。特に疲弊しているという印象は受けない。これでどうして裸になって帰るなどと旅行社の人が言うのかわからない。要するに、少人数で田舎を旅したことがないので、マニラや、マニラ近郊だけの印象からフィリピンは危ないと決めつけているのではなかろうか。これならガイドなしでももちろんだが、一人で旅行してもさしたる危険はなさそうである。危険というものはたいてい、旅行者慣れした土地にあるものだ。そしてその危険も、こちらでその話に乗る気が全然ないのであれば、まず大抵は大丈夫なのである。旅行者然とした服装を避け、できるだけ現地の人に混じり込むようにすればよい。目立つところに危険も生じる。

景色についてはとり立てて言うほどのこともなさそうだ。目立つのは、町ごとに大きな市場があることである。南米もそうだった。南米では、市場を中心にして町ができている所が多い。市場近くに宿をとると、宿代も、食事代もバカ安になる。フィリピンも同様のようである。窓から入る日差しは、12月だから冬であるが、暑いというより痛い。汗はさして出ない。

正午過ぎて、オロンガポに到着した。食事の場所を求めてブラブラ歩く。私なら入りそうな店にも、Kさんは入ろうとしない。この人も、Aさんも、ピカピカの革靴をはき、きちんと折れ目のついたズボンをはいている。食事もそれに相応のものをというわけだろう。やっと、ちゃんとした店がみつかった。私はメニューを選ぶのが面倒になって、Kさんに選んでもらった。トリのビフテキ、というのはケンタッキーチキンみたいなものだった。2人で39ペソ。安い。Kさんと私の勘定は、あらかじめKさんが計算してすぐに終わった。娘さんの分はAさんがもって、2人分計算したが、これがなかなか一致しないようで、ボーイとかなり長いやりとりをしていた。なに、1ペソか、2ペソの違いらしいのだが、とにかくガッチリした一行なのである。

ゆっくり食事をすませてから、またブラブラと市場を歩きながらバスターミナルに戻る。どうやら乗り継ぐらしい。今度はエアコンつきの特急バスである。最初バスを降りた時、Aさんはしきりに尻が痛かったと言っていた。私もかなり痛かった。2等バスだったのである。特急バスの客は、やはり少々気どっている。バスは2時に走り出した。と、間もなく停車。運転手が、コーラやサンドイッチを売りはじめたのだ。車掌はついていないのである。運転手が物売りをしているというので、私と、私の前の座席のKさんと2人でバカ笑いした。他には誰も笑わなかった。

私の感じでは、行きしなと同じ道を逆戻りに走っているようだ。どこかで別のルートに出るのだろう。同じ景色なので、時々目をつぶって眠る。看板を見ていて当てはめが多いのに気づき出した。BAR-B-Q（バーベキュー）とか、KAR LIFE（CARLIFE）のたぐいだ。そのうち、クーラーがきき過ぎて寒くなった。あたりをみると、他の人々も寒いのか、もぞもぞしている。Kさんも、しきりに冷気の出る穴をいじっていたが、決然と運転手の方へ行って、クーラーをとめてくれるよう要求した。堂々たるものだ。沖縄で、バスのクーラーがききすぎて寒いのに沖縄の人はがまんしている、ところが、本土からやってきた人は寒ければ寒いとハッキリ言う、という話を聞いたことがある。Kさんのやり方もそれに近い。クーラーがとまって、皆ホッとしたようだった。

4時頃だろうか、終点に着いた。私の感じでは行きの道からそれなかった。ということは、途中まで引き返したということになる。この町を見物するのかなと思っていると、Kさんはタクシーを拾った。娘さんは前に、われわれ3人は後ろに乗る。Kさんも、Aさんも、デブというより大柄で、そのため窮屈である。私は2人にはさまれて、真ん中になる。フィリピンのタクシーはほとんど日本から輸入した中古車のようで、メーターの単位のところにも「円」と書いてある。私はこのメーターを見ていたが一向に動かない。あれっ、これは交渉値段でやるのかなと思っているうちに、タクシーの運転手も気づいて、やたらにメーターをガチャガチャ回し始めた。おい、どうしたんだ、とKさんが運転手に言っているうちに、メーターはカチャッと動き出した。私は大笑いした。

タクシーの運転手もまた、おかしくてたまらないというふうに笑う。呑気なもんだ。Kさんが、このメーター通りに払うぞと念を押す。運転手もそれでいいという顔をしている。娘さんは笑わない。旅行中もずっとおじけづいた顔をしていた。この娘さんはまだ高校生なんだそうだ。カネをためて日本に勉強しに行きたいと言っている。ところがフィリピンではなかなか仕事がないらしい。オロンガポでも、市場に求人広告があったのをじっと見ていた。私の職業を聞くので、大学の先生だと言ったら、本当にびっくりした顔をしていた。こちらじゃ大学の先生というのはよっぽどエライ人の部類に入るのか、それとも大学の先生らしからぬきたない服に、信じられなかったのか。まあ、どっちでもよい。昨日ミニバスで町を初めて回った時、大学が幾つかあったが、医学部が多いようだった。ガイドさんによると、これらの大学に行くのは中国人の子弟が多いそうだ。つまり中国人は金持ちなのである。Aさんの話では、これらの大学の卒業生はほとんどアメリカに行ってしまう。従ってフィリピンの医者は増えない、こういうことらしい。

タクシーは見おぼえのある場所に出た。リサール公園だ。なんだ、マニラに戻っていたのか。タクシー代29ペソでホテルに着いた。メーターなしで走った部分がかなりになるので、1ペソチップとして出し、1人10ペソということになる。Hさんとガイドさんはもう帰ってきていて、ホテルのロビーで旅行社の人と話していた。まず、Kさん、Aさんと3人で別の場所へ行き、おカネの精算をする。それから、娘さんのガイド料を一人30ペソずつ出して90ペソにすることに決める。90ペソというと、3000円ほどである。娘さんを呼んで、これで十分かと聞くと、娘はこんなにもらえるとは思ってもいなかったようで、「こんなにもらっていいんですか」と言う。なんか大旦那になったような気分である。その後Hさん達の方へ行って話す。Hさんの方は収穫がなかったらしい。アテがはずれたと言っている。ただ、それまで、初めての旅行というので元気がなかったのに、この日帰ってみたら、Hさんはバカ陽気になっていた。ホテルのあのバカ高いビールやジュースを、ガイドさんや旅行社の人にもふるまっている。Aさん、Kさん、私も何も注文しないわけにいかなくて、ジュースを1杯ずつ注文したが、すぐにやってきた勘定を前にして、こんなところではゆっくりできないということになり、3人だけで外に出かける。

ホテルの前にとまっているタクシーはぼるというので、それを振り切って歩き出したら、日本語がしゃべれる運転手がいるというので引き返して、それに乗る。確かに片言の日本語を話す。聞いていると、女を安く買える場所とか値段についてベラベラしゃべり出す。私は不愉快になった。他の2人も同様らしい。黙ったまま、アンバサダーホテル前までゆく。

中華料理店に入った。もう何も言わないでもKさんが私の分まで注文してくれる。中華料理の場合は、料理の種類が倍になるわけだから、それは合理的でもある。AさんはAさんで勝手に注文する。この人はあくまで独自の風格がある。といっても、どうみても人柄がいいとは思えない。もう中年である。料理は、玉子やきがバカにしょっぱい。「これはきっと砂糖と塩を間違えたんだ」とKさん。日本人憎しとばかりに、わざと塩をぶち込んだのだろうか？　あたりを見回すと、確かに日本人らしい客がいる。けれどもまた、フィリピン人らしい客もいるのである。別に外人専用というわけではない。それにしても見苦しいのは、この店の中国人のおかみさんの人の使い方だ。フィリピン人のボーイ達を、声を張り上げ、額をゆがめながら使っている。客の前で使用人を叱るのは主人の恥だというのが分からないのかな。

食事の前、AさんとKさんがこれから飲む様子なので、私は一人で帰るからとあらかじめ断っておいた。ところがKさんが、心配だからといってホテルまで送ろうとする。私は、Kさんが余りにしつこいので腹を立ててしまった。大声で「一人で帰るからもういいんだよ、おせっかいな」と言ってやると、Kさんはポカンとした表情で私を放免してくれた。繁華街を一人で歩き、はずれまで来たところでタクシーをひろって帰った。この夜もAさんは朝帰りだった。女を買ったそうだ。私はテレビで、特にニュースらしい番組を拾ってみた後で寝た。

III

次の日、私は最初から一人で行動するつもりだった。私の考えでは、同行の人達は一人歩きは危ない危ないというが、そうではないのだと思う。確かに、いかにも旅行者風の格好で歩けば目につくだろうが、私のように普段着で歩くなら、むしろ隊を組まない方がよい。隊を組むから現地の人も構えるのだと思う。よほどヘンなことをしない限り、危険はないと信じていた。

そこで、朝食後、ロビーに集まった人達に、一人で行くからといって、真っ先にホテルを出た。

港の方へ、海岸沿いに歩いてゆく。岸壁で時々休みながら、やっぱり一人になってよかったなと思う。ちょうどカップルが写真を撮ろうとしているところへぶつかった。男が写真を撮ってくれないか、という仕草をする。喜んで応じる。男が、私に日本人かときいて、それなら友達になろうと言ってきた。男は、ミンダナオからクリスマス休暇でマニラに遊びに来たという。女は、恋人かときくと、そうではなくて親戚だとか。顔は全然似ていないようだ。男の方は若いが、女の方はかなり老けている。彼は私に、ホテルとホテル代を尋ねる。私は個人で旅行しているんだということにしておいた。なぜ高いホテルに泊まっているんだと聞くので、マニラは危ないのでこれは安全料だ、パスポートもホテルに預けてある、と言った。すると男は、マニラは危なくなんかありませんよと言う。おおむね英語でやりとりしたが、時々男は日本語を混ぜる。どこで習ったのかきいたが、はっきりした答えはなくて、男は笑ってごまかした。

女に私と男の写真を撮ってもらった後、男が、「友達になったんだから一緒に食事をしませんか」と言った。応じる。しかしそれにしても早いな、まだ11時前じゃないか。男はフィリピン料理をごちそうしましょう、と言う。タクシーとジープニー、どちらが良いかと聞くので、これはチャンスとばかり、「ジープニー」と答えた。一人で乗るのは危険だというので、まだ乗ってなかった。私は、外国でもタクシーを使うのはきわめてまれで、ほとんどバスを利用する。マニラにも一人で来ていれば当然、バスかジープニーを利用しただろうし、利用できるだけの情報も集めただろう。それにはまず、地図がいる。町全体の構造と方向感覚をある程度心得ておかないとダメだ。団体旅行というので、その種の準備を全くしなかった。

何台かジープニーを待ったが、ちょうどいい行先のがないらしい。タクシーにする。男が前にすわり、私と女が後にすわる。ちょっとヘンなすわり方だと思う。タクシーはリサール公園をぬけ、市場を過ぎて、左に折れた。あと、小さい通りを少しいって停まる。10ペソ50センタボ。2人がぐずぐずしているので、私が10ペソ札を出した。それに女が50センタボ硬貨をさっと添える。

入っていった家はふつうの民家のようだ。入ると、ガチャンと戸をしめ、鍵をかけた。壁に女性の写真が3枚張ってあり、土間に机が二つ置いてある。いかにも喫茶店ふうだ。普通のうちじゃないと直感する。男が、女性のセミ・ヌードの写真をさして笑うのだが、私の体はこわばってしまった。やられたらしいな。こりゃ監禁されたのだと思う。男に鍵をしめたのはなぜだときくと、男はけげんな顔をする。女がすぐに鍵をはずした。じゃ、だまされたのじゃないのかな? 少し考えて、もう少しいってみることに決め、「信用するよ」と言う。奥の階段から2階にのぼる。昇り口に小さな子どもの靴があったのでやや安心した。2階の部屋にはソファが置かれていて、われわれはそこに座った。ちょっとして別の女性がやってくる。目が大きくて親切そうだ。この人は男のオバサンなんだそうで、男はここに泊めてもらっているんだという。私はアルコールはきらいだといって、ファンタをもらう。オバサンはちょっと姿を消した後、ソーメンチャンプルー風の料理を2皿もってあがってきた。ケチャップで味つけしてある。

今日は夜、ディスコに行くんだそうだ。そして一緒に夜を過ごさないか、ホテルは解約してここに泊まろう、そうすれば、明日の朝、空港に見送りに行くから、と言う。「それは難しいね。だって、今晩のホテル代はもう払ったし、夜は友達が待っているんでね」「けど、ディスコに行くのも今夜なんですよ」「それは困る」男は、私の職業をきいたり、日本に行こうとしているんだが、カネがかかるんだ、というようなことをしゃべる。いくらいるんだときいてみると120ドルだそうだ。それにしては、上等のステレオが置いてあるじゃないか。ふーん、これはオバサンのものか。オバサンは看護婦なんだそうだ。いつも夜勤だそうで、じゃ、今寝てなくていいのかと聞くと、「5時間で十分よ」ときた。

話の途中で、女とオバサンが、つづきの隣室に姿を消す。5分間位だろうか。その後、今度は、男がオバサンと隣の部屋に姿を消す。その間に私は、女にせがまれるようにして、買物のためにもってきた手さげ袋を彼女にやる。私が講義のための本や六法を入れるのに使っているものだ。模様がなかなかステキである。私は気に入ったものを人にやってしまう癖がある。

男とオバサンが戻ってくると、男は私に、君も体を清めてくれないか、と言う。言うところでは、今クリスマスなので、体を清めないと神様がお怒りになる、友達になった以上は君も体を清めてくれ、というのである。そういう風習のあるのは私は知っていた。E・E・エヴァンズ＝プリチャードの編集した世界の民族の写真集で、フィリピンのカトリック教徒は、罪をあがなう意味で体に傷をつけるというのだったと思う。どうするのだときくと、アルコールか何かで体をふくだけらしい。それならと、ちょっとためらってから隣室にオバサンといく。ベッドといっても病院の診察台のような簡易なものだが、これにすわってちょうだいと言う。そして、上半身裸になってくれというのだ。Aさんが、「一人で歩くと、すっ裸にされちゃう」と言っていたのをこの瞬間思い出す。裸になんてとてもなれない。恥ずかしいからいやだと言って、オバサンと何度か押し問答したあげく、もとのソファに戻る。男が、たのむから是非とも体を清めてくれ、それが終わったら皆で市場にでかけるから、と言う。私は裸になるなんて絶対にいやだった。パスポートもカネのほとんどもホテルで旅行社の人に預けてあるので、別に取られて困るというほどのものはない。いや、補聴器がある。これをはずすと、ほとんど何も聞こえなくなってしまう。男が何度も頼むので、私は、

「君は、私に強制するのか」

「いいや、とんでもない」

「じゃ、私がやりたくないといっているのがわかるだろう?」

「しかし、僕達は友達になったんだから」

「友達になったっていっても、私はカトリック教徒じゃない。仏教徒だよ」

「これは、フィリピン人の習慣なんだよ」

「私はフィリピン人じゃないよ」

「でも、友達になったんだから」

「だから、フィリピン人はフィリピン人の習慣に従ってやればいいのだし、私は私なりにする。どうしてもと言うんなら、私は外に出る」

3人は私を止めなかった。出しなにオバサンに「すみません」と言って握手をしてから階段を降りた。下のテーブルで、入った時にはいなかった何人かの男達がチェスのような遊びをしていた。戸は開いていた。私は男も一緒についてくるのだろうと思っていたので、外に出て10メートル位歩いてから振り返ってみた。すると男の姿は見えなくて、オバサンがどこかの少年に、私を送っていくようにというような仕草をしていた。私は手をふって、一人で行くからいいと合図した。無事で帰れるのかとタクシーを拾うまで不安だったが、何も起こらなかった。

タクシーの運転手に中央郵便局へやってくれと頼んだ。ところが、ほんのちょっと走っただけで市場に出たので降りる。市場を見ながら歩く、品物の量が多い。着物なら着物、履き物なら履き物でかたまるようにして店を出している。色とりどりだと言えば言えるが、特別に驚くには私は多くの市場を見過ぎている。そのうち、古本屋に出た。私は、まさに本屋に行きたかったのだ。フィリピンに関する民俗資料がほしかった。ところが、そういう種類の本はなかった。法律の本は意外にある。経済書もあるし、数学、理科、医学の本もある。ないのは政治の本と、社会の実態を知らせてくれるルポの類。法律の本だけでも買おうかと思ったが、やめた。たてまえだけ知ってみても余り意味がない。隣も古本屋だった。さらに幾軒か続いて古本屋だった。どの店でもほとんど同じものしか売ってない。古本屋はいずれも印刷屋を兼ねていた。

十字路に出る。「ナショナルブックストア」という看板が目に入る。昨夜、電話帳で住所を控えた店だった。ものすごい人にまぎれながらこの店に行ってみる。本類は、古本屋で見たものの他に洋書しかない。地図と絵ハガキを買った。大部分の本は、いちいち書店員に頼んで棚からおろしてもらうようになっているので、面倒になって本さがしは途中でやめた。

さらに歩いているうちにチャイナタウンらしい場所に出た。汚ない。人も多くない。ここでポン引きを追い払っているうちに教会に出たので一休みする。

いつの間にかもとの十字路に戻った。今度は、「ナショナルブックストア」の反対側を歩く。リサール通りである。映画館があったので、その一番高い席の入場券(一人7ペソ50センタボ)を買って入る。中年のジープニーの運ちゃんが、女学生に片思いの恋をするが、女学生の方はハンサムな青年にひかれていくというお話で、結末の方から見たが、結末は、ジープニーの運ちゃんが女学生を監禁し、助けに来た警察や友人達と撃ち合いをやる。これで大体間違いないと思う。タガログ語なので話は全然わからないのだが、筋はまず間違いないと確信できる。ということは、われわれの目でみて深遠な、つまり、演技とも思えないようなすばらしい演技というのが少ないということだ。いかにも作り話という感じ。同じことはテレビをみていても気づいた。私の目で見れば下手としか思えない。NHKのドラマの方がまだ気がきいている。あほらしくなって途中で出た。そしてさらにちょっと歩く。表通りの方は下水がたれ流しなのか、道路の両脇が水であふれ、中央しか通れないところがかなりある。雨期になったらどうなるのだろう。結局何の買物もせずに、ハンバーガーを食べた後5時過ぎにタクシーでホテルに戻った。

Ⅳ

ホテルには、他の人はすべて帰っていた。Aさんが部屋に戻っていたので、私も戻ることにする。Aさんとベッドに寝ころんで話す。Aさんら3人も、ガイドさんと一緒に市場を歩いたそうだ。10時半に出たが、退屈なので1時半には帰ってきたとのことである。私がフィリピン人の家に連れていかれた様子を話すと、それは間違いなくだまされるところだったのだとAさんは言った。私は、なにぶん、何の強制も加えられず、手を振って別れたものだから、だまされたのかどうか決めきれないでいた。Aさんによると、この手のやり方の特徴は絶対に暴力をつかわないところにあるそうだ。というのは、あとで万一、旅行者が脱いだ服から貴重品が抜き取られているのに気づいても、友達だからどうこうという言い訳ができるようにしておくためだそうである。大変うまくだますので、抜き取られたのに気づかなければ、だまされたのかどうかさえわからないという。この手口に、日本人の旅行者が、女性も含めよくひっかかるんだそうである。女性で裸になる気になる人がいるんだろうか？

「女はどうです？　やるまではいいけど、やった後むなしくなるでしょう？」「ほんとアホらしくなるね。なんでこんなことするためにフィリピンくんだりまでこなきゃいけないのとかね」「Hさんは、よかった、よかったといって喜んでるみたいだけど」「あの人は外国、初めてだから」「2日目を過ぎた頃からバカに陽気になってね。興奮してるんだろうな」「しかし、言ったこととやることがズレてる感じだね。今日も市場でカネをパアパア使って、はたで恥ずかしかった」「そうですか。それに比べれば、Kさんなんかの方が堂々としているし、あんちゃんふうに何でもズケズケ言うようで、ちゃんと引くところでは引いているね。何というか、こう、本当にマニラの女が好きって感じだ」「そういえば、あの人、酔っぱらうと目がかわいらしくなるんだよ。でも女がかわいそうだね。たった千円しか入らないんだから」

マニラの人は、一人で歩いてみると、私に対して反感の表情を示す人はいなかった。笑いが通じる。沖縄に来た時も、ああ、ここは笑いが通じるな、と思ったものだが、マニラはそれがよりはっきりとしている。バカ笑いに出会うことさえあった。

旅の動機というのは、それが小さな旅の場合でも、なかなか一言では言いつくせないものだが、今度私がフィリピン旅行を思いたった主要な理由の一つに、革命前のフィリピンをみておきたいということがあったのは確かだ。私が本によって得た知識では、今やフィリピンは革命前のベトナムに酷似しているというのだ。そこで、いよいよ始まる革命劇の前に、フィリピンがどういうふうだか一目見ておきたいと思った。夏に予定していた旅行が冬になった時も、この間に今の政権がつぶれてしまうのではないかと密かに心配したぐらいだ。

実際に来てみると、予想していたのとは違う状況もみられる。市場の品物の量は豊富である。生活必需品だけでなく、私から見てもぜいたく品に属するものが売られている。そして、今述べたように、個人レベルで接する限りでは人々は笑いを失っていないようで、一見すると政治的な不満もそれほどでもないかのように感じられる。その一方で、ふつうの人の生活水準がきわめて低いのも確かだ。カネの値打ちが、わが国と比べて全く違う。だから、海外旅行が初めてのHさんなど、一躍大金持ちの気分になって札束をばらまくことになる。実際、彼は背広の両側の内ポケットにドルの札束を入れていた。所得水準が予想していた以上に低い（というより、所得水準などあらかじめ調べなかったので、その絶対的な低さにびっくりしてしまったと言うべきだろう）。警察官の月給が1万円程度だそうだ。生活費が安ければそれでいいのかもしれないが、仕事が少ない。植民地時代の習性か、ここの人はチップの受け取り方が板についているが、わずかな金に目の色を変えるのはそれだけでは説明できないだろう。

大統領の暗殺未遂事件が旅行のちょっと前にもあった。Aさんが最初の旅行の時にガイドから聞いた話では、フィリピンは大統領も含めた13人の手中にあるそうだ。だから、わが国とは違って、大統領の暗殺は大きな意味をもっている。現在の体制がほんの一部の人によって牛耳られているのは確かである。それらの人々は、わが国の金持ちなどとは比較にならぬほど富んでいる。簡単に言えば、富が公平に分配されていない。したがってまた、富裕層が現状を維持するために、大多数を黙らせるためあらゆる手段を用いているだろうことも容易に察しがつく。Aさんは最初の旅行の時に、死刑執行予定日が決まった人を収監した監獄を見たそうだ。

Aさんは、沖縄との比較で説明してくれた。沖縄の米軍統治時代も、沖縄の人は普段はおとなしかった。少々の不満があってもおさえて表に出さない。そのかわり、ほんのちょっとしたトラブルがあっても、それをきっかけに日頃の鬱積した不満がドッと流れ出る。その典型的な例がコザ暴動なのだ、と。

隣の部屋で物音が聞こえた。「盗聴してるんじゃないでしょうね」と冗談で言ってみたが、本当にこんなところでつかまったりするとどうなるかわかったものじゃない。つかまらないにしても、一々こういうことを気にしながらものを言わねばならないのが、私のような人間には全く不快でやりきれない。われわれのガイドさんは、以前1年間東京に出て、四谷の日本語学校に通ったのだそうだ。道理で、私などとは違い、上品な日本語を使う。このガイドさんは今お金をためていて、彼女の夢はもう一度日本に行って勉強することと、高床式の家をちゃんとした鉄骨のものにつくり替えることなのだそうである。私など、東京のどこがいいのかと思うが、東京ではとにかく自由に話ができる。それを思えば、ガイドさんが日本に失望しなかったのも分かるような気がする。

Aさんと、有名なマニラの夕陽を見るためにベランダに出てみる。今まで話していた話題のせいか、あんまりきれいに見えない。むしろ、早くこの国を出てしまいたいという気分になってしまう。

最後の夕食は、われわれ4人と、ガイドさんの5人ですることになった。ホテルから空港の方に歩いて10分位のところにあるレストランに入った。KさんとHさんが注文した。ブタやトリの料理。ゴーヤーもあった。ブタの骨の中に詰まっている汁がおいしいとガイドさんがすすめてくれる。私はお腹がきつくてあまり食べなかった。Kさんの胃袋はたいしたもので、ローストチキンを2皿、黙々とたいらげた。それでもなお一皿手つかずの皿が残り、これをガイドさんがおみやげにするため、店の人に袋に入れてもらう。勘定を頼むと一人60ペソほどになった。さらに私を除く3人がガイドさんにこの日の案内料を払う。いくらだか知らないが、とにかくガイドさんはもうもらうつもりではなかったようで何度も辞退した。それを、いいからいいからと言っておさめてもらうのも、愉快なことと言わざるを得ない。感激したガイドさんは、われわれ一人ひとりのほっぺたにキスをしてくれた。フィリピンでキスしてもらうとは思わなかった。私はこれで、紙幣は15ペソ残るだけになった。ちょうどよい。フィリピンのペソは外国では紙キレと同じである。使ったのは1万円と、10ドルだった(円もドルと同様簡単に両替できる)。私はこの後、ホテルに帰って、メモ類を整理して寝たが、Kさんと飲みに行ったAさんは1時過ぎに酔っぱらって帰ってきた。Hさんはホテルのバーで飲んでいたようである。

とうとう最後の朝になった。6時過ぎAさんに起こされる。あわただしく仕度をし、朝食をすませる。ガイドさんが見送りに来てくれていた。彼女も一緒にミニバスに乗る。親戚のところに行っていたおばあちゃん達2人も戻ってきて乗る。出発。ミニバスの中で、ガイドさんは皆に公平に話しかけた。私には、「頑張って下さいね、組原さん」。Kさんに、かわって返事をして下さいと頼むと、Kさんは「はい頑張ります」と返事をしてくれた。

空港の前は来た時と同じようにごった返していた。中に入る時にまず航空券とパスポートを提示。構内でも何度かこれらの提示を要求される。やっと最後に身体検査があって、出国手続きが終わりになった。世界の常識では、外国人の入国は難しいが、出国は簡単ということになっている。どうやらこの国は例外らしい。こんなに厳しい出国検査は初めてだ。おそらく、何とか出国したいという人が随分いるからだろう。今一度、空港の前に群がる人々を思い起こしながら、私は待合室に入った。

冒頭にも書いたように、この「フィリピン団体旅行記」は書いてから10年ちょっとたった時点で、別の捜し物をしている時たまたま発見した。読んでみて、自分で言うのも何だが、面白かった。どうなるのだろうと思ったりした。ここで私は「団体旅行」の呪縛から必死に抜け出そうとしているようである。実際、今でもなぜわざわざ団体で行ったのだろうかと思う。私個人としてほしい体験・情報を得るのには全然向いていない。しかし、だからといって団体旅行は全て無意味だなどとは到底思えない。

この団体旅行も、当時の私としてはいろいろ不満の残る旅であったようだし、だからだろうか、以後は、前述のようにチベットに行ったときを除き、海外では団体旅行をしていないのだが、そのかわり、個人で来たら恐らくは行かないだろう所に行っていて、それはそれで一つの経験ではあるだろう。私個人として特に興味を感じたのは同行者の行動だった。一緒に動いた3人の方はいずれも沖縄出身だったが、沖縄におけるウチナーンチュの行動とは違ったものを感じたのだった。簡単に言えば、フィリピンに来れば本土の人と同じような行動が取れるんだな、ということである。

2

法人類学の科目設置の経緯とアフリカ

なぜ法人類学という科目を設置したのかということだが、これは１９８０年度と１９８１年度に国際法の講義を担当するなかで考えついたことだった。

沖縄大学においては当時専任教員が不足していて、カリキュラム編成時に担当者がいない科目を私が担当していた。私はもともと実務家（弁護士）になるべき教育を受けてきたので、厳密な意味での専攻科目など何もなく、大学で開設されている諸科目を横断的に担当するうちに、専門にとらわれない研究をやってみようと考えた。

国際法も、たまたま担当することになったのだが、この科目に対してはその有用性について学生時代から不信の念を抱いていた。そこでもし本当に役に立たぬものであるなら、なぜそうなのかを究明してみたいという心がまえでとりくみはじめた。それが1年では足りなかったために、私としてははじめて2年がかりの科目となった。そして、この2年目の１９８１年度に法人類学を設けた。これは私の方から希望して設置・担当した最初の科目であり、この2科目を同時に担当することによって、国際法を民族の視点から眺めてみればおもしろいと思ったのだった。その考えを「国際法における目的と構造」（沖大法学第4号、１９８２年3月所収／沖縄大学リポジトリ参照）にまとめた。

当時は、国際法の分野からは見事に民族の視点が抜け落ちていた。国際法の主体として通常考察されるのは、国家・国際組織、それに個人であって、民族を正面から論じる人はいなかった。これに対して文化人類学（民族学とほぼ同じものと考えてよい。その一分野として法人類学がある）においては民族の視点から国際関係を考えることの意味が強調されてきた。

「国際法の目的は何か」と問うてみると、たいていの人から「平和」と返事がかえってくる。たしかに、戦争の防止を目的とするおびただしい数の条約が結ばれてきて、平和の維持は国際法の一貫した目的であるようにみえる。ところが不思議なことに、国際法の目的を正面から論じた国際法の教科書は、私の知っている限りではなかった。なぜ国際法の目的について論じられていないのか、という疑問をもってから考えてみると、一般に法は社会統制のための技術であると考えられていて、技術というのは価値中立的だから、その技術を利用する者の必要に応じて適当な目的を付与できることになる。使い方次第でどのような目的ともくっつき得る、となればあえて法の目的は何かと問う必要も実用的にはなく、法哲学の専門家にでもまかせておけばよろしい、と。しかし、国際法の場合は若干事情を異にする。なぜなら、国内法と比べて国際法は未熟で遅れた法だということになっているからだ。それは法としての独立度が低いという意味だと一般には考えられている。実際、他の統制手段、たとえば国際道徳とか国際慣習とかとの区別が明瞭でなく、ただたんに法を適用するだけでは足りない面がある。法適用の前提としての、なぜ国際法などあるのか、という疑問がたえずまといつく。そこで、たとえば、加藤新平『法哲学概論』(有斐閣、1976年)の第五章「法の目的」を参考にしながら考えてみると、国際法の目的として正義及び平和が一応考えられる。そして、ある意味ではこの二つの目的の角逐が今日の国際紛争の源であるというふうにも考えられよう。

まず平和の方から考えていこう。私の意見では、そもそもこの平和というのは価値とは直接結びつきにくい概念である。つまり、平和であるということ自体のうちに価値が内包されているとは考えられないと思うのである。価値とは通常、いいとか、正しいとか、好ましいとかの形容詞的価値判断を伴ったものであるのに対し、平和というのはたんなる一つの状態にすぎないと考えられるからである。こう言えば当然、次のような反論も予想される。悪い平和なんてものがあるのか、と。それに対して私は、よくない平和もあると言いたい。承服できない平和、あるいは押しつけられた平和。国連憲章にしても、その前文を読むと、戦争の惨害から将来の世代を救おうと述べるだけではなく、同時に、基本的人権の尊重・正義の尊重・自由の中での社会的進歩と生活水準の向上・寛容・善良な隣人となること等々、第二次大戦後の世論となった基本的価値観についても述べており、この憲章がたんなる平和を望んでいるのでないことは明瞭にくみとれる。ところが、平和ということばにはその後いろいろな意味が盛りだくさんにつめこまれ、独特のイメージをもつようになった。とりわけわが国の場合、憲法9条とのかねあいもあって、平和という言葉の中に本来以上に諸々の価値観がつめこまれてしまっている。その結果として、平和は絶対に反対してはならぬ言葉の一つとなった。いいとされるものはすべて平和に結びつき、国民の生活のすみずみにまで平和は浸透している。そしてこういう状況を反映して、平和という言葉で飾りさえすれば、およそ正反対のものまで平和に含まれてしまうことになる。かくして、平和という言葉は何より事実そのものをみないでものを言おうとする人々に愛用されてきたのではなかったか。

もっとも、現時点においては、平和はある意味でそれ自体価値ありと言えるようになった。というのも、バカらしいほどに蓄えられた軍備の故に、たしかに戦争をやらないことはそれ自体人類の生存条件となりつつあり、このような状況からすれば、戦争をおこさないこと、平和であることは、それ自体意味のあることだ、とも言えるからである。言うならば、やむをえない平和だ。

ここで目を転じて、正義について考えてみると、正義というのは実は、法の理念、つまり、法の正・不正や合理性を判断する究極の規準となり、その形成・実現つまり法的実践の指導原理となるもの自体のことであるとされているから、法の目的と同義である。言い換えに過ぎない。平和であること自体に価値があるという主張をする人は、「平和は正義である」と言っていることになる。私のように考えれば、「正しい平和・よい平和は正義にかなう」ということになり、したがって、不正の平和・よくない平和は正義にかなうものではないということにもなる。

戦争と平和とに対する国際法上の態度というのは、このようにみてくると、三つにわかれる。一つは、平和は常に国際法の目的であるとする態度。もう一つは、よい平和・正しい平和が国際法の目的であるとする態度。最後に、正しい平和が国際法の目的ではあるが、現状では、その中にやむをえない平和をも含めざるをえないとする態度。このうち、第2番目の、よい平和・正しい平和こそ国際法の目的だとする立場にたてば、実は、戦争と平和とは同じようなものである。なぜなら、不正の平和がある場合には、それに対して戦いをいどみ、正しい平和を回復すべきであるということになるからである。この三つのうち、最初の態度は誤っているというのが私の主張だから、2番目か3番目の主張をとることになるわけであるが、結論を出すのは留保して、その判断材料を検討してみよう。

国際法が国内法に比して未熟で遅れていると言われることをその構造面からとらえれば、国際法には頭になるものがないというにつきる。国内における統治機関に対応するものがないという意味である。そこで、国際法において原則的主体とされている国家同士の関係は、国内における私人と私人との関係によく似ているようにもみえるのだが、実際には大きなちがいがある。なぜなら、私人間の契約は、万一その契約が任意に履行されない場合国家の手を借りて強制的に実現できるからである。国家間で何か約束したのにそれが破られたという場合、破約を世界全体の立場から違法と断じ、強制的な履行を保証してくれる機関は実際上ない。国連がこの機能を果たすべく期待されていた時期もあったが、現にそのような機能を果たすことができずにいるのは明白である。そして、国際法のこのような頼りなさゆえに、国際法は法にあらずという主張も生じてくる。法が他の社会統制手段と区別されるのは強制を伴っているからだと一般に言われていて、この強制というのを厳格に解すれば国際法は法にあらずという主張もうなずけるが、逆に、ゆるい強制でたりるとすれば、国際法も法と言えることになるだろう。ただ、ゆるい強制でもたりるとした場合、何がそのゆるい強制にあたるのか、となると大いに疑問が残る。というのも、第一次大戦までは戦争をすることは別に違法とは考えられておらず、もちろん自力救済をやるのも結構であるとされていたから、これらをゆるい強制のための手段とみることもできたのだが、現在のように国連憲章によって自衛のための武力行使以外は各国の武力行使は原則として違法ということになると、違約した国に対しては国連を頼るしかないのに、その国連がこういう場合実際上機能していないのである。そうすると、形のうえでは国連の組織的強制によってより進歩した法となったみたいであるが、実際には、宣戦布告のない事実上の戦争がやたらにふえることになった。つまり、法とされているものと、事実上の状態とがかい離してしまっているのである。進んだ強制制度をとりいれようとして実は逆に無法な戦争、認知されない戦争を数多くうみだした。本来戦争となるはずのものを国内的武力闘争の形で（代理的に）行うという方式がひんぱんにみられるようになったのもこのこととは無縁ではあるまい。このように考えれば、国連憲章がつくられる際に、よい平和というものに対する真剣な願望、熱意のあったことを認めるにしても、結果としては、この憲章は国際法をますます法らしくないものにしたとさえ言えるかもしれないのである。

国連や、その前身である国際連盟は、なんとか頭らしいものをつくろうとする努力の結果にほかならない。こういう努力がいつか実って、本当に頭といえるものができるのかどうか、私には分からないが、私としては、この頭のない構造というものを積極的に考えてみたいと考えた。現状が頭なしなのだからそれに応じた構成を考えればよいではないか、という以上に、頭がないままの方が、少なくとも当分はよいのではないかと思ったのである。

国際法が部族法によく似ていることはしばしば指摘されていた。法人類学は従来、部族段階の法を究明することに力を注いできたのであるが、その文献を読めば読むほど、国際社会の現状はまさしくこの段階にあると思わざるをえない。国際社会の現状に即した法構成をすることで、自然な、あるいはウソをつかずにすむ国際法というものを想定できる。あるいは進化論者のいうように、部族法はやがてより高次のものへと進化すべき運命にあるのかもしれないにしても、部族法には部族法なりのよさがある。そのよさを明瞭な形で描き出しているものとして、たとえば、E・E・エヴァンズ＝プリチャード『ヌアー族―ナイル系一民族の生業形態と政治制度の調査記録』（岩波書店、1978年）をあげたいが、まとめ役がいないにもかかわらず部族としての統一性が保たれている、そのしくみは若干の手直しを加えて国際法にも十分応用可能と思われる。

私は、幸いにしてと言うべきか、想像力があんまり豊かでないものだから、いまだに「世界観」の類はもっておらず、地上をはいまわっている。主として物価が安いという理由から、私の歩いてきた国々は多くが第三世界と言われている圏内にある国々であり、したがって、わが国の人々からは、地理的にというより心理的に「遠い」国々が多かったのだが、おかげで、私は、わが国で常識として通用していることごとのほとんどが常識としては通用しない地域のあること、しかもそのような地域が広大であることも体験として知っている。私はこれによって、「常識」に従って生きていく方が高くつく場合もあることを学んだ。人々が常識に従うのはその方が安くかつラクであるからにほかならないと思う。このような旅行を何度かやってみて、私が一番驚いているのは、いつも無事に戻ってこれた、ということだ。困ったことはいろいろ起きるのだか、いつも、なんとか、と言うよりは、なんとなしに切り抜けて、ちゃんともとの国に戻っている。こういう意味でなら、世界は一つにつながっているということを実感をもって言うことができる。つまり、決してその地の人々と同じだとは思わないが、それでも、無事通過できる程度の接触・関係をもてるだけの共通項はみいだせると思っている。

こういう私が国家のことを具体的に考えるきっかけはほとんど国境しかない。この国境がどうも、「私」と「世界」とを分断してしまうようなのだ。「私」の方から出発しても「世界」の方から出発してもスッと対岸にまでいきつかない。逆にいえば、国家がサンドイッチの中味のようになっているということでもある。国際法を担当し始めて最も苦慮したのは個人の取り扱いだった。国家という壁に阻まれて、個人はなかなか「国際法の現場」にたどりつけない。思えば国際法の教科書というのはおかしなもので、外交官にでもなろうかという人には役にたつだろうが、国家の機関でも何でもない私人にはどういう効能があるのだろうか。私人と国際法の距離が如何に大きいかを知ることで終わるのではなかろうか。たしかに、個人が国際法上、国家とは独立して主体となりうる場合のでてきたことは強調されている。しかしそれらの例がきっかけとなって、個人が一般的に国際法上の主体とされるようになるとはちょっと考えにくい。現在個人の主体性が認められているのは主に人権の保護に関連したもので、その性質上たまたま各個人に不服申し立てを認めるべき合理性が認められるということだと思う。このように考えてくれば、不得手でも何でも、国家に関してどのような認識をもつかが即、国際法に対する態度をも決定する。

国際法の基盤になる国際社会のモデルはヨーロッパにある。だから、まずヨーロッパにおける国家の形成がどのように行われたかをみることによって、国際法のもともとの基本的な型が分かる。

そういうことで、ヨーロッパ中世の本を少し読んでみた。すると、ヨーロッパの多様性と、それを前提として形成されていった一体性とが表裏になりながら展開してゆく過程が分かってきた。全くバラバラでもなければ、全く一体でもないところに国際法は生まれたのだった。

近代国家が誕生する前のヨーロッパの封建制度というのは、わが国のそれとは比較にならないほどバラバラなものだった。わが国の場合、日本という国家の意識は早くからあったと思われるのに、ヨーロッパの場合は、端的に言えば封建領主の領域の一つ一つが国家に相当するものだったのであり、したがって権力は実質的にはごく下の方に分散していた。この時代にも国王というのはいたことにはいたのだが、名目的なものも多く、封建領主と比べてとくべつに大きな力をもっていたのではないし、選挙で選ばれる場合が多かった。この時代にすでに、分権的な国際社会の前身ができあがっていたと言える。その単位が近代になって、封建領土から国家にかわったということである。わが国のようにそう簡単には天下を統一できる基礎が整っておらず、封建領主間の争いも原則として自力救済（フェーデ）であったと言われる。

ヨーロッパが近代になろうとする頃に国際法は生まれた。この時期における特徴は、ヨーロッパの一体性の強調である。この時期の国際法はユートピアの性格をもつ。実際にはヨーロッパは分裂してしまいかねない状態だったからだ。

18世紀になると今度は逆にヨーロッパの多様性を基礎とする国際法が主張されるようになる。そして、この時期になされた主張―代表的な学者はヴァッテルである―が現在の国際法の第一の原理となっているのである。すなわち、各国の主権の尊重ということであり、主権をもった国家は相互に平等であるということなのである。どうしてこのような変化が生じたのかといえば、ヨーロッパの国境線が一応かたまったためである。経済的にいえば原始的蓄積期がおわった。ヨーロッパにおいてこのように安定状態がうまれてくると、国際法も、あえて一体性を強調する必要もなくなったのだろう。それより現にできあがった均衡を維持しながらやっていくのがよい。そういうことで、この時期の国際法というのは現実を反映したものとなったと言える。

ヨーロッパの各国がそれぞれ勢力を伸ばしながら、しかも決定的な仲違いをせずにやっていけたのは、現在第三世界と言われている地域を搾取することによってである。これはもう常識になったようであるが、ただこの比重があまりにも大きいため、かえって実感をもってとらえ得ないうらみがある。実はこのことは、ヨーロッパがシステムとして完結してはいなかったというにほかならないのである。ヨーロッパがその一体性と多様性とを同時に保ちながらやっていくためには、少なくとも結果的には資源の供給地が絶対に必要だった。逆にいえば、近代の成立以来、国際社会はヨーロッパに限局されたものとしてではなく、もっと広いものとして存在したのであり、その範囲は植民地分割の終了とともにほぼ世界的なものとなっていたのだった。だからこそ、経済的には資本主義はもともとのはじめから世界資本主義であったと言われ得るのである。

このように、国際法は現象的にはあくまで特殊ヨーロッパ的なものとして成立し発展していったのであるが、その背景にはつねに、ヨーロッパ以外の地域を含む社会があった。略奪も法現象なのだ、というより、略奪こそがヨーロッパ的な法の基礎にあった。なにしろヨーロッパというのは戦争ばかりやってきたともいえるくらいで、武器はその間に発展し重装備になっていった。そして、ヨーロッパ外の地域に対するときはヨーロッパの一体性はとくに顕著になり、ヨーロッパ内での協調を基礎としながら他地域を略奪してきたのである。

ところが植民地分割が完了してもはや手つかずの土地がなくなった。もっと植民地をもちたい国は他国から奪うしか方法がない。かくして帝国主義時代に突入し、二つの大戦が起こった。その結果はヨーロッパの弱体化であり、かわって米ソがヨーロッパの伝統を継承する世界の二大国としての地位を確立する。他の国々は米ソいずれかの傘の下に入ることになった。国際法の組織化現象といわれるものはこの状況に対応するものである。国連を中心に国際組織が整備され、集団的安全保障の構想のもとに、国際法は従来の基本的枠組みは残しながらも大きくかわった。

けれども、第二次大戦後まもなく冷戦がはじまるとともに、国連の安全保障機能は大幅におちたのだった。その後の国際社会の変化のうちで最も大きなものは、もちろん植民地の独立である。従来ヨーロッパと対等とみなされなかった地域が対等なものとして国際社会を構成することになった。これに伴い、植民地の存在を前提とする多くの法原則が否定されるようになったのは当然である。新しく独立した国々を中心とする第三世界の諸国のグループは、その数にものをいわせて、国連でこれを実現していっている。

ところで、第二次大戦後の国連を中心とする国際組織化と植民地の独立とは実は相互に矛盾するものを含んでいる。基本的にはそれは、納得いくような形での世界の一体性がまだ形成されていないというに尽きる。そして、これを人類学的に表現すれば、異なる文化地域が併存していて、それら相互の関係を調整するしくみができあがっていないということである。

たとえばヨーロッパ共同体などだと、あたかも連合国家のような強い結合が事実可能である。そうすると、ヨーロッパ人がこれに関することがらについて直接の権利・義務を有する場合というのも容易に想定できるのである。こういうことが可能である前提として、これまで述べてきたようなヨーロッパの一体性がなければならない。ところが、第三世界諸国を含む世界の場合、いまだにそのような一体性の条件は満たされてはいない。これを、第三世界の諸国に内在する問題、第三世界の諸国とヨーロッパとの関係、それに第三世界の諸国間相互の関係の三つにわけて考えてみよう。

まず第一に、そもそも、植民地が独立する際の国境線の引き方が大いに問題だった。民族境線と大幅にズレている。アフリカにおける直線で引かれた国境はこの典型的なものである。だから民族境線を国境とすべし、とも常には言えないだろう。ヨーロッパにおける国境ももともと厳密な意味での民族境線ではなかったのである。多民族が混交しているため、国境線はむしろ人工的色彩を帯びている。だからこそ国境線もひんぱんにかわってきた。どの国も少数民族をかかえ、現在に至るまで紛争の火種になってきた。しかし、いったん国境線が引かれると、そのことによる隔離がもともとは同じだったものに差異をもたらすことは大いにあり得る。ヨーロッパの国境線が現在比較的安定しているのは、これが時間をかけて形成されたものだからにほかならない。新しい独立諸国の場合、植民地分割のためのベルリン条約が結ばれたのが西暦１８７８年でしかない。しかもこれが民族境線を全く無視した、ヨーロッパの宗主国の都合によるものだったのだから、外科手術のあと熱発しない方が不思議である。

それに加えて民族の数がきわめて多い。たとえばアフリカの場合を例にとると、アフリカの民族は普通、約８００の部族から成ると言われる。このため国内に主要な部族だけでもいくつも並存し、しかもその間に決定的な強弱差がないために、国家が分裂の危機に直面するという事態が、独立後今日に至るまでひんばんに起こっている。住民も、国民としてより、部族の一員として自己同定するのである。一つの部族だけでは政府をつくれないから、いくつかが連合して政府をつくる。すると、それからはずれた部族に不満がたかまり、クーデターがおきる。するとまた新しい連合ができる。この繰り返しになる。独立当時、アフリカ最大の、最も安定した国といわれたナイジェリアでもビアフラ内戦がおこっている。

第二の問題は第一の問題と密接に関連している。第三世界の諸国の多くは第二次大戦後に独立したが、時はすでにヨーロッパの封建時代のようにのんびりした時代ではなくなっていた。新独立国は、政治的には中立を表明しても、とくに経済的には主に旧宗主国に対し従属を余儀なくされた。とくに、フランス領だったところはその傾向が強いようだ。その後、米ソ二大国の進出が著しくなった。いわゆる新植民地主義である。これらの国では干渉は日常的である。干渉というより援助に近いものが多く、政権担当者の方からこれを要請するという面がある。政権担当者は最近まで、ヨーロッパで学び、ヨーロッパ風の思考を身につけた者が多く、容易にかいらいとなる。国が分裂の瀬戸際にまでくると外国の介入度は一層増す。ナイジェリアにおけるビアフラ内戦の場合、150万人の死者を出したと言われるが、このように犠牲が大きくなったのは、諸外国が入り乱れて、ナイジェリア政府側もしくは反乱を起こした自称ビアフラ共和国側に武器を供与・販売したためであった(北沢洋子『黒いアフリカ』聖文社、1981年、第十章)。そして、このような残虐なことをやるからアフリカ人は野蛮なのだというマスコミのキャンペーンがヨーロッパで張られる。部族主義がその根源にあるとして糾弾される。このように、分裂はただちに利用され、外国の武器で自国民同士殺し合うことになる。

第三に、第三世界の諸国ははじめからハンデをつけられて国際社会の表舞台に出てきた。このハンデをはねかえすにはおそらく、これらの国々が連帯するしかないのではないか。反植民地主義といった明白に利益の一致する問題については連帯は可能だろう。しかし、もっと具体的な問題については、これらの諸国相互で利益相反する場合が多い。とりわけ資源保有国と非保有国との間の利益相反は明白である。かくして、第三世界における地域的紛争は多発し、それが先進諸国を利するという構造になる。主権尊重の原則を第三世界諸国は大いに利用し、武器としてきたが、これは両刃の剣なのであって、このために第三世界内部での連帯も弱まり得るのである。

以上をまとめると、第三世界の諸国はヨーロッパに従属することを強いられていて、しかも第三世界の諸国相互間にはヨーロッパでみられるような一体性の基盤ができていないということになる。こういう状況のもとにおいてあえて国際社会の組織化なるものを推進することは、結局無用の混乱を招くだけである。のみならず多分それは正義にも反することになるだろう。当時私は、より安定して、より望ましい一体性を形成するには時間が必要であり、まさしく「かけがえのない」地球のためには、踏むべき順は踏んだうえでまとめた方がよいと考えた。

こういうふうに考えた場合、まず、何を国際社会の基本単位とすべきであろうか。現在のところ国家が早急に消滅することは、なさそうであり、一応これを基本的な単位と考えざるを得ないであろう。ただ、おもしろい現象は、地域主義の主張というのが、国家を超えねばならぬという主張とうまくかみあうようにみえることだ。いずれも国家を崩そうという方向で一致している。

それから、国際法の組織化ということについては、私には、この世界共通の目的なんてものがたてられるのだろうかと疑わしく思われた。世界は目的向きにはつくられていないのでないか。人々はただ暮らしているだけで十分値うちがあるのではなかろうか。

以上が「国際法における目的と構造」で考えたことのあらましである。

こうして1981年度から私は法人類学の講義を始めたが、最初に法人類学の歴史や性格を概論ふうに説明したあとで、人間社会の特徴を人間以外の動物、とくにサルの社会と比較することにした。もし私が既に複数の人間社会について述べるだけの準備があれば、このようなことは思いつきもしなかったであろうが、その準備はなく、しかし、霊長類学の本は一種の趣味として、沖縄に来る前から自己流に読み続けてきていた。講義では、今西錦司『人間社会の形成』（日本放送出版協会、1966年）を利用させてもらった。アフリカを実際に見てくるまでの時間かせぎといった感じだったが、この本を読んでおいたおかげで、基本的な言葉や概念を当然のものとしては使わないクセをつけることができた。たとえば「社会」という言葉、この言葉について論じるところからこの本は始まるのであるが、われわれが社会ということばで通常持つイメージというのは、人が集まっているということであろう。社会＝集中、ということは、分散し、孤立することが反社会的なことだというイメージともつながるわけである。この本では、そうではないこと、すなわち、集中も分散も社会の形態の一つにすぎないことを説得的に明らかにしてくれる。ただ、今西氏の立場が個体中心主義に対するものであることはその通りなのだ。まず人間というものが先に存在していて、つぎにこの人間が人間社会をつくったという考えは根本的にまちがっている、というところからこの人は出発したのだと思う。そしてこのような基本的な考えがまた、この人の独特な進化論の理論的支えとなっている。ダーウィン式の考えだと、突然変異によって生じた優れた個体が生存競争にうちかって生き残る、というふうになるわけだが、これは徹底した個の立場からの考えで、社会と離れて個などというものはそもそもないという立場からすれば、これはおかしな理論だということになるであろう。そうではなく、種が進化して別の種になるときはいっぺんにかわるのだとこの人は主張するわけなのである。

さて、人間の社会が他の動物の社会と比較してどのような特色を持っているのかという問題意識で考えを進めていったら、「家族」という、これも社会と同様、きちんと定義してから使わなければいけない概念が抽出されて、人間の社会にだけ家族がある、ということは分かった。それにしても、私の得た印象では、サルから人間の社会へと見ていくと、連続しているといってもいいぐらいになめらかに続く。個体についても同様である。とすると、本能と対置されるものとしての文化も人間になっていきなり生じたものとは見られなくなるだろう。

1981年夏にアフリカに行ったときのことは『旅の深層』第1章で述べた通りである。帰国後の講義では、余力がなくて、1981年度後半は内容をアフリカのことだけに絞った。キーワードは「分節社会」である。

『ヌアー族』は、法人類学の基本的文献だからというより、楽しみで読んだ。ヌアー族の人びとの特徴ある個性はこの本の序章からすでに明らかであるが、それ以上に、同じ特徴が政治的側面においても貫徹されていることに私は感激した。すなわち、一人一人が独立した存在であるということの尊重がその基礎になっている。

東アフリカに住んでいる他の遊牧民関係の記録を読んでいくうちに、彼らには共通した好戦性があるらしいということはよく分かったのだが、彼らが略奪にでかける場合というのは、たとえば牛の数が減ったときなどのように、彼らの力が落ちたときらしい。この点、梅棹忠夫氏が、中国古代史において定住中国社会へ遊牧民が出撃してくるのはその力が充実したときであり、それが彼ら式の余剰エネルギーの消費方法なのだと述べられているのと対照的であり、東アフリカの遊牧というのは中央アジアのステップにおける遊牧とはかなりちがったものではないのかと思われた（参照：梅棹忠夫『狩猟と遊牧の世界』講談社学術文庫、1976年）。実際、ヌアー族の場合、転々と住居を移すということはなく、梅棹氏の本でも「半遊牧的」だとされている。これを具体的に述べると、ここでは気候が雨期と乾期にわかれていることが決定的である。雨期は沼地のようになる。そこで小山の背・尾根などに散らばって生活する。これが村である。乾期には水と牧草を求めてキャンプする。その結果、村の場所とキャンプ地とを往復する形をとることになるわけである。雨期・乾期とも、生活の場としてはけっしてよいとは言えず、むしろきわめて悪いと言うべきだろう。他人の援助なしではやっていけないときがくるかもしれないということが現実的に考えられ、相互依存を必要とする状況が恒常的に存在する。ここでは、「人を気前よくするのは充足ではなく欠乏」である。このような状況と、自尊心の強い人々であるということとはどのようにつながるのだろうか？

私には、自然条件の故に生活集団の大きさが定期的にかわる、ということが決定的な要因であるように思われた。常に同一の場で生活を共にする関係から、めったに結びつきの生じない関係まで、いくつかの社会集団が段階的に区別される。こういうところでは、自己の属する集団というものを場面に応じて個別的に考えていかざるを得ない。すなわち、移動を伴う生活であるがゆえに自己同定すべき集団が場合に応じてかわる、ということが分節社会の成立基盤となるとともに、その基本的特徴をも暗示する。

ヌアー族にみられる分節社会の特徴を検討してみて私が一番強く印象づけられたのは、人々が自由に動いている、ということである。分節的というと、その語感からして、バラバラに小さくわかれて、お互いにいがみあう、といった感じであり、たしかにそういう面も強い。しかし、おのおのの構成員は流動している。そして、新しく迎え入れた構成員に対する差別はきわめて小さい。分節社会がバラバラにならないよう、その主要な骨組みをつくるものとして父系血族のリニィジ体系があり、さらに補助的に年齢組体系がある。そしてヌアー族の各部族の優越クラン＝ディエル(複数形ディィル)はそうでないヌアー(ルル)と区別されてはいるが、しかし、ディエルであるということが他人を支配する根拠となる、などということは全くないとされるのである。換言すればディエルであるということは法的特権を伴っていない。ヌアー族において、われわれの裁判所にあたるようなものは存在せず、エヴァンズ＝プリチャードは「厳密な意味では」ヌアー族は法をもたないとする。法をどのように定義するかは法人類学の主要関心事の一つであるが、この社会では社会全体にとって有害とされ、社会全体から制裁を受けるような行動は存在しないとされる。つまりすべてがわれわれの考える「私法」の領域に属するのである。たとえば殺人も私法上の問題、つまりは生じた損害の填補という問題としてとらえられる。こういう思考からすると、殺人者が死刑になるなどとんでもないこととも言える。被害者とは独立した国家の立場から法益侵害の有無・程度を判断する刑法はない。

ところで、一般には、社会なり国家なりが力を増すと余裕ができて、その結果、個人の法益違背に対し寛大になるとされている。だから、刑法は被害者の怒りから犯罪者を守るものとしての性格を帯びてもくる。とすると、ヌアー族のような社会においてそもそも刑法に相当するようなものが見あたらない、ということは、社会の力が刑法を発生させる最低限度にまで至っていないということを意味するのだろうか？　それとも、タイプが全く違う社会だということなのか？

刑法（の起源）と社会の力との間には常に一定の相関関係がみられるのかどうか、ということを私は考えていたのだが、結論を出すに至らなかった。この判断材料となるならないは別として、スーダン南部と北部の長期間にわたる内戦についてふれておきたい。この国は1956年に南部と北部が統一して独立したが、伝統的に南北の対立が強かった。北部はイスラム教徒が多い。ヌアー族のいる南部は部族宗教を信ずる者が多く、キリスト教徒もいる。イスラム教は湿潤地帯にはなかなか入りこめなかったとされるが、この境界がちょうどスーダンにある。西の方の、チャドやナイジェリアも似た状況である。スーダン南部はアニャニャ団（毒蛇団）などとよばれるゲリラ組織をつくり、武装闘争が長らく続いたのである。結果として、1972年に南部3州に外交と国防を除く広範な自治権が与えられた。この闘争において南部は強力な組織を組んで頑強な抵抗をなしうることを示したのだった。その後1983年に第2次内戦が起こり、2011年に南部は南スーダン共和国としてスーダンから分離独立したが、周知の通り政情は不安定である。

3　はじめての社会主義圏

まえがきで書いたように、２０２２年2月24日にロシアが突然ウクライナに侵攻して以来この関係のニュースを追っていたが、もともとはソ連の一部で、ソ連崩壊後すでに30年たってからウクライナにロシアが武力侵攻した事情が最初の頃はよくつかめなかった。そして、侵攻数日でウクライナの首都キエフは陥落するのではないかと報道されていたのに、その後ウクライナ側の抵抗が続き、武力侵攻の場所もウクライナの東部、南部へと拡大していき、ロシアが稼働中の原発を攻撃して占領するという事態に至った。

ニュースの解説では、武力侵攻の一番の背景として、ソ連崩壊後ＮＡＴＯの東方拡大が続いてきていて、とうとう元ソ連の共和国を構成していたウクライナまでＮＡＴＯ加盟を望むようになったということが挙げられていた。２００７年頃からロシアのプーチン大統領はＮＡＴＯの東方拡大の動きを公的に批判するようになり、ジョージアやウクライナのＮＡＴＯ加盟の動きも強くけん制してきた。

プーチン大統領が、今のウクライナ政権は「ネオナチ」だ、と繰り返し言っているのもよくわからなかった。１９４１年、独ソ戦の開始によって、ウクライナはナチスドイツによって占領され、ホロコーストの実行犯にはウクライナ人の協力者もいたとされ、そしてウクライナにネオナチ党があるのは事実であるが、影響力は限られているとされる。ウクライナの現大統領ゼレンスキーはユダヤ系であり、彼がナチスを正当化する理由など存在しないのではないか。

しかし、ウクライナの歴史的なあり方の変遷を把握することは必要だろう。8世紀末から13世紀にかけて、今のウクライナやロシアなどにまたがる地域に「キエフ公国＝キエフ・ルーシ」と呼ばれる国家があり、ロシアと隣接するウクライナ東部はロシア語を話す住民が多く暮らしていて、ロシアとは歴史的なつながりが深い地域であるが、一方で、ウクライナ西部はかつてオーストリア・ハンガリー帝国に帰属し、宗教もカトリックの影響が残っていて、ロシアからの独立志向が強い地域だという。プーチン政権は「同じルーツを持つ国」と位置づけるウクライナに対して、これまでも、東部のロシア系住民を通じて、その影響力を及ぼそうとしてきた。それはウクライナの大統領選挙にも及び、２００４年のウクライナ大統領選挙では、プーチン大統領が二度も現地に乗り込み、東部を支持基盤にロシア寄りの政策を掲げた候補をあからさまに応援した。そして、２０１４年に欧米寄りの政権が誕生すると、プーチン大統領はロシア系の住民が多く、戦略的な要衝でもあったウクライナ南部のクリミアにひそかに軍の特殊部隊などを派遣し、軍事力も利用して一方的に併合してしまったのだった。

しかし、ソビエトが崩壊後30年間で当初はあいまいだったウクライナ国民という意識がつくりあげられたのではないだろうか。実際、テレビでニュースを見ていると、ウクライナの現政権が欧米の単なるかいらい政権とは思えなかった。

その後、従来中立を保ってきたスイス、フィンランド、スウェーデンも相次いでウクライナ側につき、支援を表明したことは大きな変化である。フィンランド、スウェーデン両国のＮＡＴＯ加盟が実現し、緩衝地帯がなくなる方向へと進んだら、ロシアのウクライナ侵攻はやぶ蛇だったということになる。

ウクライナ関係のニュースに毎日接しているうちに、以前1982年夏にはじめて社会主義圏を旅したことを思い起こした。その頃はまだ、将来ソ連が解体するなんて予想もできなかった。沖縄大学法学会誌の第2号（1983年3月発行）に「はじめての社会主義圏」という題で書いたものが残っているのをテキストファイル化したので、それを以下に記していきたい。

〈まえがき〉

1982年の夏、私はソ連からギリシャまで旅行した。7月6日に横浜港からソ連船で出国し、8月5日に成田空港に戻ってきた。きっちり1ヶ月の旅である。

もともとの予定では、このあとさらにヨーロッパからアフリカにわたり、サハラを縦断して西アフリカに達するという遠大な旅になるはずであった。というよりも、もともとの行先はアフリカなのであり、ヨーロッパまではそのついでに通るというにすぎなかったのだ。時間的にも予定の半分である。帰ってから、何をそんなに急いで帰ってきたのか、とあちこちで言われて、本当に、予定など公言するものではないと改めて身にしみた次第である。

こういう意味で今回の旅行は失敗である。予定の半分で切り上げて帰ってきた理由は、しかし、あまりはっきりしないのである。ソ連船に乗船した日から禁煙しはじめたので、禁断症状が出て苦しかったのだと同僚には言っている。たしかにそれもウソではない。けれども、多分それよりは、社会主義疲れ、ないしは社会主義国疲れの方が大きい。あくまでアフリカへいく途中なのだぞ、と自分に十分言いきかせながら旅行していたつもりだったのに、初志を忘れたことが命取りとなったようである。

もっとも、失敗だからといって別に後悔しているわけではない。アフリカに行きたければまた行けばよい。だから失敗というのもあくまでカッコつきのものである。いいにせよ悪いにせよ、はじめて社会主義圏を旅行したことは一つの経験であり、私にとって無である、ということは全然ない。むしろ、失敗を愛する、というのが長年にわたる私の信条だったのであり、あえて失敗にしてしまおうという魂胆もなくはなかった。

今度の旅行は名目上も、実質的にも、個人的な「観光」旅行ということででかけたので、そのことを活字で公にするつもりは全然なかったのであるが、法学会誌に載せようと準備していた別の原稿が都合で載せられなくなりそうなため、もしもの場合を考えてこうして書きはじめたのである。つたない経験ではあるが、できるだけ正直に書いていきたいと思っている。何かのお役に立てば幸いである。

〈1　出発まで〉

アフリカに入る前にみたいと思っていたのはモンゴルである。

モンゴルは、昔は日本人の夢を大いにかきたてる所であったと言われるが、今は、夢をかきたてようにも、そもそもほとんど知られていない。私の場合もにわかに生じた興味であって、それは、「遊牧と社会主義とはどのように結びつき得るのだろうか」ということを考える前提として、実際にモンゴルをみておきたいと思ったのだった。出発の半年前ごろのことである。

モンゴルに行こうと思いついてすぐにそのことを公言してしまったため、とにかく行く、ということについては動かしようもなく決まってしまった（これが私のあまり賢明とは思えないやり方で、迷っていては決着のつかないことはどんどん人に公言してきめてしまう）。ところが、モンゴルへの興味はその後思ったようにふくらまず、何冊か買ってきた本もほとんど読みきらないままになっていた。当然、自ら計画をたてるところまでいかない。たまたま、モンゴルへのツアーがあることを知ったので、これに便乗しようときめて申し込んだ。このころは、モンゴルへ行きたいというより、公約を果たさねばならないという気持ちの方がずっと強くなっていた。だから私個人では何も調べたりしなかった。

出発の1ヶ月前ごろ、ツアーが組めない、という連絡が旅行社からあった。人が集まらないというのだ。なるほど一般受けしないところなんだなと思った。たったの7名も集まらないのか。個人旅行に切りかえるしかない。内容はツアーとほとんど同じである。というのも、自分で調べていないので、他のプランを立てようにも立てられない。情報を集めたいとさえ思わなかった。もっぱら個人のため、公約（私約というべきか）のために旅行するという心境であった。旅行社の方では、個人旅行にするとビザがとれないかもしれないができるだけやってみようと言ってくれた。そして、出発の1週間前ごろ、うまく手続きが終わったと連絡があった。

このようにしてプランはできあがった。私の方で旅行社に希望したことは、できるだけ鉄道を使うということと、モンゴルのあとはソ連・ハンガリー・ユーゴスラヴィアを経てイタリアに入るということだけであった。社会主義圏の旅行の詳細については何もしらなかったので、立ててもらったプランがいいとも悪いとも見当がつきかねた。ただ、感じとしては、こんなに細かいところまできめたら旅行のだいご味は何もなくなるんじゃないか、という気はした。宿泊するホテルまで決めてでかけるのははじめてである。私のような面倒くさがり屋だと、ホテルについたきり外に出なくなるんじゃないかとも思われた。

〈2 ソ連船「バイカル」〉

どういう人たちなのかよくわからないが、とにかく、横浜港の大桟橋はテープで一杯だった。バカににぎやかである。NHKテレビのロシア語講座の雰囲気に似ている。あれは日本人向きに演出された雰囲気なのだろうと固く信じていた。本当はもっとおかたくて、血も涙もない、万事が「鉄」の国なんだろうと勝手に想像し、そんなところへわざわざ行くことにしたのを後悔しはじめていた。大人・子どもがはしゃいでいるのをみるとヘンだなあと思われてくるのである。

実際に船が離れるときも妙だった。どういうわけかしらないが、一度桟橋から離れて、呼びかう人々の声が最高潮になったところでまた船は戻って接岸したのである。苦笑がまいおこる。しばらくして、間の抜けた二度目の別れ声とともに船は岸を離れた。どうも、私のもっているソ連のイメージとちがう。

船が動きはじめると、すぐに、時計を1時間進めるようにという放送があった（次の日さらにもう1時間進めた）。これもよくわからない。というのも、われわれはナホトカにむかうのであるが、ナホトカは東京の北西になる。時間を遅らせるのであればわかるが、反対になぜ進めねばならんのか。

船内には日本人はたくさんいた。ほとんどがツアーの人たちだった。何人かの人と話した。うまく合いそうな人はいないみたいである。はじめて外国へいくという人が多い。にもかかわらず、英語はバカに上手な人が多いようである。身分をきくとほとんどが学生で、しかも有名な大学の人が多い。何か私の旅行すべきコースではないような気がして憂うつになった。それに、禁煙のためのイライラがはじまったこともあって、ほとんど寝ていた。

ナホトカにつく前に、イルクーツクまでの乗物の乗車券や、ホテルの宿泊券をもらう。日本であらかじめ代金を払う。すると、旅行社はバウチャー（クーポン券）をくれる。私の場合は6枚のバウチャーをもらった。その第1枚目を「バイカル」の中にいるインツーリスト（ソ連国営旅行社員）にわたすと、バウチャーに示されたサービス内容相当分の券や切符をくれる。

このインツーリストは日本語を話した。この人の日本語が今も耳に残っている。あとから考えると、ソ連のインツーリストの中で、この人ほど上手に話した人はいなかった。ところが、はじめて接したこのインツーリストの日本語をきいたときは、ヘンな日本語だなあと思ったのだった。ほかの人の切符類はすべて配りおわったのに、私のだけがみつからないという。しきりに、「すみません、クミハラさーん」とくりかえす。一つ一つの発音がネバネバしている。きいているうちに、こちらが気の毒になって、「船室でまってましょうか」と言うと、「そうです」と返事があった。こんな返事があるのだろうか。しかし、ハンカチでパタパタ顔をたたいて、汗をふきふき一生懸命しゃべっている彼女をみていたら、何かすごくステキな日本語のようにも思われたのだった。実際、ツアーの人のための説明会があったので私もきいたが、この人の日本語はとてもうけるのである。ヘンな日本語をきくと、こちらは安心してくつろげる。社会主義国で働く女性の最初の印象はおかげで大変よいものになった。船内のメイドさんのこともおぼえている。シャワーがないかと手まねで示したら、どう考えたのか、「アエロン」という船酔い薬をくれた。

〈3　ナホトカからハバロフスクへ〉

ナホトカについてから2時間余り船内で待たされた。バスでイミグレーションオフィスにいき、入国手続きをすませる。非常に簡単。そもそもビザ（パスポートにスタンプを押すのではなく、別紙になっている）に入国・出国予定日が書かれ、途中の滞在都市も記入されているのであるから、理屈からいうと、入国拒否される方がおかしいわけである。弁解がましいことは何も言う必要がない。黙っていればよい。

それがすんで2万円をルーブルにかえた。たしか56ルーブルぐらいになったと思う。お札がとても小さくて、日本の子どもたちが好きだという「億万長者ゲーム」用のお札みたいである。さし出されたものがお札だとわかるまでに少々時間がいった。

バカみたいであるけれど、ソ連でもわれわれがするような自由な買物ができるのかと、実際にみてみるまで疑い続けていた。ソ連のイメージがうまく組み立てられなかったのも、この、余りにも素朴な懐疑にもとづくところが大きい。たとえば、私が予定外の買物をやったためにソ連の経済計画に狂いが生じて困るのではなかろうか、などとまじめに考えていた。両替しながらも、このカネはどのようにして使えばよいのであろうか、と考え、両替嬢にきいてみようかと思ったほどである。ちゃんと店があって、そこでほしいものが買えるのをみて、この疑念は氷解した。これがわかっただけでもソ連にやってきたねうちがあったと思った。急いで付け加えておくが、私も「経済原論」は学生のとき一応やって「優」をいただいている。

そのあとまたバスで鉄道駅に行った。われわれの入国手続きがおそくまでかかったので、列車も30分おくれて午後8時20分に出た。インツーリストにくっついていれば列車に乗り遅れる心配など無用のようである。

8時20分でも全然暗くならない。やっと夕方らしくなったという程度である。日本時間より2時間進めるのは、緯度が高くなるせいなのだとわかった。午後10時を過ぎるころやっと暗くなった。

私の乗った2等寝台は4人で一つのコンパートメントになっていて、9コンパートメントで一車両である。車両ごとに車掌がいて、紅茶をつくってくれたりする。個人旅行なので他の日本人たちとは別々になった。やっと旅行らしくなるな、と思ったら、私のコンパートメントと隣のコンパートメントをまたがってとった5人家族の奥さんと子どもは日本語をしゃべる。一緒に食べようと子どもがさそいにきてくれたのでいってみると、旦那さんは英語しかしゃべれない。てっきりロシア人だと思っていたのに、アメリカ人だった。厚木の米軍基地で働いていたそうだ。ワシントンに転勤になったので、その途中の旅らしい。奥さんは西ドイツのフランクフルト近くで生まれたそうであるが、この人の日本語は大変立派で、われわれの日本語と区別できないほどだった。子どもたちからは「お前、お前」といわれ少々閉口した。

〈4　ハバロフスク〉

個人旅行の場合、食事は各自でとらねばならない。ホテルのレストランは高いし、気どっていてきゅうくつである。そこで私は、ソ連の都市に滞在中はほとんどいつでもまちに出て、カフェで食事をしていた。ソ連のカフェはセルフサービス式の食堂だと思えばよい。お茶と菓子だけを扱っている店はカフェテリアと呼んでいるようだ。カフェはふつうの人が食事をしている時間にはだいたいあいている。夫婦共働きが多いからだろう。食事どきで混んでいるときにいくと、とくにモスクワのような大都会では30分ぐらいも列をつくって待たねばならなかったが、ハバロフスクではそんなことはなかった。値段は本当に安い。そのかわり万事実質的であり、食器もボロである。大国という感じは全くしない。私はこういうカフェが大いに気に入った。カフェがある限りは栄養の点は大丈夫だと安心した。

そのほか口に入れたのは、アイスクリームとクワスという発酵飲物である。非常に乾燥しているようで、ひっきりなしにのどがかわくのである。いずれも街頭で買って飲食する。

ハバロフスクのまちを歩いて最初に感じたのは、実に色々な顔があるということだ。色からいえば白人が多いが、その形はさまざまである。金・土と週末だったせいもあってか、メインストリートは随分のにぎわいだった。歩行者がほとんど信号を無視しているのは気に入った。警官もそれをとがめる様子は全くない。公園に写真屋がいたのにはびっくりした。私の従来のイメージだと、各個人がカメラをもっているのが先進国、写真屋が幅をきかせているのが後進国ということになるのだが。女の人の服に、スケスケのものがきわめて多いのには弱った。本当に目のやり場がない。下着の模様までみえるようなのが多いのだ。

デパートが何軒かある。物量はけっこうあるようだ。ただ、よく言われるように種類が少ない。同じ商品がズラリと単純に並べられているような印象をうける。大きな戦争のおもちゃが次々に売れているのには、なるほどソ連だなと思った。耐久消費材は量も少ない。計算には10個玉のソロバンを使っている。

私のみたかぎりでは、人々は別に退屈しているようにはみえず、ゆったりとしたテンポで楽しんでいるように思われた。とくべつの根拠があるわけではないが、人々の顔をみていてそう感じた。

少なくとも、「好戦的」というにふさわしい感じはほとんどない。これならば住めないこともないなと私は思った。

われわれ外国人に対しては、まちの人はそんなに関心を示さない。英語もほとんど通じない。こういう人達が日本侵略をねらっているとはとても信じられない気がする。

〈5 イルクーツクへ〉

ハバロフスクからイルクーツクまでは飛行機である。朝6時に集合するようインツーリストの指示があったので準備していくと、遅れるという。9時、午後2時半とだんだん遅れて、結局ホテルを出たのは夕方の4時半だった。遅れるのはソ連では日常的である。他の飛行機・列車も遅れているようで、大勢がイライラしながら待っている。遅れている理由については何の説明もないのがイライラをたかめる。何のために旅行してんのかなという気になる。私は、まちを散歩しながら食事をすませたほかは本を読んでいた。この日で一冊読めた。田中克彦『ことばと国家』(岩波新書、1981年)である。この人はもともとモンゴル学者であり、『草原と革命』(晶文社、1971年)という日本における現代モンゴル研究のパイオニアワークも持ってきて読んでいた。

バスで空港へいく。日本人は私だけ。ほかは、船で一緒だった外国人の人たち。米軍人の家族も一緒。もちろん国内線なのだが、外国人旅行者は国際線待ち合い室につれていかれ、別の口から乗る。隔離されているように感じる。

空港で気づいたのは、掃除がいいかげんで、便器などもよごれていることと、売店はあるのに店番がいないことだ。要するにサービスが悪い。

乗った飛行機自体も随分ボロである。イスがボロなのはいいのだが、冷房がきかないのには弱った。暑い、暑い、と思っていたら、飛びあがったあとは寒いぐらいになった。出入口がちゃんとふさがれていないため自然冷房になるらしい。

こういうふうに、比較すればアラはいくらでもあげられるのだが、乗り心地はそんなに悪くはなかった。操縦はとてもうまいと思う。なに、落ちなきゃいいのだ。それに、お客さんが気どっていないのもいい。荷物棚にひっかけてつるすようになっている赤ちゃんのゆりかごが二つあった。

この飛行機内でもびっくりするほどいろいろな顔がみられたのだが、とくに、私のような顔、日本人とほとんど区別できない顔がたくさん並んでいるのには驚いた。外人という気がしなくなってくる。

3時間半でイルクーツクに着いた。空からみるイルクーツクはヨーロッパのまちによく似ている。ホテルに着いたのがもう夜10時前だったので、ホテルのレストランで食事をすることにする。米軍人家族の人達と一緒になった。ところがウェイトレスが、シッシッと私を追い出そうとする。奥さんが、この人は日本人のお客だと英語で言っても、そもそも英語が通じない。奥さんは「人種差別」だと言って怒り出した。私は、やあれやれとただ見ていたのだが、そのうち、ウェイトレスの態度が変わって、今度はバカに愛想がよくなった。思うに、これは人種差別ではなかったのではないか。イルクーツクのあたりは、民族的にはモンゴル色が強い。だから、ウェイトレスが私を追い出そうとしたのも、黄色人種だからではなく、「現地人」と思われてしまったからではないかと思うのである。このように考えたのがもし正しければ、モンゴル人と日本人とはよっぽど似ていることになる。そう思うと、この出来事もそれほど不愉快とは感じなかった。しかし、仮に「白人の現地人」が私と同じようにホテルのレストランに入ってきたらどうなのか。それはかまわないというのであれば、これは差別ではなかろうか。

〈6　ソ連―モンゴル国際列車〉

朝8時半すぎ、列車は定刻通り動き出す。ほかの乗客はほとんど寝ているようだ。なにしろモスクワ発だから、始発からだと4日目ぐらいになっているはずである。

車掌はロシア語しか話さないが、窓に、「中國」と書いて私に尋ねた。ヤポンスキーと言うと、とたんに興味を示す。身ぶり手ぶりをまじえての片言をつなぐと、第二次大戦のとき参戦し、北京・上海・香港にいったということらしい。

窓際に立って景色をみていると、モンゴル人らしいおじさん二人が私の方にやってくる。一方は顔も体もがっちりしている。写真でみた小田実氏とよく似ているが、それよりごつい感じだ。不思議にこの人の顔だけは今もはっきりおぼえているのに、もう一人の顔はほとんど忘れてしまっている。二人とも日本人と区別がつかないと思った。お互いに共通のことばがない（私のロシア語は、「話せる」とはとてもいえない代物である）ので、私のもっていた『ロシア語小辞典』と『モンゴル語会話帳』を示しながら、ゆっくり、ゆっくり話を進めた。小田実氏みたいな人は田中克彦氏を知っているそうで、『草原と革命』の写真をしげしげながめていた。『モンゴル語会話帳』にもいたく興味を示し、辞書をつないで、この本がほしい、という文章をつくる。これから使うのでお断わりする（モンゴルを去るときに、この本は通訳氏にあげてきた）。

食堂で朝食をとってから朝寝する。私のコンパートメントは私のほか親子3人の若いロシア人家族である。

ひるすぎまで寝て、また昼食をとりに食堂車にいくと、若いモンゴル人の男と一緒になる。その男にさっきのおじさんがおカネをわたす。そのカネでありがたくごちそうになった。若い男はほんの少し英語を話す。モスクワで働いていて、仕事は技師だそうだ。この列車は本当にモンゴル人が多い。いつもそうなのだろうか。それとも、ちょうど国のお祭り（ナーダム）と重なったので、そのための帰省客なのだろうか。こんなに似ているのに言葉が別というのがヘンな気がしてくる。目つきが、われわれより鋭いと感じる。これが視力5・0の目なのか。

食事のあと、この若い男のコンパートメントでワインをまわしのみした。若い女がたくさん集まってきた。さっきのおじさんたちのときと同じようにして話をすすめる。質問の内容が男と女で全くちがう。男はとにかく、どこをどう動くのか、という旅行コースを徹底的にきくのである。女たちはというと、「結婚しているのか」「子どもがいるか」「何のために動いているのか」というにつきる。女の一人が私をさして、あんたはこういう人にちがいないと辞書の2ヶ所を同時に示した。「愛する」と「遊ぶこと。仕事をしないでいること」。

モンゴル人の若い人たちとにぎやかにやっていると、言葉が通じないのが全然苦にならない。それは私が難聴のため、日本でもふだんからきこえない状態でいるのに慣れているせいもあることはあるのだろうが、それ以上に、彼らと私は、とくに笑うところが一致していて、感じ方のコードが同じなのではないかと思われた。言いたいことがよく通じる。それからもう一つ、人の集まり方が馬のむれみたいだと思う。列車内で人々の離合集散をみていると、いつも何人かごとに集まってにぎやかなのだが、特定のものだけで集まっているという感じはない。男女差もあまり意識していないようだ。実際、体型が男女でそれほど違わない。女は乳が目立たない。そして男女とも足が長くてすらりとしている。われわれの言う「女らしいはにかみ」もないように思われる。彼らの方でも私に対してかなりハッキリした感情をもったようだ。それが「好き」なのか「嫌い」なのか、よくわからないが。

夜中に国境を越える。ソ連とモンゴルの厚い「友情」は有名なので、国境もないようなものだろうと思ったら、そうでもなかった。ソ連側の荷物検査はかなりきびしい。

一夜あけると、みわたすかぎり草原になっていた。小雨がふっている。

〈7　ウランバートル〉

モンゴルの場合、ソ連と同じように出迎えがあるのかどうかはっきりしなかった。一切込み（ゴビへの飛行機代を除く）で一日70ドルということなので多分来てくれているだろうと思ったのに、それらしい人は駅にみあたらない。小雨が降り、寒いので、とにかく宿泊所となっているウランバートルホテルへ行こうと思い、駅の荷物預かり所のおじちゃんに『モンゴル語会話帳』を示して用件を言う。まず両替をたのむため20ドル札を出すと、手もとにあった札をありったけくれた（それでもレートの3分1しかこなかったが）。それからタクシーに乗せてくれる。相乗りで一杯になったタクシーはまっさきにウランバートルホテルに行ってくれた。

受付で手続きをしていたら若い男がきて、日本の先生ですか、と言う。これが私の通訳氏だった。出迎えをさぼったようである。モンゴルの場合通訳は自動的につく。この通訳は英語とロシア語が話せるそうだ。

午後から通訳氏とナーダムを見にいった。ナーダムは独立記念の祭典である。モンゴルは独立してから今年で61年になる。まずモンゴル相撲をみる。はじめは寒いこともあって、早く帰りたいとばかり思っていた。しかし、通訳氏が帰りたそうな顔をしないので帰ろうと言い出しかねているうちに面白くなってきた。相撲ではなく、すわる場所のことでだ。大きな競技場が20ぐらいにしきってあって、各々、すわるべき場所がきめられているらしい。われわれ外国人は二番目にいい場所のようである。正面が一番えらい人達で、その隣。ところが、すわるべき場所をまちがえる人がひんぱんにいる。みはりが追い出してもまたもぐりこんでくるのがいる。席にランクをつけても、それがわからない人がいる、というのが面白くて、よっぽど写真にその場面をとろうかと思ったが、やめた。それをみているうち余裕がでてきたのか、相撲も面白くなってきた。勝ちどきをあげるときのゆっくりとした動作がすばらしい。

そのあと弓もみた。何人かの選手がメガネをかけているのが不思議に思われた。一番いい目をもってなきゃいけない人達だと思うのだが。

ナーダムから4時に帰ると、もうやることもない。通訳氏は、モンゴルオペラをみにいかないか、と誘ってくれたが、めんどうくさくなって、ホテルのベッドで寝ていることに決める。

通訳氏と一緒に夕食をしたときに、私のことをいろいろきかれたので、ありのまま正直に答えた。私すると、急に私に興味をもったようで、モンゴル憲法の英訳本があることなどを教えてくれた。私より一つ年下で、奥さんと二人の子どもがいるそうだ。全部で6人の子どもをうみたいというのだが、もう若白髪が出ていて、その元気もなさそうである。

〈8　ゴビ砂漠〉

翌朝飛行機でゴビにむかう。私の通訳はついていかない。同行は30名ぐらいで、モンゴルの通訳以外はすべて白人である。2時間ぐらい飛ぶと砂漠の上におりた。そのかたわらにゲル（中国ではパオという）の宿泊所がある。私は、西ドイツのツアー一行とともに観光してくれないかと言われた。

別に異存はない。休む間もなくさっそく小型バスに乗って出発する。

最初は、ときどき放牧地に出ると写真をとりながら、ヨル渓谷という万年雪の残っているところへいく。もどって昼食のあと、また出かける。今度は砂丘。私が見た限りではゴビには砂はほとんどない。ふつうの荒地と思えばよい。そこで、わざわざ砂丘にいくことになる。帰るともう夜になりかかっていて、夕食のあとゴビの映画をみてから寝る。この日一日ゴビをまわって、何の魅力も感じなかった。退屈した。それで、二日間滞在の予定をかえて一日にしないかと通訳の人から言われたときはありがたかった。

ただ、ドイツ人と一緒に行動してみて、彼らの規律のよさには本当に感心した。なによりも時間が正確である。そして、若い人から年よりまで、ほとんどの人が各自、記録をつけているのをみてマメな人達だと思った。

翌朝6時にまたバスで出かける。ラクダとヒツジを放牧していて、われわれが見たうちで最大だった。ゲルの横にはオートバイも2台置いてある。

最初はこの放牧地をみていて、来てよかったなあと思ったのだが、段々不愉快になってきた。というのは、ドイツの人達の写真のとり方があまりに無礼なのだ。夫婦と子ども達が注文どおりいろいろなポーズをとらされていて、明らかにいやがっている。これで社会主義国なのか。ドルがほしいからといってこんなことまでしなきゃならんのだろうか。腹が立ったので、「私も同じ黄色人種だよ」というつもりで彼らの横に立ったら、おまえはじゃまだ、のけていろ、と平然と言われ、ますます腹が立った。そのあげく、お礼にとかと言ってわたしたのがチューインガム一箱だけなのだから本当にバカにしている。これならソ連のような、外国人隔離政策の方がまだましと思う。アフリカで人の写真をとるとカネを要求されたことがあったのも思いおこされた。ドイツ人同士では本当に見事にやっているが、それ以外の者が入るとダメなんだなあと思った。それに、このときの写真のとり方をみていて感じたのは、彼らの写し方が「個」に徹しているということだ。放牧地全体の様子などより、ラクダならラクダだけに関心が吸収されてしまって、その周囲はどうでもいいらしい。

かくして、ゴビを飛びたったときはとても嬉しかった。ゴビなんかよりウランバートルの方がずっといい。2時間ほどで着いたのでおりると、あんたはまだだよ、と言われる。何かよくわからない。私のほかにもう一人残ったスウェーデン人にきくと、ここはウランバートルではない、キャラコルムだ、という。言われてみれば様子がちがう。ドイツ人の一行は今日はここで観光するのだが、個人旅行であるわれわれ二人はこの飛行機でウランバートルまで行くというのだ。私はてっきり、ドイツ人達もウランバートルに戻るのだと思っていた。再びリュックを積み込む私をみて、スチュワーデスが我慢できないというふうにゲラゲラ笑う。私もとても嬉しくなった。

〈9　再びウランバートルで〉

今度は女の通訳さんが私についた。一緒に昼食をとる。25～6歳のようにみえる。どこに行きたいか、ときかれたので、どこにも行きたくない、と答える。通訳つきで歩くなんてつまらないので、一人で勝手に歩くつもりだった。しかし、相手はそれでは困るというように、博物館に行こう、という。4時半、と約束して別れる。

それからすぐに出て、市内を歩きまわった。まずスターリン像のところへ行く。モンゴルではスターリン批判後の今もスターリン像はこわさずに残っているのである。NHK取材班『モンゴルを行く』（日本放送出版協会、1982年）に、「「せっかく作った銅像を、何も、とり壊すほどのことはなかろう」というのがモンゴル人一般の考え方のようである」（153頁）とあったので、是非とも見ようと思っていたのだった。

そのあと、アパート群の中に入りこんで歩きまわる。まちの周辺にはゲルの集落もあるが、中心部はほとんど高層アパートである。高いのになると10階以上のものもある。それらがなかなかしゃれていて、とくに、ラーメン用の丼についているのと同様のデザインの装飾がめだつ。ところどころアパートの1階が売店になっている。私も入って様子をみたが、私を日本人と気づいた人はまずいなかっただろうと思う。ここでは、品の種類はソ連より一層少なく、ぜいたく品はほとんどない。店の構えが立派すぎて、並べられている品とつりあわない感じがする。スーパー式の店もあったので、私もアメを買った。

同じような建物ばかりのせいか道に迷ってしまった。方向がつかめない。タクシーはほとんど走っていないし、バスもどれに乗ってよいのかわからない。焦りはじめたが、やっとのことで約束の時刻にまにあって戻れた。ところが、博物館は4時におわってしまったというのだ。これで本当にプロの通訳なのかなと思う。ソ連のインツーリストが仕事のエキスパートだという感じがするのと、かなり違う。ここでは、たとえばウランバートルのホテルの食堂で食事をしている通訳諸氏の様子をみると、何かしら気どっていて、特権階級のように思われるのである。博物館は明日ということになったので、夕方までまた歩いた。

夕食の場に、通訳さんのほかにおばちゃんがきた。この人が実にみごとな日本語を話す。久しぶりに日本語らしい日本語をきいて嬉しくなる。数年前まで日本人の世話をしていたが、年をとったのでホテルの3階の監督をやっているそうだった。

翌15日の午前中、歴史博物館をみた。入っていきなり出てくるのは、ソ連の宇宙船チームに加わって宇宙旅行をやったモンゴル人の「スペースメン」のことである。そのあと革命前夜から今日までの展開がわかるようになっている。日本ではノモンハン事件とよばれ、モンゴルではハルハ河戦争と言われている出来事のところを通訳さんはあえて省略しようとした。ほかに、日本と関係ありそうなものとしては、日本で開かれたバレエコンクールでモンゴル人が入賞したときの賞状が飾られていた。大屋政子と署名してある。

午後は別の博物館にいく約束になったが、実際にいってみると休館だった。どうなってるんだろうかと思う。それで、この日の午後もほとんど一人で歩いた。

夕食のとき通訳さんに、モンゴルの社会主義はユニークだ、と言うと、彼女は「あんたはクレバーね。中国人はスチューピッド」と言う。「私はそう思わないが」「ロシア人はクレバー」「私はそうも思わない」「そう?」と彼女はびっくりしたみたいである。彼女に「あんたはクレバーなのかね」ときくと「ノット、クレバー」だそうだ。「あんたのご主人は?」「クレバー」「あんたのお子さんは?」「クレバー」「あんただけ、ノット、クレバーなのかい?」「まだ若いから、努力しなきゃならないから」「じゃ、いつかはクレバーになるのね」「メイビー」。彼女はウランバートル大学卒だとか。やはりエリートなんだな。そして、エリートの女らしく鈍感でもあると思う。列車の中でみかけた女たちとは随分ちがう。私は、ウランバートルの中心へトラックに乗って入りこんでくる人達の顔の方が元気そうでいいと思う。

翌朝出発前に、ホテル内にあるジュルチン(モンゴルの国営旅行会社)事務所で代金を精算する。代金のうち一日70ドル分、4日で280ドルについては日本であらかじめ払ってきたのだが、そしてその証拠としてこそバウチャーをもっていたのだが、モンゴルの銀行に支払われたという証明がないからもう一度払えという。払うしかない。それにしてもガッチリしていることだと思う。関係書類には、ヒロシとしかタイプしてなかったので、ファミリーネームもいれてくれと要求すると、モンゴルにはファミリーネームはない、名前だけでやるのだ、と言いながら、通訳さんが手でクミハラと加えてくれた。

そのあと空港にいき、アエロフロートでイルクーツクにもどった。国際線になると、飛行機も上等だし、スチュワーデスも美人で、そして冷たい。

〈10 イルクーック〉

ウランバートルでは、とうとう一日も青空をみることができなかった。前記の『モンゴルを行く』を読んでいて一番ひっかかったのは、口絵のカラー写真だった。日本には決してない配色になっている。形によりも、この、奇異な配色にこそ魅せられたという面がある。その中で青空の色は是非とも必要のように思われたので残念だった。名所の類には全くいきもしなかったのに、こういうことはあきらめきれない思いがする。

ところが、イルクーツクに戻ってきてみると、これ以上の好天はなかろうと思われる位に晴れわたっていた。そして乾燥していて、空からみるバイカル湖は美しい。イルクーツクのまちを歩いてみると、私のような顔はめったにない。ほとんどが白人である。それも、ギョーザの皮が油ですきとおったような、まっ白い肌がほとんどなのである。これは全く意外だった。イルクーツクに最初にきたときの飛行機の顔ぶれをみても、私のような顔にもっとあえるだろうと思っていたのである。やはりこのまちの歴史のせいなのかもしれない。17世紀にコサックの一隊がとりでを築いたのがこの町のはじまりなのである。だから、ヨーロッパの町のようになったのだろう。

現在イルクーツクはシベリアの中心地になっていて、十分その貫禄が感じられる。ハバロフスクと比べると、あっちは田舎だったのだなあと思われる。立派だったのは本屋で、ここでは英語の本もかなりみかけた。英語の本をみると、モンゴル写真集などもあることはあるのだが、やはりヨーロッパの方を向いているんだな、と感じる。本の値段はきわめて安く、日本の半分か3分の1ぐらいではないかと見当をつけた。古本屋も、5軒もあるそうだ（木村英亮・山本敏『ソ連現代史Ⅱ』山川出版社、1979年、221〜2頁）。

ちょうど那覇の平和通りのようなにぎやかな通りもある。スイスイ歩けないほどの雑踏である。こういうところをぶらついていると、社会主義ということの内容が段々ぼやけてしまってわからなくなる。つまり、私の考えでは、街頭の立ち売りも「公務員」だと思うのだが、そうじゃないのだろうか。勉強をやりなおさないといけないなと思う。この通りの突き当たりは巨大なデパートになっている。最初、あまりに立派な建物なので、官庁か何かだろうと思っていってみたら、エスカレーターまでついているデパートだった。たしか4階あったと思う。日常雑貨が中心である。テレビなども国産品が陳列されている。不思議に思ったのは、デパートにも便所が全然ないのである。大きな公園にも、本当はあるのかもしれないが、みあたらない。非常に乾燥しているために、クワスを何杯のんでも尿意を催すということはなくて、列車が出る夕方まで困ることはなかったのだが、それにしても、どうしてなのかよくわからない。ホテルにチェックアウトタイムがあるので出発まではブラつくほかないということになるのだが、社会主義国のホテルにチェックアウトタイムがあるということ自体意外だった。私の考えでは、社会主義国というのは国が責任をもって旅行者の面倒をみてくれる、ということは出発するまでは部屋を使っていいのではないのか、そう思っていたわけである。組んでもらったプランを見ると、ホテル代が高いせいもあってか、列車というとたいてい夜行である。食事といい、出発待ちといい、「強いられた観光」という点で共通する。

〈11　エクスプレス「バイカル」〉

モスクワまでの列車に乗る前はさすがに緊張していた。4日間乗りっぱなしである。何かこう、体力試験か、精神力試験を受けるみたいな気がする。私がこれまで乗って一番長かったのは、インドのボンベイ（現・ムンバイ）からヴァラナシ（ベナレス）まで列車で行ったときである。まる3日ぐらいかかったのではなかったかと思う。3日も4日もたいしてちがいはないと思うのだが、心配なのは、ソ連の列車がたいてい、4人ずつのコンパートメントにわかれていることだ。ロシア人3人の中にとじこめられるのはきつかろうと思う。インドの寝台車は、一等はどうだかしらないが、ツーリストクラスは部屋割りされていない。ベッドが並んでいるだけだ。大勢の中になんとなくいる方が気分的には疲れない。

しかし、私は恵まれていたと思う。同じ部屋に入ったのは、母子とじいさんである。4日もながめつくしたので今も3人の顔をはっきり思い出すことができる。子どもは小学生になったばかりぐらいの、バカにませた女の子で、たぶんヒステリーもちだと思う。母親としょっちゅうトランプをやっていた。母親の方も、じいさんの方も食物はどっさりもちこんでいて、ほとんどすべてごちそうになった。ロシアのかたいパンにソーセージかハムをはさみ、キュウリのつけものをおかずにしてたべる。紅茶は車掌がつくってくれる。最後に、じいさんが輪の形のパンを子どもと私にごほうびのようにしてくれる。この同じメニューで一日3回ずつ、4日通すのだからたいしたものだと思う。ごちそうになってもお返しするアテのないのがいやで、わざわざ食堂車で食べてきても、同じように食べさせられてしまうので、おしまいはまかせきりになった。3人ともロシア語以外は全くわからない。それでも、気づまりはほとんど感じなかった。女の子も私と4日間ほほえみ続けて、しつけはちゃんとできてるんだなと感心した。日本だとこうはいかないでしょう。

モンゴルに行ったときの列車のように、乗客同士が仲よくなってガヤガヤやることはあまりないようである。むしろ競争関係にあるみたいなところもある。というのは、大きな駅につくたびに先を争って降りては売店の前に列をつくって食べ物を買う。何を買うにも列をつくらなきゃならんなあという感じ。アイスクリームを売っているのがみえたときはすごかった。まさに競争だ。私もほしかったのだが、とてもまにあわないのであきらめていたら、女の子がもってきてくれた。それを食べていたら、別のコンパートメントの女の子がまた私にアイスクリームをもってきてくれた。「買い占め」すぎて余ったらしいのだ。放っときゃとけてしまうもんな。アイスクリームを両手にもちながらたべたのはうまれてはじめてだと思う。決してものがないのではない。あるのだが、売り手の数が少なすぎるのだ。しかも、いつも開店しているわけではないので、売っている間に買っとかなきゃいけない、というので先を争う。

鉄道関係の職員は女性が目立った。車掌はだいたい女性だし、駅や線路でも女性が大ぜい力仕事もやっているのをみかける。女性の方が生き生きしている。心なしか、男という男はものうげで、ボンヤリした顔が多い。理由はともかく、現象としては沖縄によく似た状況だ。

列車内外で気づいたことをあといくつか列挙してみよう。

列車の廊下にパンフレットがおいてある。その中に、ブレジネフ書記長の、核廃絶を求めるアピールがあった。同時期にわれわれの側でも同じようなことをやってたわけでしょう。そして、そのときの直接の鉾先はアメリカだったと思うが、ソ連も含まれていたのではなかったか。ということで、ソ連の中でもこういうことをやっているというのが、何かこっけいにも思われたし、本気なのかなとも思われた。

窓からみえる景色は単調であり、とくに述べることもないのだが、百姓仕事をみるのはおもしろかった。草刈りの仕事が多い。大きなカマをブルンブルンと大振りして刈っていく。その草を乾かして肥料か飼料にするようだ。上半身裸の姿が多かった。水着で仕事をやっている姿もよく見られる。裸が好き、というより、冬の長さが想像されるのだった。こういうところは冬も通ってみなきゃわからないだろうと思う。人々が働いている姿を見ていても、ゆったりと生活を楽しんでいるなあ、という感じが色濃く感じられる。やはり自分の国に自信をもっているのはまちがいないのではないか。日本で信じられているのとは別の意味で。

鉄道は既にパンク寸前なのかもしれない。一時停止がしょっちゅうある。すれちがう列車も多い。私はほとんど駅のない荒野を突っ走っていくのかと思っていたが、これは大ちがいだった。

〈12　モスクワ〉

モスクワの人口は約700万人ほどであるが、列車で入ってみると、とてもそれほどのまちではないような気もする。東京の広がりぐあいと比べての感じだ。このちがいは、モスクワの場合、立体化が進んでいる、ということだと思う。東京のようなバカ高いビルもそんなにないかわり、ふつうの人は都心ではほとんどがアパートに入っているようである。個別の家というのはみあたらない。こういう点はやはりヨーロッパだなと思う。だからだろうと思うが、公園のスペースも十分とってある。

モスクワというのは万事でっかいまちであったという印象がある。列車を降りて、とたんにフラフラした。どうも風邪をひいたらしく熱っぽい。そういう体で見たのでますます大きく感じたのかもしれない。

ホテルがクレムリンのすぐ前なので、早朝着いて少し寝たあと見物しにいった。感激した。大層立派である。とりわけ、丸い大きなドーム屋根に赤い旗がひるがえっているのには、しびれるような、気の遠くなるような思いがした。ソ連の人が銀座にくると道が狭くて不安を感じるという話がよくわかるような気がする。建物に感激したのは私の場合大変珍しい。

次の日モスクワ大学をみたときも同じような感じを受けた。一番近いと思われる地下鉄駅を出ると塔がみえた。すぐ近くのようにみえる。ところが、歩いても歩いても着かないのですね。風邪をひいていなければどう感じたかわからないが、そのときは私は焦りみたいなものを感じて、結局行きつけないかもしれないなあ、などと思いさえした。やっとまぢかにきて、ベンチに腰かけて2時間位もながめていたが、威圧するというのが一番ふさわしい形容のように思われる。ながめているうちにこちらは自信がなくなった。これも珍しいことだ。建物なんてどんなに大きくても結局人間のつくったもので驚くにたりないと思っていたのだが。体力がよほど落ちていたのかなあとも思う。よくわからない。とにかくガックリして、そして疲れた。どう考えても自分が大学の先生である、などということはありえないように思われてきた。

やはり大都会はテンポが速い。ちょっとつまずくとダメ。地下鉄が象徴的である。まずホームまでのエスカレーターが速い。東京の倍位の速さではなかろうか。正確にいえないが、とにかく速い。モスクワの地下鉄は随分深いところを走っていて、エスカレーターが長いせいもあるかもしれない。路線が交わっている駅はとくにそうである。人々はエスカレーターに一列に乗る。すると一人分ぐらいの間隔があくが、自分の足を使ってより速く昇降しようとする人がこのすきまを使う。これはヨーロッパ式だとか。列車自体のスピードも速いが、扉の開閉もきわめて敏速で、注意しないとバチャーンとひっかかる。いちいち細かいところまで構っているヒマはないと言っているみたいである。

だから、人々の顔をみても、イライラした顔が多い。とくに、私が一日に何度も関係するカフェのレジの無愛想さには閉口する。30分並んでやっと食物を確保したときにこういう顔をみると食べる気もしなくなる。われわれの世界のあの笑いが、たしかに商品としての値打ちをもっていることがよくわかってくる。この気持ちはやはり腹をすかせて並ばないとわからない。

〈13　ブダペスト〉

モスクワからキエフへ行き、1泊してからハンガリーにむかう。キエフでは風邪がひどくなって息切れするので休んでいた。

夜行で国境を越えて、朝めざめてはじめてハンガリーの景色をみた。畑がよく手入れされている。ところどころにお花畑があって、色の豊かさも感じる。畑で家畜をみかけることも多くなった。

列車は、午前8時前、ブダペストの東駅（ケレティ駅）についた。列車を降りて、あたりをぐるりと見まわす。思わず、ウーンとため息がでる。こりゃダメだ。活字があふれているのに、その意味に見当のつくものは一つもないではないか。私の知っているどのヨーロッパのことばとも全くちがう感じだ。

ブダペストでの宿はきまっているが、出迎えはない。当たり前といえば当たり前なのだが、ソ連ではいつでもインツーリストが迎えてくれたので、それに慣れてしまってひどくおっくうに思われる。駅構内のイブス（国営旅行社）でホテルの位置を教えてもらう。両替もやってくれる。コーラを久しぶりに飲んだ（ソ連ではみかけなかった）。それからリュックをしょって歩き出す。わあっとまた驚く。こりゃヨーロッパだ。まちの感じがね、どうみてもヨーロッパ。店も、店らしい店、と言うと何だが、われわれの考えるような店である。人の顔も、「ただのヨーロッパ人」にしかみえない。リュックをかついで歩いている旅行者をかなりみかける。若者だけでなく年輩の人もみかけた。こういう感じの旅行者はソ連ではほとんどみかけなかった。

ブダペストでは、マジャールという、ヨーロッパとは異質の東洋的なイメージがある一方、このようにヨーロッパの一部分にすぎないというイメージもあり、たえず評価がかわって混乱するのだった。ただ、常に感じたのは、細かいところまで気のまわる人々だということだ。それは、美術品や絵ハガキなどをみてもわかるのだが、ホテルの室内に簡便な裁縫セットがおいてあるとか、公衆便所が各所に配置してあるとかいうようなことである。人の動きでいえば、信号はおおむねきちんと守られていて、ソ連式にはできないと交差点で気づいた。

思いつくままにもっとあげてみよう。ポスターにすてきなのがあった。美女の背中から腹に突きぬけてロケットがぶちこまれている図だ。しゃれている。政治家の顔写真ポスターはないようだ。そのかわり、各店の入口に店員の顔写真がはられているのが目立つ。まちでみかける装飾はこったものが多く、たしかに、「オーストリア・ハンガリー帝国時代の重厚な文化の香りや享楽的な市民生活が今日もその名残りをとどめている」(加藤雅彦『ユーゴスラヴィア』中公新書、1979年、18頁)ことを物語るに十分である。そう、享楽的、というのが具体的にどういうものなのかよくわからないが、このまちには、ゼイ肉をおもわせるようなたるみがある。これはボリュームたっぷりのハンガリー料理からの連想もあるのかもしれない。われわれの考えるヨーロッパ式の食事とちがって、ここでは朝食もたっぷりとるというのがおもしろい。朝食は最重要な食事の一つだとか。まちでみかける配色も影響しているのかもしれない。モンゴルのはハッとするような感じなのだが、ここのは、かわいらしいけど深みがある、という感じ。デブではないけど肉はついているという女の方がおりますね、ああいうイメージ。実際の人間も女性が印象にのこりやすい。アベックをみていると、本当にベチャベチャとよくくっつくことだ。ここには「男のメンツ」みたいなものはないらしい。まちのまんなかで、あるいは地下鉄構内のエスカレーターの上でと、のべつくっついている。われわれのいう志の高い男には多分住みにくかろうと思われる。この男女の接近度をみていて似ていると思ったのはグアテマラだが、あっちでは私もそれをみて陽気になったのに、ここではバカじゃなかろうかという気がしてくる。接近度は似ていても、ラテン系の情熱とは異質のものであると思う。シュニッツラーの「輪舞」のようなわいせつなふんいきがまち全体にただよっている。気を散ずるものが少ないせいもあるのかもしれない。私も映画はみた。「EZ AMERIKA」という題で、セックスと暴力の国アメリカ、というようなものだが、全裸の場面も、ボヤけさせたり、カットしたりしないで、そのまま出している。

ブダペストには3泊4日滞在した。朝食以外の食事は外でとったので、そのための外出が私の「観光」の中心でもあった。ソ連と同様にセルフサービス式の食堂が何軒かあるが、立派な料理がおいてあり、かつ、その種類もきわめて多いのが特色だ。ここの人は本当においしいものを食べていると思う。値段も安い。問題はここでもサービスである。私のよく行った「ハロー」という店は調理場の係員に料理名をいって皿につけてもらう方式だ。ハンガリー語を少しでもしゃべれる人はそんなに感じないかもしれないが、あいさつさえ言えない私などは全くのオシにならざるをえない。メニューの表示はあるからどの料理でもいいというならばデタラメにその一つをいえばよいのかもしれない。私はそうしないで、指でさした。調理場の中にたくさんの鍋があるので、指だけではなかなか正確に指示できない。そのときの係員の顔というのがいろいろあるのだが、ことばがわからないからかえって楽しい雰囲気になることも一、二度あったが、その逆になることの方が圧倒的に多い。それも、大げさに、もういいかげんにしてちょうだいよー、という感じのしぐさをし、ひどいときは、大きな声で罵りだす。中年の女性に多い。いやいやながら仕事をやっているという感じ。こういう感じが二度も続くとこちらもバカらしくなる。長期で滞在するなら絶対に言葉を習わなきゃいけないところだと思う。しかしそれは、ここの人々が「誇り高い」マジャール人だということを意味するのかどうか疑わしい。本屋はたくさんあり、そこにはこの国のことばで書かれた本があふれている。それは「いいこと」にはちがいなかろうが、罵られた者としては、次のように感じてしまう。「言語以外の表現に盲目になった者が、コミュニケーションの不能に陥った場合にいきつくところは、カネの力にものをいわせることか暴力であろう」（青木保『沈黙の文化を訪ねて』中公文庫、1982年、110頁）。私の体験が一面的すぎるのかもしれないので断定はひかえることにする。しかし、現在仕事を楽しんでやっている人が少ないのは確かなようだ。

「イブスの多面体」に悩まされた経験も書いておこう。ブダペストからベオグラードまでの列車の予約だけは日本を出発するときまでに間に合わなかったので、予約を確認しないで出発した。しかし、ブダペストについてからイブスに行けばわかると日本の旅行社に言われていたし、ホテルの受付でも同様に言われたので、ホテル近くのイブス事務所に行く。すると、ここではない、このイブスだ、と別のイブスにいくように言われる。わが国の日本交通公社などのように支店がブダペスト市内にたくさんちらばっているのである。言われたイブスにいくと、ここでもちがうと言われたうえ罵られる。やあれやれ。かくしてタライまわしにされること5回。何度か地下鉄にものって、よい「観光」にはなったが、五つめのイブスで待っていたときは、カフカの『城』の主人公になった気持ちで、本当に、もうあきらめて飛行機にでもしようかと思いはじめていた。5軒なら数としてはたいしたことはないかもしれないが、窓口がよくわからないのでウロウロしなければならないし、この窓口らしいとわかってからも今度は、自分の順番になるまで並んで待たねばならないのである。4番目のイブスの係員がとても親切だった。長らくあちこちに電話して調査してくれたようだ。5番目に行ったイブスではもう、クミハラ氏の切符は作成されて準備されていた。切符を買うのがこんな大仕事だとは思わなかった。

ブダペストに着いて3日目ごろまでは、ブダペストの株はあがったりさがったり定まらなかったが、雨が毎日ふり続くし、風邪はなおらないしで、おしまいごろはもう、みようという気を全く失ってしまった。

〈14　ベオグラード〉

ベオグラード以降は万事自分でやることになるわけである。ふつうの旅になるのだが、大丈夫かなあという気がしてくる。あきれるほど弱くなったものだ。慣れというのは本当にこわい。

ユーゴスラヴィアのことは、ソ連の列車の中で前記の加藤雅彦氏の本を読んではじめて細かいことをしり、大変おもしろいところのようだと思った。その独自の社会主義というのがどういうふうにあらわれるのか、さしあたっては宿さがしでわかるだろう。私の乗った列車は深夜ベオグラード中央駅についた。ここではどのようにして宿をさがすのであろうかと思いながら出口の方へ歩いていたら、タクシーの客引きが近づいてきた。客引きがいるということ自体に感激して、ついてゆくことにする。駅のホールで中年の女性から、この男にはついていかない方がいいよ、私のところへきなさい、と英語でいわれてちょっと迷ったが、とにかくついていくことにする。乗ってみると、タクシーはすごいスピードでどこまでもグングン走ってゆく。やられたかなぁ、と思いはじめ、遠すぎると文句をいってみるが、運転手はとばし続ける。20分は走っただろうか。ついたところはユースホステルだった。ほっと安心した。タクシーの代金はユースホステルの1泊分（6ドル）と同じだけくれと言われた。しばらく値切ったが、ダメだった。運転手のいい分だと、タクシー代で6ドル払っても、まちの中心のホテルに泊まるよりはずっと安く、昼はまちの中心へは電車もバスも走っている、というのだ。実際これはウソではなかった。とにかく、カネさえあればなんとかなるところにやってきたらしいとは感じた。

ユースホステルの受付氏は、私が到着したとき電話をかけていたのであるが、タクシーの運転手がいってしまって私一人になってもなかなか終わらない。私も意外に簡単に宿がみつかったことに満足して黙って待つ。30分は待った。依然として電話で楽しそうに話している。やがて、片手でウィスキーらしいびんとコップを出してつぎ、チビチビやりながら話しはじめた。別に私を無視しているとか、いやがらせをしているとか、そういう感じではなく、ポッと私のことは頭から抜けおちた感じである。時計が1時をまわってから（実は時差があって、私の時計は1時間早かった）やっと手続きをしてくれる。両替もやってもらう。それを手早くすませ、部屋の場所を教えると、また電話の続きをやりはじめた。よっぽどしゃべるのが好きらしい。そして、これはベオグラードにいる間あちこちで感じさせられた。駅などでは、これと全く同じ扱いをうけもした。しかし、相手が本当に楽しげなので、それを見ているうちに文句をいう気もなくなるのだった。

翌朝まちの中心に出た。路面電車を利用する。乗ってみたものの料金の払い方がわからない。車掌がいないし、乗客をみると、払わずに乗り降りしているようにみえる。タダなのだろうと考えて払わずにおりる。たしかに誰からも何も言われなかった。まず日本からの手紙を受けとりに中央郵便局に行く。ここで親切ていねいな扱いをうけてびっくりする。ハンガリーとは大違いだ。それから駅に行って、翌日の、アテネまでの切符を買う。窓口で簡単に買えた。そのあと、駅前の公園のベンチにすわって休む。久々に乞食に物乞いされる。まだ午前中なのにこういうところでブラブラしている人がたくさんいる。旅行者だけではないようだ。仕事がないのだろうか。いずれにせよ、きわめて様々な顔が並んでいて、本当におもしろい。さすがに「五つの民族」の国だけのことはあると感心する。あたりの感じは、これが一国の首府の中央駅前かと思わせるような田舎くさいところがあるのだが、人の顔だけは立派に「国際的」であると思う。私はこのまちが気に入った。

駅から高台の公園にいく。ここからドナウ河とサヴァ川の合流点がみえる。ここで、ブダペストで出あった日本人旅行者に会い、一緒に川のむこうの新市街に行って共産党本部をみる。そのあとバスで旧市街にもどったが、バスも電車も料金は要るのだとこの人からきいてわかった。運転手から切符をかう。これを車内に備えつけの機械にさしこむと、使用ずみのしるしに日付がパチンと入る。しかし看視はしていないに等しく、タダ乗りは簡単である。朝タダ乗りしているようにみえた人は定期券なのだと思う。ハンガリーでは地下鉄にしか乗らなかった(地下鉄は、入口で硬貨を放りこむ)が、本によると、ブダペストの市電も同様の方式らしい(石本礼子『ブダペストの春から秋』恒文社、1975年、245頁)。一緒になった人はその日ルーマニアに出発するそうで、夕方別れた。

ユースホステルは、着いた夜は4人部屋に私一人きりだったのが、この日は満員だった。ノルウェー人のほかに黒人が二人。スーダン人だそうだ。懐かしさのあまりスーダン人と話しこむ。サラエボの大学に留学しにきている外交官の卵だった。ノルウェー人の方も道化じみたインテリで、愉快な人だった。

私は段々この国をもっとみたいという気になってきた。早々に列車の切符を買ったことを後悔する。しかし、それ以上に疲労の重みを感じ、きめたとおりに出発することにする。

〈15　グリークフィーバー〉

イタリアにいくのをやめてアテネにしたのは、イタリアは元気なときにいかないとこちらの体がもたないということもあるが、もっと基本的な理由は、アテネでは安い航空券が手に入るからである。10万円あまりで東京までの切符が買える。こういうところへむかったのは、やはり旅行を続けるのがいやになっていたのだと思う。

アテネでのことは『旅の表層』の23～28頁に記したので、省略する。

〈16　帰国まで〉

エジプト航空ＭＳ７５０便は大幅におくれた。18時30分発が結局20時になる。カイロを少しでも見物できそうだと喜んでいたのに残念だった。なるほど時間にだらしがない。飛行機内のサービスはいいとはいえないが、スチュワーデスやスチュワードが気楽に仕事をしているのが印象に残った。

カイロに着いて、トランジットの受付にいく。ここで、切符にくっつけられたホテル宿泊券を出す。空港内にホテルがある。ところが、ホテルに行ってみると、われわれのほんのちょっと前に満員締め切りとなって、ダメだという。どうなってるのかと苦笑がもれる。受付にいくと、空港の外のホテルで泊まれ、と言う。ホテル代はただである、というのはいいが、外に出るにはビザがいる。ビザ代2ドルを出せ、と言う。イギリス人の若者が怒り出し、ホテルなんかには泊まらないという。

野宿というとなんだが、空港内のイスで夜をあかすらしい。立派なことだ。私は、一歩でも外に出てみたかったので、同意見の早稲田大学の学生とビザ申請をする。30分ぐらい腰をおろしていたらビザはできた。ガヤガヤとした喧騒がなつかしく、長くは感じなかった。

泊まるべきホテルは空港からもみえるほど近かった。上等だ。ちゃんと料金を払って泊まれば20ドルはするだろう。翌朝になってバスで空港に出発するという段になって、勘定書への署名がすんでいない者がいるとかで、全員が足どめをくう。このあたり、大ホテルらしくない。空港でのチェックインののろさにもあきれはてた。私は一番ビリになって、ギリギリ間に合った。手続きをしてもらいながら本当にイライラして、アフリカはついでにこれるようなとこじゃないな、と改めて肝に銘じた次第である。ものすごいエネルギーのいるところだ。こうして、再びアフリカの魅力にとらえられはじめている自分を感じながら、私は飛行機にのりこんだ。(1982・11・23　脱稿)

以上が「はじめての社会主義圏」である。ベルリンの壁崩壊(1989年11月9日)以前の社会主義圏を、とにかく現場を見ておいてよかったと思った。

ソ連が崩壊して冷戦が終了したあと、東欧民主化で東側世界に民主化が広がり、社会主義政権が相次ぎ崩壊した。この中で国際的にとりわけ問題になったのがユーゴスラヴィアの分裂である。Wikipediaを引用する形でまとめておくと、ユーゴにおいてもユーゴスラヴィア共産党による一党独裁を廃止して自由選挙を行うことを決定し、ユーゴを構成する各国ではチトー時代の体制からの脱却を開始した。ユーゴの中心であるセルビア共和国では大セルビア主義を掲げたミロシェヴィッチが大統領となり、アルバニア系住民の多いコソボ社会主義自治州の併合を強行しようとすると、コソボは反発して1990年7月に独立を宣言。これをきっかけにユーゴスラヴィア国内は内戦状態となった。1991年6月に文化的・宗教的に西欧・中欧に近いスロベニアが10日間の戦闘により短期間で独立を達成し、次いでマケドニア共和国が独立。ついでセルビアと最も対立していたクロアチアが激しい戦争を経て独立した。ボスニア・ヘルツェゴビナは1992年に独立したが、国内のセルビア人がボスニアからの独立を目指して戦争を繰り返した（ボスニア・ヘルツェゴビナ紛争）。セルビア国内でもコソボ自治州が独立を目指したが、セルビアの軍事侵攻によって戦争となった（コソボ紛争）。その後、コソボ地域のアルバニア系住民がマケドニア国内に難民として大量に押し寄せたことから、マケドニアにも飛び火した（マケドニア紛争）。ボスニア・ヘルツェゴビナやクロアチア東部、コソボでは凄惨なジェノサイド、レイプ、追放による民族浄化が起きた。ユーゴスラヴィアは国土防衛ドクトリンとしてトータル・ナショナル・ディフェンスを採用しており、平時から武器類が自主管理組織によって管理されていたことや、市民がそれらの扱いを知っていたことが紛争激化の要因の一つとなった。紛争は各国・勢力間の軍事的勝敗や交渉・合意のほか、北大西洋条約機構（NATO）や国連の介入により収束した。

私がその後東欧に行ったのは2015年9月で、エミレーツ便ドバイ経由でチェコのプラハに行き、鉄道でポーランドに入ってアウシュビッツを見て、ワルシャワから日本に戻った。

4　はじめての韓国——1983・3～4

続いて、1983年の3月末から4月にかけて、はじめて韓国に行った。この時のメモ帳が残っている。

このメモ帳は、同年3月7日に、沖縄から船で神戸港に着いたところから始まっている。当時は航空運賃は今のように安くはなく、使える旅費も限られていたので、沖縄と本土間は船を使うことが多かったのである。そういう旅を多くしたことは非常によかったと思っている。途中で与論、沖永良部や奄美大島を通るので、後述するように、興味が出れば下船して歩くこともあった。そして、韓国にも、大阪でビザを取って、下関から関釜フェリーで釜山に行ったのだった。

沖縄から出発したフェリーあかつきは1983年3月7日に神戸港に着いた。フェリーには、Mさんという沖縄大学を中退した人と一緒に乗った。

同船することになった事情はまったく記憶しておらず、そもそもMさんと同船していたこともノートを読むまではまったく忘れていた。Mさんは、私が沖縄大学の専任講師になってから一番最初の段階で個人的な付き合いをした人である。付き合うようになったきっかけは、彼が沖縄大学図書館が騒がしく勉強できないと図書館員に苦情を言ったところ、無視されて、そのことを私に言ってきたからだった。私は彼に同情し、そして、彼の出身が岡山県の周匝《すさい》というところ（当時は吉井町で、現在は赤磐市）で、私も岡山県の高校を出ていることから個人的に付き合うようになった。彼は大学に入学する前は本土でトラックの運転手をしていたということだったが、法律を勉強することを志して沖縄大学に入学した。しかし、結局彼は1年で沖縄大学を中退してしまって、それで実家に帰るところだったのではないかと思う。その後彼は、北九州の八幡大学（現・九州国際大学）に編入学したので、物好きな私は彼を訪ねていった。八幡大学も卒業しないでやめてから、彼は大阪の近畿大学のII部に編入学したが、彼の大阪の下宿を訪ねていって泊まったこともあった。周匝の彼の実家に行って、泊まったこともあった。

私はMさんとは神戸で別れ、司法研修所同期の弁護士2人と会った。

大阪では、私は初めて西成区の簡易宿泊所が集まっているところに行って、日乃出ホテルという簡易宿泊所に泊まった。1泊900円。布団のスペースしかないが、テレビが映る。西成の派出所にはPOLICEと書いてあった。外人がそんなに多いのか？　駐車場のことをモータープールと言うのと同じ感覚なのだろうか？

この時以来、私は西成の簡易宿泊所をよく利用するようになった。食べるところはたくさんあったし、公衆浴場も立派で、そして、治安についても、夜中に歩けばまた別だろうが、私は危ない目には全然遭っていない。現在も大阪の定宿は簡易宿泊所街に面した新今宮駅近くのホテル中央セレネというところである。パソコンをもって移動するようになってからはここに泊まるようになっている。

翌3月8日に、私は高野山にもはじめて行った。南海電車で終点の極楽橋まで行って、ケーブルカーで高野山駅まで行った。ケーブルを上がったらおしまいと思っていたのに、さらにバスが走っている。寺があるだけではないということにだんだん気づいた。山の上に町があるんですね。

空気が澄んでいる。山の空気。しかし、山の上に住むという気持ちはあまりよくわからなかった。ケーブルカーを降りるとき小学生がいた。学校もあるわけだ。

当時私は沖縄に住むようになってから4年たったところだった。沖縄にはスッと入り込んで住みつけたのに、大阪にはオズオズと近づいている。友達の弁護士が言うには、「(大阪は)名が売れなくても内容で判断してくれる」のだそうだ。どうでしょうね? 私は、沖縄ではなく大阪に行っていたらうまくいかなかったと思う。大阪がもし本当に内容のあるものを評価してくれるところなら、内容ができてから行くのが一番ラクだ。沖縄は私を自由にしてくれたと思うし、やはり私にとっては希有の土地であった。しかし、「だから沖縄でなければダメ」というのは私の趣味には合わない。

翌3月9日、大阪から近鉄線で名古屋まで行って、そこから中央本線で東京・小平の家に行こうと思っていたが、中央本線で行くのが面倒になって、名古屋に一泊してから、3月10日に新幹線で上京した。名古屋では、名古屋駅の裏口(中村区)に簡易宿泊所があり950円だった。相部屋なら700円である。このあたりは「ひち屋」が多い。

上京してから、そのまま銀座の補聴器屋に行って、補聴器を調べてもらう。今買い替える必要はないそうだが、私がよっぽど貧乏に見えたのか、住んでいるところの福祉事務所に行って身障者手帳をもらうと、補聴器を買う補助金が2万6800円出ると教えてくれた。「そりゃ10万円は安くないが、自分で買いたいという人間もいるんだけどね」とノートに書いている。

3月29日に再び大阪に行った。そして、韓国領事館に行ってビザを取った。どうして韓国に行く気になったのか、おぼえていないが、領事館に行ったことはおぼえている。大阪ではまた、西成の簡易宿泊所に泊まったものと思われる。銭湯で、男でも一定の長さ以上の人からは洗髪料を取る旨の掲示があった。食費はそれほど安くないが、おいしい。それから定食のコーヒーを出すタイミングなんかもうまい。労働者はおとなしく、へりくだった感じで、かつ寡黙。全然声が聞こえない感じ。

ビザが当日出たのか、翌日出たのかおぼえていないが、30日に下関に行って、夕方関釜フェリーに乗った。

韓国第1日目　3・31(木)

船は午前1時か2時頃には着いたそうだ。つまり、税関、イミグレの業務開始まで港の中で浮かんで待つのである(航行時間は7時間)。

船内で知り合った「神学博士」金成植氏が、東莱《とんね》温泉に一緒に行ってからソウルへも一緒に行こうと誘ってくれた。ネットで検索してみたら、東莱温泉というのは釜山郊外にある温泉である。私は釜山の市場をみてから行きたいと答えた。金氏からは、乗船直後、朝鮮という言葉は使っちゃいけないと言われた。

イミグレーションは簡単だが、税関は厳しいみたいである。特に韓国人。モニターにデータを映し出して、前歴などを調べているようだ。私は引っかかるものがなく、2万円両替する。メモ帳にその時の銀行の領収書がはさんであった。1円が3・1356ウォンで、6万2712ウォン来た。それから待合室に出た。金氏に挨拶してから行こうと思うが、出てこない。そのうち私は、朴なんとかという人に日本語で声をかけられる。金氏が出てきたが、奥さんはまだだった。私が、朴氏と行くというと、出迎えらしいおばあちゃんがホテルより旅館が安いと言って、旅館(ヨーガン)の名前を書いてくれた。

朴氏がホテルの方がいいと言うので、彼についていく。Bando Hotel(半島ホテル)というホテルに着いて、立派な部屋に通される。あまりに立派だし、黄緑と赤の敷き布団が妙にわいせつに見えて、乗せられるのかとも疑ったが、断るにはもう遅い。朴氏はすぐに帰った。フロントで料金を確認すると、2万4000ウォンの部屋だが、朴氏の紹介なので1万6000ウォンとか。部屋からして高くない。後払いである。

風呂に入って昼寝してから街に出る。段々を上がったところで冷麺(ネンミョン)を食べる。コンニャクの筋切りみたい。700ウォン。

安宿(ヨインスク)の看板が出ている。聖書を買う(3500ウォン)。焼きいも2つで、350ウォン。

戻って寝てからまた繁華街に出て、歩く。本屋が多い。翻訳本が多く、山崎豊子の『白い巨塔』

などがあった。

辛ーいソンジベッパン（牛の血を固めたもののスープ定食）を食べる。ご飯にも辛いおかずがのっている（メモ帳に料理名がハングルで書いてあったが、今はハングルを忘れてしまって読めないので、韓国在住の姪に尋ねたら教えてもらえた）。

こういうことをやっていたら、旅の調子が出てきたようで楽しくなってきた。

夜9時過ぎに朴氏が来る。朴氏は茨城大学を出たそうで、お店を経営しているそうである。在日だったのかもしれない。私は韓国の田舎に行こうと思った。朴氏は10時半に帰った。妻に手紙を書いて寝る。（4・2記）

韓国第2日目　4・1（金）

9時に起きて、10時に下におり、朴氏を待つ。

朴氏とコーヒー屋に行く。朴氏の知り合いのおっちゃんがいた。日本は韓国と同じだとしきりに言う。朴氏は昨日、親戚が来て付き合ったそうで、眠そう。沖縄のオトーリと同じ習慣があるそうだ。朴氏は飲めないので、逃げるのだそうだ。

朝飯を食べに連れていってくれる。辛くないのをお願いしたら、焼き魚、スープ、それにご飯で、全然辛くない。

34番のバスに乗せてもらって、一人でUN墓地に行く。青年が一緒に降りて、連れていってくれた。ひとまわりしてから市立博物館。眠くなった。ちょっと歩いて東明仏院。あとで朴氏にきいたら朴大統領がつくらせたもので、カネがかかったが、途中で大統領が倒れて、つくりかけのままになったのだとか。立派。色彩がいい。色んな仏像、仙人像などがあるが、本殿の三つの顔が、女か男かわからないような韓国の顔で、目が細い。鶯色が決め手か。もうちょっと青くて、コバルト色かな。ここで、家族連れのためにカメラのシャッターを押してあげた。

まっすぐホテルに戻る。

フレンチトーストみたいなものとおでん（ちくわ）を立ち食いしてきてから昼寝。

市場に行く。帰って休んで散歩。

夕食にうどんを食べる。500ウォン。元気出ない。

その後、朴氏が来る。日本人がだらしないという話を朴氏はする。私はやはり火曜日までは釜山にいることにする。

10時過ぎ、コーヒー屋でコーヒーを飲んでからホテルで朴氏と別れる。（4・2記）

韓国第3日目　4・2（土）

9時過ぎ朴氏が来る。タクシーで知らないところを回ってから昨日と同じ店に行って、同じ朝食。

カメラ屋でカメラを借り、パスポートをホテルで取ってきてから、朴氏と一緒に釜山駅からバスでバスターミナルに行き、鎮海市に行く。釜山駅からバスに乗ったとき、若い女性も一緒に来た。着いてから桜の花見をする。花は十分咲いていない。

昼飯。屋台店を眺める。

4時頃バスに乗って5時40分頃ターミナルに着き、タクシーで半島ホテルに戻る(若い女性はそのままタクシーで行き、朴氏と2人)。

朴氏は風呂に入った。しばらく休んで2人で夕食(ネンミョン：1500×2ウォン、コーヒー)。

別れてホテルに戻り洗濯　9時前からノートを書き始める。(4・2記)

韓国第4日目　4・3(日)

9時頃朴氏が来た。下におりるとちょうど半島ホテルの車が出るところで、便乗させてもらい、あとちょっと歩いて高速バスターミナルへ。

慶州までの切符、カステラパン、ジョアみたいな飲み物を買ってバスに乗る。

直行で、1時間ちょっとで慶州に着いた。途中、道幅が所々広くなっているのは緊急時軍事目的で飛行機の離着陸のためだという。山は、日本軍によって木を切られたのが多い。

慶州に着いて、私のために観光バスの切符を買ってもらう。2400ウォン。ラーメンを私だけ食べてから11：40出発。バスの中で2750ウォン徴収される（寺などの入場料）。バス代より高い。この時ガイドは日本語がわからず、イヤーな顔をする。

12時、仏国寺に着く。一番後ろになっておりると、ガイドが13：30と紙に書いて、パーキングプレイスと言う。13：30に駐車場に集まれということと了解。

仏国寺自体にはとくにおもしろみは感じない。東明仏院の方がいい。ひなびていて、それに小さい。こんなものを見るためにあちこちから来るほどのことってあるのか？

それで、13：30というのは12：30の見間違いだったのかもしれないと思って急ぐ。

別の門から出て、坂道をおりていくとなるほど駐車場があり、丘には輪になった人たちがいた。バスのナンバーを9334とおぼえておいたので、回ってみたが来ていない。12：30に来ていないので13：30かと思う。あたりをウロウロしているうちに13：30になったが顔をおぼえていた2、3人の人たちが誰もいない。13：40になった。やれやれ、せっかくお金払ったのにナァ。方向も全然わからないが、普通にバスが走っている。

小柄で日焼けしたお兄ちゃんが日本語を話しているように聞こえたので、バスターミナル行きのバスは？　ときくと、11番のバスを示す。（ちょうど来ていたので）乗る。しかし、乗ってから考えて、また降りて、お兄ちゃんに、観光バスが来ないんだがと言うとびっくりして、切符もってますか？と。もっていると言い、13：30なんだがと言うと、13：30はないと言う。なんだ、このお兄ちゃんは案内係みたい。13：50はあるという。ピンと来た。5という数字と3という数字はよく似ているので、13：50だったのだ。ふと見ると、顔見知りになった人たちが並んでいるじゃないか。すぐにバスが来た。最初と違うバスで、バスのナンバーをおぼえても意味はなかった。ガイドも別の人である。私は、普通のバスに乗ったり降りたりするのを見られていたのかと照れくさくなった。

芬皇寺に行く。ＪＴＢのＨＰで見ると、「６３４年に創建された寺で、当時は中門、金堂、講堂が揃った大伽藍であった。現在は3層の石塔が残っている。統一新羅以前に建造された塔では現存する最古のもので、国宝第30号に指定されている。当初は9層、高さ18ｍにも達したが、豊臣秀吉の侵攻で破壊された。石塔入口に刻まれた仁王像は、新羅仏教彫刻の傑作の一つ」

続いて、東宮と月池に行った。新羅時代の離宮跡であるが、これはよかった。

さらに博物館。展示でピンと来るものなし。絵はがきに、だらしないというより、のびのびとして楽しいものがあった。

カメラを朴氏が貸してくれた（それも借りたものでオリンパスのペン）が、そのカメラのシャッターが押せない。

次に乗ったバスは途中でガソリン切れのようで、運転手がバケツをもって出て、ゴミを捨て、どこかに行ってきたと思ったらバケツにガソリンを入れたらしい。サイホン式にガソリンを補給するが、相当こぼれる。いいかげんな感じ。

続いて大陵園（古墳公園）に行く。紀元前1世紀から10世紀に栄えた新羅王朝の時代に作られたと考えられている古墳や仏教関連の遺跡だそうである。ミイラを見せるのに６００ウォン取っていた。陳列してある副葬品は模造だそうだ。

帰りかけたところで雨が降り始める。寒い。

夕方の5時40分頃に戻る。朴氏と待ち合わせ約束の喫茶店（ダバン）に行く。朴氏は疲れたみたいだが、歯が痛いんだって。バスの切符を買いに行くと、19：25発のバスになる。別のダバンに入って待つ。私は腹が減ったので寿司を買ってきて食べる。寿司屋では日本語が通じた。寿司はイカくさい。

バスターミナルで若いカップルの密着度を見ていた。手をからめ肩に触れてばかりで、べたべたという感じではない。ほがらかにまさぐりあっているとでもいった感じ。男と女の強さは同じぐらいじゃないかと思った。

停車場にも朴氏の知り合いの若い女の人がいた。朴氏は顔が広い。この日も、私が観光で回っていた間いろんな人に会っていたのではないかと想像する。

釜山に着いて、42番のバスで半島ホテル近くまで戻る。中華料理屋でうどんを食べる。500ウォン×2。イカのにおいがする。

ホテルに戻ると朴氏は風呂に入る。

朴氏が何度も言った話——8人の学生が日本から来て慶州へ行った。釜山から飛行機で帰国するというので切符も用意して待っていたのに戻ってこないので、心配になって慶州に行ってみたら6人がポンぴきに誘われて女を買って、寝ていた。朴氏は怒って、「誘われたからといってフラフラついていくようでいいのか？　何かあったらどうするのか？　帰ってくると約束したことはどうなるのか？」とよっぽど腹が立った様子。これは一週間も前にならないことみたい。そして、韓国の女はそんなにふしだらじゃない、貞淑だと言い、男がそんなに威張っているのでもないと言う。朴氏は、今夜はゆっくり休んでと言って帰った。朴氏に『フォーカス』をあげた。文春が読みたいと言っていたが、ここでは4000ウォンもするのでバカらしい。私はすぐ風呂に入って洗濯してノートをつけたが、かなり興奮が残っていた。（4・5記）

韓国第5日目　4・4（月）

割合早く目がさめる。風呂を浴びてノートつけていたら朴氏が来た。

今日も付き合ってくれるらしいのねえ。何の義理もないのに変わった人だ。

ヨーガンの並んでいる小道を進む途中、待ってくれと言って、朴氏は家の中に入った。しばらく立ち止まって待つ。

バスで市庁舎まで行って、いつも食べる店に行く。やはり焼き魚（3回食べた）。

朴氏は、向かいの朝鮮人参屋で1箱買う。大山さんという日本人が2万円包んで、朝鮮人参を送ってくれと言ってきたが、朴さんの店には2万5000円以上のものしか置いてないからだそうだ。歩いて近くの郵便局に行って、これを発送。

市場の中を歩く（2階の続き棟）。

韓国語会話の本を買う。カメラ屋に行って借りたカメラを返し、現像を頼む。

コーヒーを飲む。朴氏は歯が痛いので痛み止めに？　タバコを吸っていたが、朝から国産タバコを注文したので、ケントはどうしたのときくと、外国産タバコを吸うと1本につき罰金1万ウォンだそうである。ケントは以前日本人と話していてお付き合いでもらって吸ったら罰金1万ウォン取られ、1箱もっていると20万ウォン。

ヤミ両替のため朴氏に4万円渡す。

朴氏と一緒に裁判所見学。午前中の審理は午後1時まで。

釜山弁護士会の看板は漢字で書かれている。弁護士らしい人がたくさんいる。バッジは小さい（ベンツのマークのようなデザイン）。

刑事事件の法廷を見学した。被告人を縄で縛ったまま審理する。同時に別件らしい3人の被告人を入れて審理していた。弁護士も2人が控えている。裁判官服は日本と同じである。裁判官の椅子は赤色、当事者の椅子は青色。当事者は同じ高さであるけど、検事はしゃべるときすわったままで立ち上がらない。尋問の仕方を見ていると、被告人は「はい」と言うだけみたいで、質問が長い。裁判官は威張った感じである。3人とも若い。見学したのは地裁だが、高裁はテーグにあるそうだ。裁判官の方が弁護士よりえらいみたいだと私が言うと、朴氏は当たり前だと言う。

バスでちょっと戻り、竜頭山公園。天気がいい。すわって自動販売機でコーヒーを飲む。

エレベーターでタワーの上にのぼる。１２０ｍだったかな、非常によい眺めである。景色が揺れている。倒れるような錯覚。対馬ははっきり見えなかった。エレベーターを降りたところで写真集と絵はがきを買う。Wikipedia によると、朝鮮王朝後期（日本の江戸時代）には、この山を含む一帯は倭館（草梁倭館）の敷地であり、釜山開港後は日本人居留地となった。龍頭山には倭館時代に社が建てられ、のちに龍頭山神社となった。現在、公園の一隅にこの周辺が倭館だったことを記す石碑が建てられている。

歩いて朴氏の店に行く。しばらくすわって待っていたら朴氏がヤミ両替してきてくれたらしい。そのことは昼飯を食べにいったときに金を出されてわかった。

ネンミョンを食べる。ホテル代を朴氏が取る。払っておくから、と。まるで朴氏が泊まっているみたいになってきた。船代をパスポートにはさむ。３２０００＋税金９８０ウォンで、残りは自由に使える。ただし、朴氏の分も私が払うと決まっちゃって、どれだけ使うことになるか計算できない。

半島ホテルに戻る。朴氏はひげをそる。

一緒に出て、私は一人で映画を見に行く。やっていた映画は双子の姉妹の話のようなのだが、筋はわからなかった。しばらくで終わったが、葬式場面で女性は白衣のようだった。私は真ん中の前の方に座っていたが、他の人は後ろの方に寄っていて人数は少ない。男が少ないのは遊ぶヒマはないからだろう。休憩のあと、いきなり国旗が出て、音楽が始まる。ハッとして後ろを見るとみんな立っている。思わず起立する。アフリカのケニア国境のことを思い出した。そのあとニュースが長い。政府（大統領）の宣伝。密輸関係のニュースで関釜フェリーも出た。やっぱり日韓の価格差は相当なものですね。そのことをあとで朴氏に話したら、朴氏は、日本で安く、韓国で高い商品名を並べて書いてくれた。映画館内は大変冷える。ガクガクしてきたので立つ。後ろで見ながら何度かトイレに行ったが、筋がわからんので出る。

揚げパンとちくわを立ち食いした。300ウォン（その前の店で昨日ネンミョンを食べた）。

日本語の本屋3～4軒あり。法律の本はよくそろえてあり、びっくりする。『国際法における伝統と革新』なんか日本でもめったにないのに。文庫、新書の新しいものもある。『宝石』があったが、これは税関では通らず、店にあるのは税関の目を通り抜けたものとあとでわかった。

夕方6時に帰る。ちょっとして朴氏が来る。慶州に一緒に行った女の子も来る。女の子は風呂に入る。韓国は風呂屋がとても多い。ということは、普通の家にはないのでしょう。1回800ウォンするから喜んで入るワケですね。街のあちこちに高い煙突が立っているからわかる。風呂屋とヨーガンがくっついたのが多い。

そのあと3人で出て近くでプルコギ（焼き肉）を食べる。うまい。女の子はよく食べる。コーヒーは朴氏の歯が痛いので飲まない。

朴氏とホテルに入る。女の子は裏の業務エレベーターで入って、先に待っていた。うまい！　彼女は黙ってテレビを見る。私は韓国語会話を出してみる。教えてもらったらと朴氏は言うが、女の子は日本語も他の外国語も話せないのでダメ。女の子がブツブツ言う。朴氏がたぶん1000ウォンを投げ与える。朴氏は慶州から帰ったときに、女の子に2~3000ウォンでアルバイトできてもらうとか言っていた。女の子がいると場の雰囲気が変わるからだそうだ。女の子は、サヨナラと日本語で言って出ていった。朴氏が、せっかく旅行で来たのだから楽しんでくれればいいのにと言う。楽しむとは？　わかんないね。寝ろというのか？「安全に寝なさい」ってワケか？　よくわからない。私は朴氏に、楽しみ方が違うんだと思ってほしいと言った。

日本の学校のこと、親殺しまであることを話すと朴氏はびっくりしていた。

朴氏は今日も風呂に入る（もう断りなく勝手にお入りになる）。風呂から上がったときにメガネを取った顔はすごみがある。やくざ風の顔。実際、ホテルのフロントは怖がっているみたいである。しかし道で出会う知り合いは、本当に親しそうに朴氏に挨拶する。男の魅力があると思う。髪を染めている。日本人がもってきた髪染め剤を使っているということだ。

朴氏が帰って風呂に入り、風呂の中に衣類も入れて、一緒に洗濯もしてしまった。風邪を引いたのか寒かった。ホテルの暖かい部屋にいるのを感謝して、すぐに寝た。（4・4記）

韓国第6日目　4・5（火）

8時前目ざめる。よく寝たが、やはりちょっと風邪みたい。9時過ぎ朴氏来る。5日は植樹祭だかの祝日だそうだが、今ネットで検索してもそのような祝日は見あたらない。

リュックは部屋に置いて出て、朴氏に、5000ウォンしか残っていないのでもうちょっと両替したいと言うと、では5000円出しなさいと言い、それから、どういうわけかさらに3000円出せと言う。そして、ニンジン茶を買ってキョウダイのお土産にしなさいという。私はムッとした。だってね、昨日の話だと、日本人に親切にするのは自分の店で買わせようというのではなく、あっちこっちで買うのが当たり前と言い、慶州で高くても慶州で買ったということがイメージとして残ればいいと言っていたではないか。ニンジン茶を自分の店で買えと言うのはおかしいよ。

私の着いた木曜日に来るはずだった日本人はこの日（火曜日）も来なかった。この人たちはバナナを持ってくることになっているので、それをさばくために待っているんだということだった。

ちょっと朴氏の店で待つうち、朴氏は両替してきた。そしてそのうちの9000ウォンぐらいでニンジン茶！

店の地下の食堂で朝飯。みそ汁1000ウォン。

市場を抜けて本屋へ。小学校の教科書（古本）、漫画、週刊誌を買った。

カメラ屋に行くと写真はまだできていないと言う。

ホテルに戻る。ちょっとして掃除しに来たので、まだ終わっていない部屋に移る。午後1時頃荷物を持って下に。写真はまだだそうで、朴氏に1000ウォン出しなさいといわれる。

リュックが重いので、布の袋でリュックにもなるバッグを買う。3000ウォン。

ネンミョンを昨日と同じ店で食べる。１０００ウォン×２。

コーヒー３００×２。出たところでまた別の珈琲屋に呼びとめられて入る。

ホテルで荷物取って港へ。切符を買って２階へ。これでサヨナラだ。

ちょっとして手続きが始まる。免税店にシェーファー万年筆があったが、インクがおいてないので試し書きができず、買わなかった。

予定通り頑張ったといううれしさがこみ上げてきた。（４・５記）

〈メモ〉

おんぶの位置が低い。

仲良しは、ラテン式に横に並んですわる。

コマーシャルの愛情表現はわいせつと言っていいのがある。

寺のマークは卍である。

韓国はなぜ車は右なのだろうか？　これについてネットで検索してみたら、「戦後の日本の占領統治は、既存の行政府を残置して間接的に行われましたが、朝鮮半島は独立（南北それぞれ１９４８年に独立）までの間は連合国軍（北・ソ連軍、南・米軍）が直接統治する形になりました。このため、韓国は米軍、北朝鮮はソ連軍により右側通行に変更されました。つまり返還前の沖縄と同様です。沖縄は返還により日本の交通法規に合わせて左側通行に戻りましたが、韓国や北朝鮮は１９４８

年の独立後も右側通行のまま据え置きました」とあった（Google Quora で Ichinose Ayumi さんの投稿から）。

以上がメモ帳を元に作成した旅行記録である。

朴氏は、一緒に連れて行ってくれたところも、たまたま仕事があってそのついでみたいな感じがした。しかし、毎日のように若い娘を連れてきたから、ポンびきだったのだと思う。でも、そういう誘いは直接にはなく、ホテルに若い女の子を連れてきたのもただシャワーを浴びさせるためだけみたいにも思えた。でもやっぱりヘンですね。ヘンと言えば、韓国の喫茶店は変わっていた。一人で入ると、頼みもしないのに女性が来て、隣に座るのである。そして勝手に注文してコーヒーとか飲むのである。韓国語が分からないから私も女性も黙って座っているだけだった。

最後に朴氏と別れるときに、朴氏は、次のようなものを持ってきてくれれば高く売れるから持ってきてくれといって、紙に書いた。その紙が残っている。カメラ、オリンパス、婦人用クルクル、電気ポット、ナショナルのドライヤー、コーヒー、正露丸、龍角散、バナナ、化粧品等である。バナナが韓国で高いというのは聞いたことがあった。そういう時代があったんですね。

その後朴氏から、20年間ぐらい毎年、年賀状が届いたが、その後音信がなくなった。

2006年に再訪したときは、釜山は全然別の大都会に変貌していた。

5　アメリカ――1983

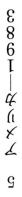

1983年は、米国に行った。この旅行は「アメリカ・1983」と題して、「はじめての社会主義圏」と同じく、沖縄大学法学会誌の第3号（1984年3月発行）にまとめた。スキャンしてテキストファイル化したものを以下に記す。

〈まえがき〉

アフリカ、社会主義圏に続いて3年連続でこの法学会誌に旅行記を書くことになってしまった。見方によっては、旅行記を書くために沖大に就職しているみたいでもあるし、貴重なページを個人的な駄文でうめることについての批判も耳にしたので、私としてはできれば別のものにしたいと考えていた。しかし、論文の方も書くよう依頼されたため、時間的に余裕があまりない。そこでまず、1983年10月に書きあげた「学者の道」と題する文章（この文章については本稿8を参照）を手直しして、これを出そうかと考えた。そしてこの作業を暮れに入ってからやり始めてみたのだが、内容が個人的にすぎて、この意味で多分、旅行記以上に問題があると判断した。

こういうわけで論文執筆の合い間に書いたのが本稿である。論文の方もその半分がアメリカに関係したものであり、私個人としては、旅行記を書くことで論文もとても書きやすくなったと感じたのである。実際、私にとって、旅行と学問との境界はそれほど明確ではない。そういうことで、敢えて論文と内容をダブらせた箇所もある。

以上のような次第で、この旅行記を書いたことを私としては喜んでいる。あとはこの文章を読んで下さる皆さんにも多少でも益するところがあればと願うのみである。

（注） United States of America という国名を訳す場合、本多勝一『アメリカ合州国』（朝日新聞社、1970年）に従って「アメリカ合衆国」ではなく「アメリカ合州国」とするのがよいと思うが、これを略す場合は、「合州国」ではなく「アメリカ」の方がよいと思う。以下、この用法に従う。

〈1 出発〉

1983年7月11日午後8時、成田空港で緊張して考えていた。5年前に全く同じKAL2便に乗ってロサンゼルスにいった。それにまた乗ろうとしている。5年前は極度に混乱していたが、それでもスペイン語の通じるところに出さえすれば何とかなると思っていた。ロサンゼルスでのもだえるような数日後、ティファナにたどりついて息をふきかえしたのだった。このときはとにかくアメリカから逃げ出すことばかり考えていて、もう一日ブラブラしてでもおれば気が狂いかねなかった。すべてが合わなかったというか、こちらに余裕がなくて、合わせようなどとそもそも考えていなかった。口をついて出てくるのはスペイン語ばかり。本当に、よくもあれだけスペイン語に熱中したもんだ。

今度の旅はその点ちょっともろい。目的があまりハッキリしていない。公私両面で、「法とは何か」という問題意識はあり、これが一応の課題といってよいだろう。だが具体的に何をやりたいのかわからない。できないことを望むのはバカげている。そして何ができるのかよくわからない。

もう一つちがうと思うのは、5年前私は淋しいという感じが全くわからなかった。今、それがわかるような気がしている。まっ、中年になったっていうことだろう。東京シティエアターミナルでチェックインしたとき、はじめて旅行者用保険をかけた。直接には、アメリカで病気になった場合のことを考えてだが、これに死亡保険も含まれていて、受益者は、ちょっと考えて娘ということにした。この保険の手続きが終わったときすごくホッとして、ああよかったなと思った。これでどうころんでも迷惑はかけずにすむ、って感じ。私は以前から保険なんてバカにしていたので、これはちょっとした変化である。アメリカ向きの変化だろうか。私は変わったのか。変わってないのか。そこをみてみたい。万事ためし、という精神でいきたい。アッ、これですね、これが私の楽しみ方のコツなのです。無理なくこのことばが出てきたのでとてもうれしい。何にしろ、ゼーンブためし、ためし。

ＫＡＬの韓国人スチュワーデスはやはり目や身ぶりの反応が日本人とちがう。また外へ出ちゃったのだな。何でこういうことを繰り返すのかねえ、と考えているとき、スチュワーデスはおしぼりをピンセットみたいなものでくばり、そして、回収した。久しぶりに「もう一人の自分」を感じた。沖縄にいるとこれが消える。旅はカクハン器みたいなものである。そうだ、そうだ。そして、そのような旅にするためにはどうしても一人旅にするしかないのである。貧乏くじか。

ホノルル。パッパッパッと手続きがおわり、入国許可は6ヶ月。ヘンな感じ。2ヶ月で十分と言ったんだがね。いらんときに限ってよけいくれる。5年前はバアちゃんにひっかかってひどい目にあったので、今度は男の係官にしようと思っていたのだが、なりゆきでおばちゃんになってしまった。一番最初におわって待合室にいく。連絡バスの運転手のおばちゃんはふざけながら仕事をしているみたいで、楽しくなった。待合室に自動販売機があって、何人かがコインを入れたが何も出てこない。黒人のおにいさんが根気よく機械をたたく。コーラが1個おちてきた。アメリカの自動販売機は多くこういう調子。こういうのをみていると、今私の気分は、韓国とよりはアメリカと合うように感じる。なにしろ韓国ってのはきつい。わき目ふらずに前進中だから。私もこの5年のうちに相応に成熟したよう祈りたいものだ。

再び機中。一転して不安になる。胃袋が痛くなった。桑原武夫『論語』(筑摩書房、1974年)を出した。この本をもってきたことを私はちょっと誇らしく感じる。『論語』は日本では誤解されているように思う。桑原氏もそう言っている。ニューヨークでは台湾人にあう予定なので、それまでに読もう。ラテンアメリカのときの『エセー』の役を果たしてくれるだろうと期待しているのである。読みながら手帳をつけていたら不安も徐々に消えていった。ニッコリ笑う。けれども笑うとしわがでてきているのがわかる。

〈2　ロサンゼルス〉

東京―ロサンゼルスの往復切符(復路はソウル経由)は16万4000円で、値段は満足であるが、ロサンゼルスに、しかも夜着くというのは相当きつい。5年前、バスターミナルから2～3ブロックの安宿に泊まったら、その夜いきなり、ホテル前で男が女を襲う場面を部屋の窓から目撃した。ほんのちょっとで警察がきて、ピストルのうちあいが多分あって、男はひっぱっていかれたと思う。誰も助けに出なかった。バスターミナルのそばは危いので、ちょっと離れたリトルトーキョーにしようときめていた。バスはホテルニューオオタニでおりればよい。しかし、バス乗り場でニューヨークから戻ってきた日本人と一緒になったので、これ幸いと、最初の夜はこの人と同宿させてもらうことにした。この人は日本で演劇をやっているんだそうだが、ニューヨークで有り金のほとんどをとられたそうで、その話に私もおじけづいて、高級ホテルに泊まらない限り命はもたないような感じになる。シェラトンホテルの予約がしてあるというのでそこに行ったが、満員でダメだった。午後6時までに着かないと自動的に予約はパアになるのだそうで、忙しいことだとびっくりする。結局、タクシーでニューオオタニにおちついた。17階の部屋に入って、やあれやれ命びろいしたと夜景を見ると、目前にあかあかとネオンが見える。なんだ、泊まろうと思ってたアランホテルがあるじゃないですか。アホらしくなった。そのネオンにつられて、もう11時半になっていたのに外に出て、日本料理屋に入る。私はカレーライスを注文した。3ドルぐらいだった。まず味噌汁がでてきた。おいしい。カレーも日本とかわらない。ご飯もむしろ日本よりうまいと感じる。店の様子を見ると、何もかも日本と同じようにと心がけられているのがわかる。ならばチップもいらんのじゃないかと払わなかった。アメリカを回ったあとでまた戻ってきたときは、そういう疑問はほとんど感じなくなっていて、ごくあたりまえにチップを払った。チップで生活している人達がいるので払った方がいいと思う。

ニューオオタニはツインで75ドルほど。税金があるので一人40ドルぐらい。これがアメリカ滞在中最高のホテル代となった。よけいな飾りがなくていいホテルだと私は思った。

翌朝、アランホテルに宿がえする。週ぎめで43ドル。一日6ドルといったところか。これを一日単位でかりると11ドル。割引率がおよそ5割で、これがアメリカ式。どこでもではないが、ちゃんとしたホテルでもこのように割り引くところは多い。だから、アメリカでは転々とホテルをかえるのは高くつく。ホテル代を浮かそうと夜行バスで動く日本人旅行者が多いが、安くあげたいのであれば1ヶ所、気に入ったところをベースにして動く方が合理的だと思う。

アランホテルにしたのは日本語が通用するし、近くで日本食もたべられるからである。持ち主はユダヤ人だともきいたが、マネジャーは日本人、受付もいつもだいたい二人ずついて、一人は日本人。沖縄出身のおばさんが受付にいた。アランホテルのような割引のきく安宿は実質的にはアパートのようになっていて、アランホテルの場合、黒人とメキシコ人が多い。日本人らしい人も若干みかけた。私は大変親切にしてもらって、すごくくつろいだ。出発前に講義の準備に熱中しすぎたのか、イモ畑の耕しすぎか、とにかく、電車の中でシャンとすわっておれないぐらいに疲れていて、予定通りに出発できるのかどうかさえ危ぶんだくらいだった。しかも行先がロサンゼルスだというので、とにかく無理をしない、ということを考えたのである。現地式が私の原則だが、アメリカでは最初はこの逆をいくことにした。日本食もロサンゼルスではそんなに高いと思えない。量のことなど考えると、外食としてはアメリカンフードよりむしろ安い。吉野家のビーフボールだと2ドル内でおさまるし、おいしい。肉がやわらかく、ショーガの味がよくきいている。

新聞も日本語のものを読んでいた。羅府新報。一部15セント。1頁目から3分の2ぐらいが日本語、尻の方から3分の1ぐらいが英語になっている。羅府新報の本社がアランホテルの近くにあるので、毎朝買いにいくようになった。もっとも夕刊なので、日付は前日のものを買うことになる。この新聞を読んでいれば日本のこともだいたいわかる。私は広告をとくに熱心に読んで興味を感じた。きいていたように弁護士の広告もある。里帰り、あるいは呼びよせのための安売り航空券の広告も多い。

羅府新報の近くに小さいハンバーガー屋がある。着いて3日ほどして、羅府新報を買ったついでにこの店に入った。というのは、やっているおにいさんと言おうか、おじさんと言おうか、まっ、おにいさんにしておこう、この人がてっきり日本人のように思われたからである。この人はコリアンだった。それも、もともとは「北」の出身者だそうである。日本語はできない。しかし英語もあまりできない。私と同じぐらい。むしろ、スペイン語がよく通じる。というのも、この店にくるのは英語をしゃべる人よりはスペイン語をしゃべる人が多いからのようで、つまり、メキシコ人が多いのである。ここが私のいきつけの店となった。用事のないときは、朝から夕方までここでブラブラしていた。段々用事がなくなってきて、というのは、最初のころは、裁判所や、法律専門書店などに通っていたのが、やがてめんどうになってしまったということなのだが、この店でブラブラする時間がふえた。この主人は高麗大学で西洋史をやったそうだが、手足の方は大層不器用で、一つのハンバーガーができるまでのバタバタした動きも、わざとふざけてやっているんではないのかとさえ思われた。片言でやりあうので、声も金切り声になる。お客は、この人との、この金切り声での対話を楽しむためにやってきているようにみえた。客がいる時間にくらべてカネの入りはよくない。どうみてももうかっているようにはみえない。やはりコリアン（南の出身）の奥さんは看護婦で、一回会ったが、こっちはしっかりした人だった。アランホテルの住人に請求しにいくのにつきあわされた。それと比べると、主人の方は間がぬけていて、私にはそれがたまらなく魅力だった。

2回か3回目に行った日から二日間、白人の青年がこの店にすわりこんだ。ラジオをききながらカウンターにうつぶせになる。そして、ひんぱんに便所に入るのだ。そもそもアメリカではこういった店では客は便所など使えない。それを、いわば無理やり侵入する。中で麻薬をやっていると主人が言う。そして、バッグの中にはピストルが入っているとも言う。はじめは冗談だと思っていたら、本当にピストルが入っているのがみえた。主人も、シャーラップ、シャーラップ、と泣くみたいな金切り声を出したと思うと、次の瞬間には、アー、クミハラさーん、とどなったりする。こんな店にじっとしてないであちこち旅行できるクミハラさんは本当に「幸運児」だと。この白人の青年はバカにカネもちで、注文は多かった。20ドル札が多かった。強盗でもやってきたんかな。3日目にフッときえてしまった。

夜は「沈没」まぢかと自称している日本人の青年と何度か話した。アランホテルのとなりに下宿している。東南アジア通で、これからラテンアメリカに出かけるので、その資金づくりのためホテルで夜間受付のアルバイトをやっていた。最低賃金法があって、日本と比べれば、最低の仕事でもカネになるようである。

こういうふうに話し相手がいたので1週間はすぐにすぎた。日本人街にきたのはよかったと思った。しかし、ロサンゼルスのよさというのを一番感じたのはむしろハリウッドを見てからである。ロサンゼルスと一口で言っても、このまちは本当にだだっぴろいまちで、そして、見どころもまた分散している。こういうでっかいまちに市電・地下鉄の類がないというのは本当におどろきだった（注・2008年に行ったときは地下鉄ができていた）。ハリウッドはダウンタウンからバスで30分ぐらいのところにある。映画館も確かに多いが、この大通りは要するに大商店街と思えばよい。高層の建物は少なくて、低い建物がどこまでも続いている。そのスケールの大きさは私を満足させてくれた。ここを歩いていると、本当にいい空気だなあと思う。

帰国前にやってきたときにいったサンタモニカの海岸もすばらしかった。やはりでっかい。浜の大きさはインドのゴアに匹敵するのではないかと思う。砂浜の幅が大きく、しかもほとんど水平なので、人工の浜ではないのかとも疑った。

〈3　ニューヨークへむかう〉

アランホテルに1週間いたら体力はついてきた。しかし気分的にはやはり旅行前に特有のビクビクした感じになっていた。「一人でいると欠けたような気分」はそれでも抜けて、「自分の心配」にも多少あきあきして、7月19日、アランホテルに泊まってから1週間目に動き出した。

グレイハウンドバスのアメリパスを買って、ニューヨークへむかうことにした。ターミナルに行ったら最初に出るのがラスベガス行きのバスだったので、それにした。どこでも適当に通っていけばいいという気持ちだったが、あとで考えるとこれで大方のルートはきまったようなものだ。というのは、ルートマップをみると確かに網状にバスは走っているが、時刻表は幹線を中心に組み立てられているから、一度これに乗ってしまうと、私のようなめんどうくさがり屋で、しかもアテのない者にはこのルートをはずれる動機がなくなる。ラスベガス↓ソルトレイクシティ↓シカゴ↓ニューヨーク。

ラスベガスには午後3時頃に着いてしまったので先に進もうかと迷ったが、1泊した。文字通りの不夜城で、久しぶりに夜のまちを歩いて人が遊んでいるのを眺めた。

次の日、ソルトレイクシティまで動いた。モルモン教の本部を見物した。教会という感じはしない。ピカピカ趣味で、宣伝館のようなもの。構内にアメリカ国旗が掲揚されているのが、私には異様に思われた。

この二日動いてみて、ガイドブックに書いてあるところを見物してもつまらない、退屈であると思った。こしらえたという感じが露骨で、そんなものをわざわざ見るのはバカらしい。そこで、ニューヨークに行くということだけを考えて、おりる場所は体調にあわせて決めることにした。私の本来の希望ではソルトレイクから一気にシカゴに行きたかったのだ。ところが、アメリカのバスというのはバカに疲れるんですね。道も車も最高なのだが、こんなに疲れるのははじめて。基本的には「アメリカ的なもの」とうまくあわないということで、精神的なものだろうと思う。ソルトレイクのホテルでもこわい夢をみて、悲鳴とともに(実際にあげたのかどうかはわからないが)目がさめた。どこにいても、一人きりになると、ハッ、やられるのでは、と緊張してしまう。ちゃんとカギのしまるホテルの部屋がかえって無気味に感じられる。

夕方シャイアンという小さいまちに着いた(小さいと言ってもワイオミング州都である)。体がもたないなと思う。バスをおりて、ホテルをとることにする。ガイドブックに、何もない、空気がおいしいだけのまちであると書いてあるのが気に入る。1泊14〜5ドルと書かれている古いホテルにむかう。受付で値段をきくと35ドルだと言う。ガイドブックの情報がふるいのか。ヘンだなと私が言うと、受付はどこかに電話をかけて、そして29ドルでどうですかという。ロデオが7月22日からはじまるため高くなっているんだという。OKする。何度も、1泊だけですね、と確認される。

さて、部屋に入ると道具とかつくりとかがきわめて旧式。シャワーはなく、風呂だけで、風呂の横にジュウタンがしきつめてある。なぜなのかよくわからない。外に出ようとしたが、カギがうまくかからない。年輩のメイドさんをよんできてかけ方を教えてもらう。それをみながら、こりゃチップを出さなきゃいかんのだろうなとまず思ってしまって、ポケットをジャラジャラいわせながら、クォーターを出して渡そうとすると、「ノー」とはっきり言われる。ハハハ、ここはワイオミングなんですねえ、と照れかくしに笑ったが、ワイオミングも何もあったもんじゃない。下手な出し方にわれながら愛想がつきた。メイドさんは、そんなことは一向に気にしていないようで、私に開閉できるかどうかやってみろと言う。できない。もう一度やってみせてくれる。それでもできない。3度でやっとわかった。最初の二日で、白人の世界なんて退屈なもんで、とバカにしてしまったが、このメイドさんにあってカツを入れられて、はっきり言えば動てんしてしまった。私はもともとアメリカ・インディアンと言われている人々にあいたかったのだが、そういう人らしいのにはめったにあわず、白い世界に直面してバカーンと一撃くらった感じ。シャイアンの近くにはララミーがある。ここらあたりは白人がアメリカ・インディアンと激戦したところで、その記念碑もある。ちなみに、ワイオミング州はアメリカで最初に女性に参政権を認めた州である（1869年）。

バスがあまりに疲れるので、景色は無理してみないことに決めた。そのかわり本を読むようにした。バスの中で愛読したのは、飯島澄雄『アメリカの法律家（上巻・下巻）』（東京布井出版、1976・79年）である。これでやっとペースがつかめるようになったと思う。シャイアンからまる一日乗ってシカゴに入った。

シカゴではトーキョーホテルという安宿に3泊したが、チェックインのときにたまたま日本人と一緒になったので、この人とツインの部屋をとった。ニューヨークに住んでいる写真家で、シカゴのビルを撮影する仕事でやってきたのである。私は何もすることがないので、この人にくっついて歩きまわった。写真家というのが大層体力のいる仕事であることがよくわかった。噴水の前にカメラをセットして太陽の沈むのを待っていたときに日本人のツアーがやってきたが、しゃがんでいるわれわれの方は絶対にみない。あれは日本人じゃなくて観光人と言うんだよ、と写真家は言っていた。日曜日の海水浴、じゃなくて湖水浴場もみたが、黒人が全く見当たらないのにはびっくりした。南の方にはまた、黒人しか見当たらない地域が広がっている。こんなにもすみわけが徹底している。このような意味でシカゴはきわだってアメリカ的な都会である。

食事も写真家氏と半自炊で一緒に食べた。このときから私も自炊を心がけるようになり、スーパーをよくのぞくようになった。品は本当に豊富だ。包装も、日本ほど過剰なところはないと思っていたのに、アメリカの方はもっとすごい。彼は私にニューヨークで安くあげる方法をいろいろ教えてくれた。危険な場所も教えてくれた。私のために出現してくれたような人物だった。

写真家氏はミネアポリスへいくので、私一人でまたバスに乗って、7月27日の朝ニューヨークに着いた。バスの中からマンハッタンがみえはじめたときの心のたかぶりは今も忘れることができない。

〈4　ニューヨーク〉

私がニューヨークに滞在していたのは8月4日朝までの1週間余りで、マックバーニーYMCA(23st.7AV 近く）に泊まっていた。滞在中の用件は二つあって、一つは日本領事館で手紙を受領すること、もう一つは妻の台湾人の友人に会うことである。

領事館には計5回行った。ブラジルから手紙が届いていい頃なのだが、ニューヨークではとうとう受領できなかった。結果的には1日か2日の差だった。いや、間にあっていれば私はニューヨークからブラジルに行っていたと思うのである。

妻の友人というのは、妻がテキサスに留学していたときの同級生である。私は面識がなかったが、ニューヨークは危険だから誰か知り合いがいた方がいいんじゃないかということで紹介してもらった。名前をみただけでは男なのか女なのかもわからなかった。私の方ではとにかくこの人の自宅までいく旨連絡し、一方、先方ではYMCAまでやってくると連絡し、行き違いになったが、結局YMCAで日曜日に会った。しかし、この行き違いのおかげで、ニューヨークの郊外をみる機会ができた。エルムハーストというところにこの人のアパートがあるのだが、下見と本番の2回いった。このあたりは中国人街になっている。韓国人も多い。レストランはオリエンタルとスパニッシュがセットになっているところが多い。旅行社が多いのも特徴である。帰省のための割引切符を扱うのだそうである。エルムハーストの近くのジャクソンハイツ駅から地下鉄7番線の終点のメインストリート駅まで行っておりると、フラッシングといって日本人がたくさん住んでいる場所に出る。駅のちかくに日本語の本屋があり、一日遅れの読売新聞を1・5ドルで売っていた。

妻の友達というのは、会ってみると女の人だった。日曜日の夕方から夜にかけてホンダでマンハッタンをまわってくれた。ハーレムをみたいと言うとたっぷりと走ってくれた。ハーレムにもブラックハーレムのほかにスパニッシュハーレムがあり、これはブロンクスに続くのである。私の方はドキドキ興奮しているのに、妻の友達の方は非常に落ちついて運転するので、よく来るのですか、ときいたらはじめてなんだって。事実、道に迷って立往生もした。この人の話す英語がこれまた非常にゆっくりとしていて、ききやすい。中華料理を食べると、これも牛のようにゆっくりゆっくりとかみながら食べる。こういうテンポでよくニューヨークにおれるもんだと感心した。月曜日も仕事のあと夕方からつきあってくれて、このときは本屋とチャイナタウンにつれていってくれた。ホテルと同じで、アメリカの古本屋は定価の5割引ぐらいのが多い。教科書の立派なのが1ドル台で売っていたりする。

以上の用件のほかはほとんど歩きまわっていた。マンハッタンは区割りは単純で、すぐに地図なしで動けるようになるが、何度歩いてもあきないという点できわだっている。歩いていれば何かおもしろいものがある。どこにも生活の臭いがあるからだと思う。従って、活気がある。そういう意味ではアメリカ的とはいえない。ユダヤ人とかオリエンタルとかスパニッシュとかのマイノリティがこの活気をつくっているように思われる。いわゆる遊び場には全然行かなかった。それよりここで生活したいと思った。ほんの1週間で相当の影響を受け、その影響は今も残っている。体重がここでふえた。直接の原因はビールを水がわりに飲むようになったからだと思う。ニューヨーク大学の隣りにワシントンスクエアがある。ここのベンチに座っていたときに、54歳のおじさんと友達になった。このおじさんがビール半ダースにピーナツをつけてプレゼントしてくれた。これがきっかけで、アメリカ旅行中はもちろん、沖縄に帰ってからも毎日ビールを飲む習慣ができた。コーラ類を飲むと後味がわるいし、水はいくら飲んでも飲んだ気がしない。ビールはどちらの欠点も補うう之栄養がある。夜だけでなく昼寝の前に飲むのもステキなもので、これも癖になった。当然太ってくるのに気がついたが、私はこれを歓迎し、むしろ積極的に太ろうとした。ニューヨークにいると体だけが頼りという感じになるのである。馬力も持久力もないようではとてもやっていけない。食事もたっぷりとった。独り者の多いまちらしく、スーパーでも一人分の食事に好都合なように売ってくれる。スーパーにいかなくてもどこにでもデリカテッセンがあって、サンドイッチをつくってくれる。値段は決して安いとはいえないが、おいしい。総じてアメリカの食物は口あたりが柔らかくなめらかであると感じた。こうして一種の肉体主義者になったようである。今書こうとしてヘンな気もするが、肉体主義というより裸体主義とでもいうべき境地に近い。裸でいると、それもパンツも全部ぬいで素裸になると、何だかしらないが愉快なのである。YMCAの中で裸の男たちを毎日みていたせいもあろう。シャワーなど、丸見えのところで浴びる。部屋のドアーも半開きのところがかなりあって、中で素裸の男がベッドにねころんでいるのが見える。トイレも、よく知られているようにドアーなしのところも多いし、そもそもドアーがあっても閉めない人がいる。隠すという感覚がないのか。それは外に出ても同じで、どういう服装だろうがかまわないという感じ。自由というんでしょうかね、こういうのが。歩いていると裸に関連するものによくぶつかる。歩いた場所がそういう場所だったということなのかもしれないが。男性のヌード写真など、ニューヨークでみると非常にあたりまえ、かつ自然なものに見えてくる。私のわからなかったのにテレホン・

セックスというのがある。新聞の広告にたくさん出ているが、あれは、どうやってもうけるものなのだろうか。日本にもあるようであるが、同じものなのか。ニューヨークにいたら、一人でいるのが非常に楽しいと感じると同時に、友達が猛烈にほしくもなった。人々はほんとうにバラバラで思い思いである。妻の友人も独身者なので、なんで結婚しないんですかときいたら、ツーマッチトラブルだそうである。非常によくわかるようで、よくわからない。YMCAの近くにCity Dog Obedience School なる看板がある。犬の訓練所と判断したが、配偶者をもつのも、ゲイでさえもツーマッチトラブルとなると、これはもう動物しかないわけか。コロンビア大学に行ってみたら、犬を入れてはいけないと表示してあった。ニューヨークで買って読んでいたMarvin Harris, *America Now* という本に、Trained to live alone among strangers and to record and explain the diversity of human customs and institutions という下りがあった。これが人類学者というものだ、というのであるが、最初に一読したとき、あっ、これはニューヨーカーのことじゃないか、と思わず錯覚した。Trained to live alone というところに深く感じ入った。

〈5　南部へ〉

法人類学の講義を進めるうえでもできるだけいろいろな地域をみておきたいと思ったので、再びロサンゼルスまでバスでいくことにし、今度は南回りにした。黒人の多い地域の様子を見ることと、アメリカ・インディアン居留地を見ることの二つが目的だった。

最初の宿泊地は未定のまま、とにかくニューオーリンズ行きのバスに乗って出発。まず、ワシントンで休憩。ワシントンは黒人の多いところである。ヴァージニアのリッチモンドまできたら、ほとんどまっ黒という感じになった。そして、バスの中で一晩明けて、ふと目をあけると、ものすごいビル群が林立している中をバスは走っていた。ビル全体が鏡のようになっていて、これに朝日が反射してピッカピカに輝いている。あっ、ここがアトランタだなと反射的に思い、1泊することに即決する。バスターミナルの近くの安宿に荷物を置いてさっそく歩いてみる。歩きながら、人々と視線がうまく合わないと感じる。とくに黒人は視線が合うのを避けるようである。黒と白ばかりで黄色が全然ない感じで、こちらも疲れる。まち自体はそんなに大きくなかった。トーキョーレストランというのがあって、House of Oriental Delicacy とも書いてあるが、やっているのは韓国人のように思われた。確かではない。ただし、このまちには日本領事館があるそうだし、アベとかモリとかの名前の店もあるので、日本人がいないわけではないだろう。ホテルに帰って、ビールを飲んで、昼寝しておきるともう夕方になった。まちの中はサーッと人の気配がなくなる。残るのは浮浪者のような人々だけ。これじゃしょうがない。ニューヨークでは危いといわれても歩かずにはおれなかったのに、ここでは到底その気にならない。長居は無用ときめて夜行バスに乗る。

翌朝、ニューオーリンズに着いた。土曜日だったので、月曜日の朝までここで休むことにきめ、YMCAに投宿した。有名なフレンチクォーターはたしかにしゃれていて、かわいらしいという感じもするが、こんなのは一度で十分である。このフレンチクォーターをはずれると、週末で、まちはこわい位にガランとしている。歩く人が全然いない。昼間でもうすきみわるい。適当なレストランもないのでバスターミナルで食事する。日曜日の朝、港を見ようと思って南の方へいった。人だけでなく車もめったに通らないので、こんなところでやられたらオダブツだと思う。海岸に近づくにつれて倉庫のようなものがふえて、ますます人気がなくなる。ななめ前方に橋が見えるのだが、倉庫群がそこにいくのを妨害しているように感じる。チェッ、車がないと海にも近づけないのか。門司と同じだな。関門橋は車しか通れなかった。あきらめて右に折れる。スーパーに出た。あいているらしく、人だかりしている。入ると左手にスナックがあった。ハンバーガーとコーヒーを、親切なおにいさんが私にかわって注文してくれた。ついでにナツメのパイもたべる。あわせて1・06ドル。安いところでは安い。立ちぐいしながら買物の様子をみた。特色は、きわめてたくさんまとめ買いする人がほとんどであるということだ。1週間分という感じ。われわれも昔はこういう生活を夢みたのではなかったか。実際に見るとわびしい。貧乏人が多い。服のスソや靴が破れているのでそれとわかる。白人もいるが、服装にかわりはない。駐車場も大型車が多い。中山俊明『ルイジアナ・ママを誰も知らない』(旺文社文庫、1983年)に、日本製の小型車に乗るのはカネモチで、貧乏人が中古の大型車に乗るんだと書いてあった。私がきたのはかなり珍しいことのようで、みないようなふりをしながらも私の方をみているのがよくわかる。アフリカの黒人とはちがうなあ、とつくづく感じる。まちに出る気もおこらないし、冷房がききすぎてカゼをひいたので、あとはバスターミナルに食事をしにいった以外寝ころんでいた。

8月8日の月曜日にヒューストンまで進んだ。テキサスに入ると万事でっかい感じになる。景色をみているうちに Ranch という単語をおぼえた。大農場・牧場のこと。ヒューストンもまだ明るいうちからガランとなってしまう。公園に、ヒロシマと書いた幕をはってすわりこんでいる若者が数名いたが、誰も見る人がいない。私は乞食にたかられた。この国の乞食は最大限にあわれにみえて、カネをやらずにおれない気分になる。立派な乞食がいない。かくしてヒューストンでも早々にホテルにもどって早寝することになる。翌朝かなり冷え込んで、6時半に目がさめた。窓から通りをみるとファミリーレストランが開いている。昨日は早々にしまってしまったのに朝は早いことだ。まだうす暗いのに客もちゃんと入っている。もちろん家族連れではなく、出勤途中のサラリーマン。服装でわかる。立派な体格だ。昨夕着いたらチビな男ばっかりなのでびっくりしたが、立派な体格の方々は郊外からいらっしゃるらしい。そういえば、スーパーも朝6時半に開店と書いてあった。なんで6時半からやらねばならんのかわからなかったが、これを見てわかった。この時間には人がいるのだ。もっとも、郊外に行けば24時間ストアはザラにあるが。

〈6　アメリカ・インディアンを求めて〉

8月9日、サンアントニオにむかい、午後2時過ぎに着いた。ロマンチックなまちとして有名だが、要するにメキシコ風ということで、メキシコをすでに知っている者には退屈なまちである。日本人女性の旅行者に出あったので、夕方まで話をして、夜行でさらに西へ進み、10日の早朝にエル・

パソに着いた。

エル・パソのまちは半分メキシコのようなものである。国境の方へいってみると、国境を越えてサラリーマン姿の人がアメリカ側にやってくる。メキシコ側はシウダードファレスである。国境をリオ・グランデが流れている。小さい川だ。最初は泊まらずに出発するつもりだったが、疲れたので朝8時すぎ国境近くの安宿に入った。スペイン語しか通じない。このホテルでは午前11時すぎてチェックインする規則だとかで、昼過ぎてもう1泊分請求されて腹を立てたが、場所はよかった。真夜中になっても歩けるのである。ちゃんと人通りがある。そしてもちろんメキシコ側へも行ける。ビザはいらない。ファレスを歩いているうちにペソで買物したくなり5ドルかえる。この5ドルを使いきるには相当努力して買物しなきゃならない感じ。空気が乾燥してのどがかわくので、スイカを立ち食いしながら歩く。市場の周辺はすごい人だかりで、その中にマリアッチもいるし、大声をはりあげながらしゃべる大道商人(何を売っているのか最後までわからなかった)もいる。ごちゃごちゃと人にかこまれてブラついていると久しぶりに脳ミソのしわがのびてくつろぎ、「自由」だと感じる。ひんぱんに人が語りかけてくる。これはアメリカには絶対にない空気である。私はラテンアメリカ旅行をおわってから1ヶ月も間をあけずに沖縄にやってきて、以来5年目になっているのであるが、ラテンアメリカ旅行では疲労がほとんど残らなかった。むしろ、ここで力を蓄えて沖縄に高飛びしたような印象をもっている。昼にポジョ(鶏肉)をたべ、夜、ビフテキをたべたら、翌朝下痢をした。下痢というより食べカスが大きすぎて尻の穴から出られないでいるような感じ。肉が硬くていくらかんでもちぎれないので丸のみしたのである。これまでアメリカの無菌の食物になれていたのが、メキシコに入って一遍にやられた感じ。

ここまで来て、アメリカ・インディアンというのがよくわからなくなった。だって、メキシコ人だってインディオの血をもっているわけで、これがアメリカ・インディアンとどうちがうのか。顔みてもわからんのじゃないか。程度の差なのか。アホみたいな話だが、アメリカ・インディアンにあいたいと思いながら出発したのに、どこに彼らが住んでいるのか調べなかった。どこにいってもあえるぐらいにたくさんいると思っていたのである。あっ、これはアメリカ・インディアンですね、とはっきりわかる人々に出あったのはこれまでオマハだけといっていい。メキシコ国境にちかづいたらかえってわかりにくくなった。

そこで、サンタフェまでいってみることにする。サンタフェという名称は日本でも喫茶店名などに使われる。アメリカでは列車にサンタフェとかいてあるのをよくみる。サンタフェ鉄道ということ。そのサンタフェがなぜ有名なのか、どんなまちなのか全然しらなかった。(今、現代のエスプリ別冊『現代の人類学② 都市人類学』(至文堂、1984年)所収の、黒田悦子「都市の時間と象徴―スペイン系アメリカ人の小都市」を読んで、はじめてその歴史を知った)。11日の夜になって着いたので、12日の朝早くサンタフェのまちを歩いてみた。空気はよい。山の空気。歩いているうちに道に迷う。方向がはっきりしない。歩きながらたくさんの美術・工芸品のギャラリーや店をみる。私の趣味とは全然あわない。インテリアというならわかるが。プラザに、たしかにインディアンの物売りはいるが、私の見たいのは生活。こんなのをみても仕方ない。結局私に可能なのはツアーに参加することだけだと思い、タオス・プエブロ行きのツアーに加わる。客は私も含めて6名。フランス人カメラマン、若いヨーロッパ人のカップル、おばちゃん二人組と私。マイクロバスに乗り、運転手がガイドを兼ねる。何系かよくわからないが、このガイドはスペイン語を解する。まずチマヨというところにいく。オールドスパニッシュの教会がある。このあと10分も走らないうちに民芸品店に入る。ロクなものがない感じで、私はすぐに出て待つ。フランス人も出てきて、ノットグッド、という。ツアーがよくないということ。そのあとずっと走って昼前タオスにつく。一緒にレストランに入る。私はメキシコ料理にしたが、高い。7ドル以上かかった。そのあと1時45分まで買物だという。プラザのまわりのおみやげ屋をフランス人と見るが、買いたいものは何もない。フランス人がアイスクリームをおごってくれたのでベンチにすわって食べ、あと出発を待つ。プラザのあたりは観光客で一杯である。おばちゃんの一人が買物に熱中しすぎたのか、遅刻して大分おくれる。ちょっと走ったと思ったらタオスプエブロの部落みたいなところへ着く。車が多くてなかなか入れない。やっと生活の様子がみられるかと思ったら、これも買物なんですね。もっとも、ここではインディアンが売っている。私は入る気にならないのでブラブラしていたら、フランス人が、ここは非好意的だ、ちょっと来てみろ、と言う。一緒に入ってみると、うすぐらいなかに民芸品がならべてある。確かに売り手のインディアンはおこっているみたいな顔をしていて、つっけんどんで、ちょっとみたところ朝潮のような感じ。そのインディアンが私をみると、どこからきたのかときいた。ジャパンというと握手を求める。私には好意的だといってフランス人がゲラゲラ笑う。あとは外に出てフランス人と話していた。クスコやジブチにいたこともあるそうで話がはずんだ。ツアーは実に退屈で、何時のバスに間に合うだろうかということばかり考える。4時ごろ、アイスクリームを食べるため休憩。これはうまかった。48セント。5時のバスに間に合うんじゃないかと思ったら、テスクというところで横道に入る。芸術村みたいなものがある。私は内心イライラする。5時直前にサンタフェにもどってきた。おばちゃん二人をヒルトンホテルにおろした後、バスターミナルについたとき、ちょうどアルバカーキ行きのバスに人が乗っているところだった。コインロッカーからリュックを出してこのバスに飛び乗る。アルバカーキで乗りかえ、午後6時45分発のロサンゼルス行きに乗る。アメリカ・インディアンとのコネクションはとうとうつくれなかったが、ロサンゼルスに帰れるうれしさで私はゆったりした気持ちになっていた。

ロサンゼルス行きのバスは、私の隣席があいていたので横になって寝た。2時間半ほど走ったらギャラップという町に着く。ここで私の隣席にメキシコ人らしい若い男性がすわったが、私は眠くてほとんど関心がわかない。ただ、彼の荷物が小さいので、やがておりていくだろう、そうすればまた横になって眠れるだろう、といったようなことをうつらうつら考えた。それからふと気がつくと、またバスはとまっていて、ここで私はおりてサンドイッチを買いにいった。すると、売り子も、売場のまわりにいた人々も、何というのか、われわれみたいなのだが、何となく独特のふんいきで、それをボーッと見ているうち、ハッと気づいて、あっ、これがアメリカ・インディアンじゃないか、と思った。こういうところにいたのか。

隣の席の男性は予想に反してなかなかおりてくれない。フェーニックスには午前3時半に着いたが、ここでもおりない。とうとう朝になって、カリフォルニア州に入った。カリフォルニア最初の休憩地を出発してから彼が私に話しかけてきた。お互いに自己紹介したら、男性はナバホ族の人だった。なんだ、隣にいたのだ、さがしていた人が。「私はアメリカ・インディアンだ」と英語でこの人が言ったのにはびっくりした。アメリカ・インディアンというのは蔑称で、自分では使わないことばだろうと思っていたからである。この人は、ロサンゼルスからさらにサンフランシスコ近くのサンホセまで行くのだという。ここに女キョーダイ夫婦が住んでいて、彼女を頼っていくらしい。その女キョーダイはIBMで働いているのだという。彼自身は学校で働いていた人のようであるが、英語はたどたどしい。仕事をさがすのはむずかしいと言っていた。サンホセに行くのはこれで2回目だそうで、奥さんと子どもは故郷に残しているのだそうだ。インディアン保留地にいれば現金はたくさんいらない、と言っていたが、その現金がほしくて出稼ぎにいくようである。私の方も非常にたくさんのことをきかれた。

昼過ぎにとうとうロサンゼルスについた。アメリカ・インディアン氏のバスが出るのが午後3時なので、彼と一緒に昼食を食べ、アランホテルに行った。アランホテルの受付ではギョッとした顔をされる。いや泊まるのは私一人なんですよ、と言う。カネとられないように注意しなさいよ、とホテルの人に言われる。荷物を置いて、コリアン氏の店に行って休んでから彼を見送った。バスターミナルに彼の知り合いのアメリカ・インディアン夫婦がいた。その後注意してみると、ロサンゼルス市内にも結構アメリカ・インディアンらしい人々をみかける。浮浪者のようになってたむろしている人もいる。

ハワイにむけて出発する前に、サンフランシスコにバスで行って、1泊してきた。評判通りに景色はきれいで、しゃれたまちだった。区画が小さく、歩きやすい。ただ、寒いのですぐに小便したくなる。小便は25セントムーヴィーでタダでできた。25セントムーヴィーといい、25セントライブショーといい、時間が余りに短い。カネのはかなさを感じる。といって、ポルノ映画をみると今度は退屈で時間の長さを感じる。この種の盛り場よりはチャイナタウンの方にずっと活気を感じた。ゴーヤを売っていたが、どこでつくったものであろうか。

〈7　オアフ島〉

8月18日の昼過ぎホノルルについた。ホテルは、ダウンタウンとワイキキの中間にある日系のホテルにあらかじめきめていた。ロサンゼルスで買ったガイドブックに書いてあるうちで一番安かったのである。ダウンタウンでバスをおりて、ホテルまでたぶん2キロ以上を歩いて、ダウンタウンの見所は皆見てしまった感じ。すぐにワイキキにもバスで行ってみたが、これも小さい。なぜこの浜が有名になり得たのかよくわからない。

ワイキキからホテルまで帰る途中、川沿いの公園で休んでいたら、車座になってすわっていた5

～6名のおじさんの一人が立ちションするのを見た。アメリカでみた初めての立ちションで、これをみてやっとくつろいだ感じになった。そのあと、巨大なスーパーにも行った。ホノルルのまちの中にはたくさんあって、午前6時から夜21時まで開いている。しかも、日曜日もあいている。日本で食べるものは、まあ何でもあるだろうと思う。私は久しぶりにアンパンを買って食べた。まちのまんなかに24時間オープンのレストランも多い。ラーメン屋もある。というわけで旅行者としては非常に便利なところだと思った。

で、あと私のやったことはといえば、ザ・バスにつきる。ここのバスをザ・バスといっているが、ホノルル市内も市外も一律50セント、乗換え無料である。着いた翌日52番のバスに乗って、時計と反対方向にオアフ島をまわってみた。約3時間半かかったが、確かに50セント。観光客もよく利用している。このバスでは、日本人の新婚らしいカップルと一緒になったが、後ろから見ていたら二人ともしきりにあくびしていて、そのうち奥さんの方は眠り込んでしまった。途中にポリネシア文化センターがあるが、ここで日那が奥さんを起こしかねているのがおかしかった。いや、オアフ島にきてみたら、昼間は本当にねむい。バスの中でも老若男女を問わずよく寝ている。新婚さんだけが眠いのではない。島の北の方の海は私も気に入った。水平線がシューッとみえる。それから、どの家も立派で、よい生活を送っていることがうかがわれた。そして熱帯の花があふれている。

その翌日も島の西側のマカハというところまで行ってきたが、やはりいい。沖縄と同じで、何もない海がいい。さらにここには山もある。地図を見ていて感じたのだが、こちらの地名は私にはとてもおぼえにくい。皆同じみたいで、すぐに混同してしまう。オアフ島では日本人と区別のつかない顔をたくさんみかけた。沖縄の名もたしかに多い。ちょうど沖縄フェスティバルもやっていた。けれども、日本みたいだとか、沖縄みたいだとかいう感じはしない。沖縄と比べた場合、一番ちがうのはやはり、いろいろな顔があるということでしょうね。アメリカは人種のるつぼだというが、ハワイはそのうちでも極端である。小さい島だから「原住民」が幅をきかせているのではと漠然と想像していたのでびっくりした。もっともホノルル市から出ると、確かに「原住民」らしい顔はふえる。これらの人々をバスの中で観察していたが、よくわからない人々だというのが正直な感想である。反応のしかたや感情の表現がわれわれと全く異なっているようにもみえる。いつかこれらの人々のことを調べる日があるいはあるかもしれないとふと思った。

8月21日午前0時40分、大韓航空機でホノルルをたち、ソウルにむかった。韓国旅行は、現在連続的にやっている最中なので、このときのことについてはまた別の機会に譲りたい。

〈8 アメリカその後〉

以上、アメリカ旅行のときのことをできるだけ正直に書いてみた。旅行中に書いたメモを見ながら書いたが、もうかなり忘れていて、ああ、こういうこともあったなあとメモを見てはじめて思い出すことが多かった。このように言っても、アメリカの影響が小さかったというのではない。全然逆で、こんなに「アメリカ的なもの」にいかれるとはと、少々意外に思うほどである。アメリカの影響が出てきたのは、アメリカにいたときよりはむしろ帰国してからである。法人類学の授業でアメリカを取り上げた関係で、アメリカ関係のものばかり読んでいるうちに年が明けた。

私個人として一番影響を受けたと思うのは、仕事に対する考えである。私の考えがかわったのかどうか、それは今もよくわからないが、それより、とにかく仕事について「とことん」考えなきゃいけないという気持ちになってしまった。そのため書いたのが「学者の道」と題する文章なのである。直接のきっかけは、スタッズ・ターケル『仕事！』（晶文社、1983年）という本を読んでだった。この本は、アメリカにおいていろいろな職についている人にインタヴューした記録を本にしたものである。その中の一人が次のように言っている。

「高校時代には、職業とは特定の天職と考えていました。御声があります。「来たれよ、我につき従え」と。天職ということで、私が今考えてるのは、「来る」ものじゃあないということです。今ちょうど私がしていることが天職であり、将来そうなるものではありません。人生というものがそもそも天職なのです。」（634頁）

これが「アメリカ的」なのかどうか、それはおくとして、私もこの天職ということばのおかげでこの10年をパアにしたような感じさえもっているのである。パアだったから、だからダメでしたというのでは全然ないが。私の場合、天職のイメージがメシぬきのものであったということ。それは私なりに考えた独立のイメージとうまく合うと同時に、無職のイメージともうまく合うというヘンな代物なのだったということ。今大学の先生をやらせてもらっていて、メシの方は十分食わせてもらっている。十分すぎる。私は難聴者であるということもあるが、こんなにラクラクとメシがくえている自分が不思議で仕方がない。そういう有難い状況が、今やっていることは果たして天職なのかと疑わせるのだろうか。いや、ちょっとちがう。私も有難さに感じてか、この数年一生懸命やってきた。導いてくれるものがないようなので歩みはたどたどしいし、そもそもまちがったところへいっているのかもしれないが、一生懸命ではあった。その一生懸命ということがどうも私のイメージとしての天職観念に反するらしいのですね。私は、生活するのは好きだが、重々しいのは肌にあわないのである。ナアニ何デモナイコトナンデスヨー、意味ナンテナイノ、といった生活が好きである。ごちゃごちゃした市場が好きなのも、当事者としてではなく、観察者としての楽しみの方が大きい。わざとだまされて喜ぶということもある。こういうふうなら、天職が具体的なものとして明らかにならない方があたりまえであろう。にもかかわらず、一方で大学の先生業（私の意識では学者業）につかりはじめて、そこにマジメなものが感じられる。学者というのも仕事なのだから、そんなもんに真剣になるのはよくないことですよ、バカげたことですよ、という声がきこえる。

まあだいたいこういったようなことを考え、ダラダラと書きつらねたのであるが、このほかにもアメリカとの関連で考えることは多かった。たとえば、プロ野球の日本シリーズ、1983年は西武と巨人で7回戦までもつれ、しかも逆転につぐ逆転ですばらしいものであったが、このとき、西武の広岡達朗監督の動きを見たり、新聞での同監督のコメントを読んでいるうちに興味を感じ、同氏の『意識革命のすすめ』（講談社、1983年）を買ってきて読んだ。アメリカと日本のいい面をミックスしたような感じだと思った。球団との契約をいろいろ工夫するが、その契約の中に自分を縛る文言を進んで入れるところなどにそれを感じた。野球は組織スポーツであり、この本もたんなるスポーツの本という感じはしなかった。

ダラダラといつまでも続きそうである。これぐらいにしておこう。わざわざ読んで下さった方々に感謝する。（1984・1・6脱稿）

6　講義の現場で

１９８５年に無給休職してブラジルに行く直前に「講義の現場で」と題して、主に学生の活動やレポート類を掲載している沖縄大学法学会誌第４号（１９８５年3月）に書いた。80年代前半の「模索」が記されているので、パソコンで読める形に整えた原稿を以下に記していきたい。

〈まえがき〉

私は１９８５年の春から沖大の方を休職させてもらってブラジルに行くことにしている。今その準備をしている最中である。振り返ってみると私が沖大の専任講師となってまる5年、弁護士をやりながら非常勤で教えた1年も含めるとまる6年になる。有難いことに今年もこの法学会誌に自由に書かせてもらえることになったので、この機会にこれまでの講義に関連して感じたこと考えたことなどまとめてみようと思う。

ただ、立場上公にできないことも多いし、私的な生活と密接に関連していてわかりにくい点もあるかもしれない。そういう制約があって、すべてをさらけだすというには無理があるが、可能な限り率直に書いてみたい。講義の現場というのは大学教育の基本的な「場」の一つであると思うが、その場がやたらに密室化され、妙な噂ばかりがとびかうという現状はあまり健康なこととも思えないからである。

いろいろ問題の多い私をここまで導いてきてくれた方々に感謝するとともに、この文章を読んで下さる皆さんに多少なりとも益するところがあれば と念じている次第である。

〈1　学生の顔を見る〉

非常勤で刑法総論を教えた1年と、それに続いて専任講師となってからの1年の2年間で共通しているのは、講義の際学生の顔を全然見なかったことである。見るのは本かノートと黒板、それに横の方の窓から見える景色、これだけ。学生の方を見ようと思っても首があがらなくて、すぐふせてしまうのだった。

結果的には度胸がたりなかった、勇気がなかったということになるのだろうが、私自身の実感では別に学生がこわいという感じではなく、私なりに余裕をもって落ちついてやっているつもりであった。実際、割合学生を笑わせていたようで、クスクスともれる声が私の耳にもきこえてくるのだった。私がこだわっていたのは、そもそも人を教えるということ自体についてだった。先生なんて最低と思っていたので、教えるということが後ろめたく、照れくさかった。幸い学生というのはすべて「他人」であるから、多少の恥は我慢できるという感じ。先生業というのはあくまで、私が望みもしないのに転がりこんできたヘンな職で（専任となるときも特別に書類を提出していないし、要求もされなかった）、「沖縄にすむ」という私の目的達成のためのたんなる方便としてとらえていた。

こういう状態を脱して学生を見るようになった直接のキッカケは、専任となって1年過ぎたとき、刑事訴訟法の期末試験で大量の不正行為が見つかったからである。採点していたら、きわめて類似した答案グループが三つぐらいあり、どうみてもカンニングがあったとしか思えなかった。はじめは、学生もバカだな、少しずつでも用語等をかえる程度の才覚さえないのか、とおかしがって読んでいたが、全体の半分が確実に不正答案とわかると、今度は腹が立った。全くバカにしている。翌日掲示を出して、全部やりなおすことにした。やりなおし試験のときが多分、教室で学生をまともに見た最初の時だったと思う。ここで目をふせたらこれから先生業をやっていけなくなると感じて、にらみつけるようにして見た。

しかしきっかけがこれだけなら私は多分先生業をやめていただろう。実際私ほど「やめる、やめる」とわめきちらしながらやってきた人は少ないと思うが、それでも結局やめなかったのは、やっと研究テーマらしいものが見つかりはじめたからだと思う。それは法人類学という新科目の設置という形で実現したのだが、専任となって1年目の夏休みに書いたものにその萌芽がみられるので、ここに掲げる。

［法学への接近］

私は昨年まで意識的に問題を自分自身のことに限っていた。「私」の探求。しかし、若い頃は「世界」だの「夢」だのワケのわからないことばにとりつかれていて、このザンシの故に「私」の探求も少々ワケのわからないところがある。

ところで、弁護士としては私は意外に有能であるようだった。私は法律は、私なりの考えがないままに、ただ学んだのである。それで仕事は十分にできた。しかし、法に対する私の考えは積極的な形では何もないに等しかった。もっとも消極的な形ではあった。私が私のやりたいようにやるのを邪魔しないようにする、そのために役立つならばそれは何にしろ「いいもの」なのである。昨年刑法を講義して、私は、法をいわば私の対極にある何ものかとの妥協線だと考えた。そしてその線はできるだけ私から遠くに引いてほしいと願い、そのような解釈がすぐれていると考えた。

私は今春職を転じて大学で法律を専門に教えることになった。そして毎日の講義を準備しているうちにつくづく感じたのは、「学説」選択に際しての私の立場のなさである。具体的なテーマごとにいくつかの説というものがあり、その中から一つ選んで決めてゆく、その過程において私はいつでも、どの説だってたいしたちがいはないと考えざるをえないことが多かった。なんとか決める必要があると思われる問題も若干あり、それは主に国際法に関してであるが、訴訟法に関しては、「実務」がわかれば、「実務」に即していればそれでよい。なぜなら訴訟法が実際に使われるのは「実務」の場以外にありえないからである。だから「立場」というものを無視して「法は技術にすぎない」と考えるとスマートに講義することができる。技術であれば、ちょうど機械操作をするのと同様に、上手か下手か、能率的か非能率的か、というふうに誰にでも納得できる形で姿を描くことができよう。そうすれば「私」抜きで法律をあれこれ論じることもできよう。それがよいのか。私はまだ「私」にこだわっている。法学そのものではなく、「私」と法学でなくてはいけないらしい。「法の目的」などというときも「私」とは別になにか法というものが一人だちしていて、それ自体がその存在意義を主張しているかのように思われる。「私」

との関連をつけようと思えば、「私」にとっての法の効用、どのような法が「私」には好ましいかという形になる。このような、「私」との関連で生じるこだわりを捨てて、弁護士時代と同様、法をたんなる技術として教えているだけでよいのか、どうか。

私の興味の一つに、どのようにすれば世の中の出来事を予測できるか、という課題がある。私は言いあてることのできる人を尊敬する。私自身はその能力があまりないようだ。そこでそのカラクリを知りたい。カラクリを知るために世の中のしくみを知りたい。そのしくみの一つとして法があるのだろうが、ただ、技術としての法というのはあくまで道具であり、予測のためには道具の使い手がどのような意図でどのように利用するかを知らなければならない。そしてその力の及ぶ範囲を測定しなければならない。そうすると、私の知りたいことは、しくみそのものというより、しくみとその中での人間達、そして両者をからめての動態ということになるだろう。

(1980・7・26)

このように、研究においても「私」との関連にこだわる態度は、私に影響を与え、その結果「私」の形成にかかわる人々の「立場」にも興味をもち、それらの人々のことをちゃんと知ろうとする態度につながっていったと思う。当時、私以外の人々への真剣な関心はとても限られていて、ロクに見もせずに「現実は夢である」などとカッコウのいいことを言っては自分に酔っていた。そういうふうだからこそ、学生を全然見もせずに講義をするなどという芸当もできたのだろう。

〈2　学生と話す〉

こうして私は専任となって2年目から学生を見て講義するようになった。実際にこのように講義してみて、学生を見る、見ないという違いはたんなる形式的なものでなく内容に深く関連していくはずのものだということに気がついた。学生がちがえば同じ内容の話をしようとしても同じ話し方になるとは限らない。場合によって結論まで変わってしまうことがあり得る。そうなると、もう、「学生に応じて」講義をするしかなくなる。言いかえれば一律の「講義水準」というものを信用しないことにするということだ。

ただ、それは「学生のために」やったことではない。そのことを書いた文章が残っているので次に掲げる。

先生というのは従来、私の最も軽蔑する職業であった。先生くさい、というのは自分じゃできもしないことを他人には強制するといったような性格だろう。実際にやってみると、私はこの点大丈夫だとわかった。もともとがそういうふうにできていない。しかし、これは逆からいえば、お手本になることでしょう。お手本になるなんて実にきゅうくつなこっちゃ。「水準」信仰の放棄の実際上の効用というのはお手本になることの拒否の方にある。私はタダの私であってそれ以上でも以下でもないと開き直ることである。それでダラシなくなるというのであればそれでもよろしい。事実は、その逆になりがちで、私は放っておいても自然にまとめてしまう。ちゃんとした形にまとめるのはうまい。ただ、さらに放っておけば、できたものを平気で、というより意図して壊してしまう。つくっては壊し、壊してはつくる。きりがない。従っていつまでも落ちつかない。けれども短い目でみれば安定十分であることの方が多い。

「学生に応じてやる」というのが、実際には「私の希望に応じてやる」というのとあまり変わらないということになると、あるいは、私が学生を実験材料にしているのだといわれるかもしれない。そういう面もあるかもしれないが、そうではないかもしれない。よくわからない。ただ、学生にわからんことはやってもムダ、という以上に、私がわかることは学生にもわかるはずだという基本的な考えがある。私は単純なのだ。それがわからんことはなかろうと思うのだ。わかり方にもいろいろあるようだが。

ということは職業意識はまだ十分できていないということだろう。学生に喜んでもらえれば嬉しい。嬉しいが、喜ばせなきゃダメというのでもない。「たまたま」私のやっていることが学生にも面白ければいいなと思うだけである。つまり、やりたいことをたまたま講義という「場」でやらせてもらっている。私につきあってくれるのだから多少のサービスをするのは当然だと思う。そのサービスというのはいくつかのタイプにわかれる。ただたんに「おもしろい話」というのはダメである。続かない。私がやっているのは、構成のおもしろさが一つ、もう一つは「私らしさ」に由来するおもしろさ。「水準」信仰は放棄するにしても、やはり「いい講義」はしたい。そのためには基本的には自分でおもしろいと思いながらやることが肝心で、昨年はとくに国際法がこの点において失敗だった。「自分の考え」がないから、ただ書かれていることをそのまま述べるにとどまった。

しかし学生という存在をどの程度「愛し」ていいのか、よくわからないところがある。少なくとも「期待」はしない方がトクではある。実際、「学生への愛」というのは「赤の他人に対する愛」に近いものがあり、一方的なものだ。仮に双方通行になったときは学生とか何とかいうことは抜きになる。学生だというだけでヘンな思い入れをするのはどうもソロバンに合わない。それならばビジネスとわりきる方がラクである。

考えてみると私の希望というのはこうらしい。私は段々と「研究」が好きになってきた。これはおもしろい。私の場合、今年は「研究」のみでやるつもりなのだ。つまり、私の考えを定着する場として講義もある。学生にもわかってほしいというのは、つまり、「バカ」にもわかるような、そういう考えをもちたいということである。深くはあっても、あくまで単純でわかりやすいものでありたいというわけだ。その際学生がまるで乗ってくれなきゃ本当にしゃべりようがないのである。場の雰囲気というのはとても重要なのである。石に向かってしゃべるわけではない。やる気のない顔をみないですむよう出席は全くとらないし、試験や、その結果としての成績にも私は大して関心をもっていない。問題は、その日その日の講義をとにかくきいてくれて、そして願わくばわかってくれること。

大変自己中心的な教師である。しかし、とても不思議に思うこともあるが、「よい講義」ができたと思ったときによい考えもまとまることが多い。私の場合両者は並行している。実際私は人と一緒に何かしたり、感じたりするのは楽しい。私は他人の心の動きを読むのが好きだ。ということになると、これは共に喜ぶというより、こちらで勝手に分析して楽しむというのに近くなる場合もあるだろう。確かにそういう場合も多い。(1981・6・22)

学生を見ながら講義をしていたら、じきに、学生への質問が多くなり、私が質問をし、学生がこれに答えるという形のつみかさねみたいな感じになることがふえた。これは科目にもよる。刑法各論はとくにこの形式になじみやすいと感じた。予習しなくても常識で判断できる部分が大きいからである。講義がこのようになると、自然に、講義外でも学生とつきあうことがふえた。この頃知り合った学生には沖大を出てからも私と親しくしてくれている人がいる。沖大自体が大揺れに揺れていた1980年前後に入学した人達が多く、ちょっとかわった人が多かった。1980年といえばちょうど私が専任になった年で、私など今なら絶対に専任として採用してもらえないと確信できるので、「かわっている」のはお互い様かもしれない。私がとくに感じたのは、「先生というものはどうあるべきか」についても一家言のある学生の多かったことで、私の先生観はこれらの学生と討論することで鍛えられていったと思っている。「大学の先生という仕事はふつうの仕事ではなく、いわば天職としてなすべき特別の仕事なのだ」といった考えの人が多かったと思う。このような意見にぶつかるたびに、私は私自身のことに思いを巡らせ、自信を持ったり、逆にこれではいけないと思ったりしながら考えを重ねた。率直に私を批判してくれる学生が傍にいてくれることを私は幸せに感じた。

〈3　やめたい理由〉

このようにして私なりに研究・講義それぞれの内容と相互の関係について一応の考えができて、私の進むべき道は決まったと思うこともあるようになったが、それは安定したものではなかった。その証拠に私は依然としてやめたい、やめたいと半ば公然と人にもらしていて、とくに、1982年の12月には法学科会でやめる予定である旨はっきり言ったあと、1週間後にそれをひるがえすという醜態を演じてしまった。同僚の先生方には大変な迷惑をかけてしまった。けれども、現在は、まさにこのときに私の考えがしっかり固まったのだと思っていて、「恥」はさらしても沖大をやめなかったことを本当によかったと思っているのである。ドタバタ騒ぎをおこして「やめる」と言ったあと「やめない」と翻すまでの間に書いた文章が残っているので以下に掲げる。

私の心の中に権威主義があるのではないか。そして私がニセモノらしいと感じるのはこの点においてではないか。それが今に尾を引いているのではないか。

私は今度迷いはじめた前後から河合隼雄氏の『カウンセリングと人間性』（創元社、1975年）という本を読みはじめ、今も読んでいる途中である。ムシのしらせか。コンプレックスの「処理」

思えば私の20代を支えてくれたのではなかったか。私が今生きているのも、ある意味ではこれに不正直な権威主義者になった。私はそれが悪いとは思わない。そこから生じる一種の「自負」は、そ成り立つ。私はごく「平凡な」(悪い意味で)権威主義者であった。それ以上に、それが屈折して、りまじっている。しかし、いずれにしても、「芸者を呼ぶ側」のことについての関心があればこ芸者のようにお呼びがかかるのを心待ちにする気持ちと、それをバカらしいと思う気持ちが入というのが、「反」権威主義の帰結のように思われるのだ。私の心情は芸者のそれではないか。これなどコンプレックスだと思う。たとえば、本多勝一氏流に考えれば、「東大から憎まれたい」斜がある。「東大からきてくれといわれ、そしてそれを断るのが夢だ」と言ったことがあるが、いですかね、結局。これが本当の動機らしいのですね。ということは東大らしきものへの心の傾思われる。「沖大みたいなところ」にじっとしていることをいさぎよしとしないってことじゃな大出意識がある。にもかかわらず、この沖大で学生から歓迎されるということがまた不思議にらない」と言ったりすることがあるが、実はそうではないのではないか。私には悪い意味での東の」とは切り詰めると権威主義のようだということ。私はたとえば、「私は私以外の権威をつくうのがマネならマネでいいんだけれども、実は、問題なのは、この「私の」流儀というとき、「私私はよく知っているのだ、「私の流儀」とはいいかねる部分のあることを。いや、その流儀とい

今度の場合、基本的には、生活をかえるのが私の流儀なのだから、という意識があったのだが、が重要な課題のようである。

負っていると思う。ふん、今日は限定が多いな。「ある意味では」か。（1982・12・8）

実際当っていると今読んで思うのだが、その後迷いがなくなったかというとそうではない。考え方の問題という以上に体の問題。私は何をやっても根をつめすぎて疲れてしまう。9割でやめときゃいいのに、12割やってつぶれてしまう。疲れないようにするには、私にあったテンポをとることが必要である。大学の先生業という一週間サイクルのテンポでは私はうまくいかないらしい。休みがくると元気をふきかえすのに、講義が続くとダメになってくる。「適当にやる」のも本当に才能だと思う。元気をなくしているときの文章はたくさん残っている（私は書くことによって元気を回復する癖をもっている）が、一つだけあげてみる。

深い眠りの中にいるように感じられる。梅雨。このような湿気の中でもう4年。はじめて沖縄にきたときのことはもう簡単には思い出せない。長い長い年月だったように思われる。私はやはり何にしろ大きなサイズ向きにつくられているのだと思う。私にあったサイズの事柄というものがあるのだと思う。それを正面からやればよいのだと思う。臆することはないのである。時間的にも同じ。私はいつも先のことを考えている。だからセカセカするという人もいるかもしれないが、私の場合逆のように思われる。仮に1万年先のことを考えているとすれば、どんなに考えたところでセカセカしようがないだろう。1年先のことを考えてどうこうするというのが向いていないなら、私に一番向いている「時」を考え、考え、生きていけばよいのである。私の耳が悪いのもそのためである、とでも考えたらよいではないか。私なりに納得がゆくのであればその論理を押し通せばよいのではないか。私は、「本気で」生きていきたいのである。本気のときにこそ私ののびのびした楽しさ（幸せと言ってもいいだろう）、それが生まれてくると思う。ならば本気でないことは「どうでもいい」ということにしてしまえ。

法人類学においても、事柄のサイズ、時のスケールということを十分意識しながらやることが必要である。「人類学」というワクにこだわることはない。その名でおかしいものになれば勝手に名をかえればいいのだ。

今度苦しんでみて、私はまだ10年前と同じようなことを考えている、というのはつまり、10年前のことが解決できていないということを思いしらされた。次々に新しいことに手をつけながらも、問題はいつも同じであったとさえいえよう。耳はどうなったのだ、天職は、「哲学」は、「私」は、そして「世界」は。私がなぜ「学者」向きかわかろうというものだ。これだけしつこく追うことをやってきた以上、万事同じことと思われる。（1983・6・1）

何度も考えているうち、「学者であること」、「大学の先生であること」へのこだわりは徐々に薄れていったようである。そういうことよりは、何にしろ、私のやりたいことを私流儀でやってみようと思うようになった。そのように考えた結果、本当に私なりの研究ができるためには私自身本当に興味の持てることをやらねばならないと感じた。法人類学の研究対象地にしても「縁」のある場所というものがあるはずだと思った。こうして、沖大を休職してブラジルにいこうと決めた。１９８４年の年頭のことだった。

このあと、**〈4　マウロ先生に学ぶ〉**と題してマウロ先生のところでポルトガル語を学んでいたことが書いてあるが、この時のことはすでに『旅の深層』第2章に書いたので省略する。

〈5　基礎ゼミを担当して〉

１９８３年度と84年度に私が担当したゼミはⅡ部の基礎ゼミだけで、専門ゼミは担当しなかった。そして、83年度の基礎ゼミはうまくいかなかったので、84年度は内心期するところがあり、力を入れてやったつもりである。

83年度に使用したテキストは、柴田光蔵『法のタテマエとホンネ』(有斐閣選書、１９８３年)である。この本はとても読みやすく、かつおもしろい。法律を勉強していない者にも十分わかるだろう。そういう意味で初学者にはとても有益である。しかし、それをそのままゼミに使うと問題がある。というのも、わかりやすくもあり、かつ、納得できる内容だということになると反論が出せないのですね。少なくとも出しにくい。内容を整理して、で、何も論ずることはありませんって感じ。議論にならないとゼミは活発にならない。かつまた、報告をすべて学生まかせにするのもどうかと思われた。専門ゼミならともかく、基礎ゼミの場合、「自主性」を重んじるということはその内容次第では教える側の無気力ないし無能力を隠すことばになりかねない。実際私の場合、学生とうまく渡りあえる自信がなかった。

そこで84年度がはじまる前にきめたのは、可能な限りすべて、問題の形でこちらが提示し、それに答えてもらうという形をとるということである。問題の形で出せば当然答えというものがあるはずで、とにかく考えざるを得ないだろう。そして、質問は、出席者すべてに私が直接するのを原則とした。皆が考えねば議論にならないからである。とくに最初の頃は出席者に慣れてもらう意味もあってこれを徹底した。私の聴力の関係もあって、円状にすわった出席者それぞれの直前までこちらが歩いていってきいた。徐々に発言は活発になり、かつ、学生同士の議論もできるようになっていった。私としては、書く能力もつけてほしかったので時々問題の答えを書いてもらい、その後これを更に議論した。一応「正解」というものはあとで示すが、そこにたどりつくかどうかにはそれほどこだわらなかった。むしろ活発に議論してもらうことを最大の目標とし、およそ的はずれな珍答の類も大切に取り扱った。

内容的には、まず前期一杯を日常的な紛争ないし事件にあてた。概ね、民法の債権各論の分類に従い、不法行為や事務管理など「事故」に近いものから、「契約」的なものへ進み、最後に親族関係のケースもみた。私の意見では、判例集にのるような事件をこの時期にそのままの形でやるなんてとても無理であって、むしろ平凡で簡単な問題の方が考える力をつけてくれる。その意味で、戒能通孝『法律パズル—日常生活の法律問答—』（日本評論社、1962年）に収められた問題は手頃なものが多かった。

後期になって、「訴訟とはどういうものか」をやはり問題の形で1回やって、あと、実際の事件をもとに簡単な民事事件（転貸借）の記録一式をつくり、これを手続進行順に順次配布しながらゼミを進めることによって、裁判とはこういうものなんだなということが実感としてわかるよう工夫した。広義での模擬裁判みたいなものだと思う。この教材作成にあたっては友人の弁護士の大川庄徹氏に協力をお願いするとともに、ゼミにも3回ほど出席してもらった。学生は大変よく理解してくれたように思う。質問もきわめて活発で楽しかった。やはり、前期と同様の趣旨で、できるだけ簡単な事件を利用したのがよかった。しかも、どんなに簡単なものでも、ナマの事件になるとその事件なりの肌ざわり、手ざわりのあることも同時に実感できたのではないか。

あと、残りで、公法関係の問題をやっていくつもりだったが、時間がなくなって、1回だけ、行政指導に関連する問題をマンション紛争の新聞記事をもとに作成してやってみた。

このように、「何をやるか」はすべて私の方できめたので、「自主性」を重んじるという面からは批判の余地があるかもしれない。しかし、私としては大変楽しく、毎週基礎ゼミの時間が待ちどおしかった。どうやら私のところには優秀かつ活発な方が集まってくれたようである。私の「指導」についてきてくれた皆さんに感謝したい。私としては、この6年教えてはじめて「プロ」らしい感じの授業をもつことができたのを貴重な体験と感じている。

私は83年に「法学教育の目標」という小文を書いたことがある(「法学かわら版」83年第2号)。その趣旨は、沖大では沖大なりの目標を設定することが必要であるということであった。そして、現在のカリキュラムは明らかに専門家向きのものであり、専門家になろうとする人のきわめて少ない現状では問題があるのではないかとも述べた。その後私なりに、では具体的にどういう目標を設定するのがよいだろうかといろいろ考えてきたが、基礎ゼミでの体験をもとに感じたことを若干ここに書きとめてみたい。

何でもそうだろうが、まず基礎的な知識を学んだうえでそれを実際に応用する。そういう大筋の中で考えればやはり、日常の生活や仕事の中で「問題」なり「事件」なりがおこったとき法律上適切に判断し、対処できることが「応用」に相当し、一般的にはこれが法律を学ぶ最終目標というべきだろう。普通法律の勉強が退屈だといわれるのは、「基礎」の部分がやたらに複雑で、量的にもぼう大だからである。たとえば一番生活と関係の深い民法の場合、今のカリキュラムだと最低3年やらないとその全体像はつかめない。では、年数をかければかけるほど「基礎」がつき、その結果「応用」もきくようになるかというと、少なくとも結果だけみるとそうなっていないように思われる。むしろ逆にワケがわからなくなる可能性の方が大きい。

弁護士に相談すると、商売上の配慮もあろうが、めったなことでは「わかりません」と言わない。それは六法全書を全部読んだとかそういうことではない。具体的な事件を加工してみて、あっ、これはここら辺を調べればわかりますね、ということがわかればよいのである。つまり、条文だとか本だとかをあらかじめ全部暗記しておく必要はないが、条文や本のどのあたりを調べれば解決できるかは心得ておかねばならない。そして、そのようにして解決していく過程はいわば現実そのものなのだから、生きていくのに興味がある限りは一般に興味のもてるものである。一度この味をしるとやめられなくなるほどだ。

このような羅針盤的な知識があれば応用は可能で、その解決の際学んでいくことで知識はふえていく。それによって基礎力も増大し、その結果応用力もついていく。こういうふうに「基礎」と「応用」とは一方通行的なものではなく、行ったり来たりしながら、全体として成長していくものなのである。「基礎力だけしかない」というのがいわゆる「専門バカ」的状況なのであろう。そして、大学のカリキュラムがこの「専門」によって科目割りされ、バラバラな形で学生に教えられるところに問題の根がある。教養で教えられる法学も基本的には「専門」の寄せ集めにすぎない場合が多いようである。そういう形でカリキュラムが組まれ、それに従って学んだ場合おこる現象は、「山」がないということですね。いつまでも「基礎」ばかりで「応用」の楽しみがなかなか出てこない。その「基礎」もやたらに細かいばかりで、何のためにこんなに細かくしなければならないのかまるでわからない。そして「応用」の経験がないままに卒業すると、「基礎」の方がその後成長していく見込みもうすく、つまり、すぐに忘れてしまうのである。確かに専門ゼミというものがあるが、いつもきかされているのはその不活発なことである。なぜ不活発なのかといえば、3年次になっても「応用」可能な「基礎」ができていないからである。そのようなカリキュラムだからである。また、講義の際の具体例も、たんなる説明のための「例」にとどまる場合がほとんどではないのか。たとえば、司法試験の受験者がたくさんいたりして、法律の専門家になるだろう人が多い大学ならば、いずれ「応用」を教えてもらう機会がどこかでやってくるだろう、ということをあてにして、「大学では専ら基礎をやるのだ」ということもある意味で現実的かもしれない。しかし、沖大のように、卒業後法律を専門としていかす人がむしろ例外のようなところで同じことをやったって意味がないのではないか。

そこで、私は、大学教育の中に「山」をつくらなければならないと思う。それも、複数あるのが本当は望ましい。ともかくできるだけはやく「応用」可能な程度の基礎をつけさせる。そこまで達したら、「応用」の過程の中で、自然に基礎力は上昇していくだろう。その際、「応用」ということを、あんまり大げさなものと考えないことが肝要である。はじめからピカソやゴッホみたいな絵は描けないのと同じ。しかし、パターンさえわかってしまえば、あとは自分でできる。

このような私の意見は実行するにしてもかなり困難が予想される。たとえば、「応用」を具体的にどういう形で学ぶか、ということになると、今の専門ゼミとは相当ちがったものを考えねばならなくなるだろう。しかし、科目編成や内容をもっと見通しのよいものにしていくことは是非必要なのではないか。法律を一部の人々の独占物にしないためにも、そして、教育成果をあげるという意味でも。たとえば、民事訴訟・刑事訴訟・行政訴訟など、バラバラに教えるより、訴訟として一括した方がわかりやすく、相互のちがいと特徴もわかり、時間もかからないのではないか。こういった工夫をしていくことで、「普通の人々」、つまり「地域」に開かれた法律というものを想定することが現実的に可能になっていくのではないか。私としては、84年度の基礎ゼミを、「山」づくりの一つの実験としてやってみたのだった。教員・学生の皆さんの意見や、批判もきいて、私の意見の方向でいいということならさらに具体的な内容を考えていきたいものだと思っている。

（1985・2・2脱稿）

7　二度目のメキシコ――1984

１９８４年は前述のように、翌年のブラジル滞在に備えてマウロ先生のところでポルトガル語を勉強していた。

１９８４年に書いた「無題のノート②」というノートに、6月28日に娘を近くの公園に連れて行ったときのことが書いてあった。

娘は三日ばしかのあと、また熱を出して、それが引いたばかりで元気がなかった。確か、このときひきつけを起こした。妻の母が早めに娘を保育園から連れて帰ったので公園に連れて行ったのだが、まだ日が照って暑いので、二人でベンチに座っていた。

5、6名の女の子が来て、遊んでいた。大きい子が娘に、何歳と尋ねた。

「3歳」

「おじさんどこの人?」

「この町に住んでるよ。すぐそこ」

納得しない顔なので、

「東京から来たよ」

「東京?」

「知ってるの?」

「知ってるよぉ。ちょっとメガネはずしてみて」

ハァとはずすと、ニタニタしながらみんな見ている。「見えないよー」とふざけて言う。

「相当違うわねぇ」

「どっちがいい？」

「かけた方がいい。気持ち悪い」

大きい子が、「おじさん、この子の何なの？」ときく。

「おじさん」

と娘が答える。

「そーじゃないでしょ、お父さんでしょ」

「ううん、おじさん」

まいった。まあ普段、あんまりめんどうみないから、仕方ないか。

女の子たちは、うさんくさそうに私をみていたが、やがて、「あっちへ行こ」と大きい子が言って、滑り台の方へ行ってしまった。

同じノートに、ちょっと前の6月11日、私の講義をテレビ撮影しに来たときのことが書かれている。この日、教務部長から家に電話があって、日本テレビが私のII部の刑法各論の講義を撮影したいそうで、大学側も趣旨がよく分からないようだった。夜大学に行ってみると、日本テレビの人が4、5名来ていた。ディレクターが名刺をくれた。森口豁と書いてあった。話では、昔、南灯寮という東京にある沖縄出身者用の学生寮にいた知念という学生が講義をきいているので、その場面を取りたいのだそうである。ＯＫして撮影してもらった。15分ぐらいで終わった。当の学生はニコニコして上機嫌だったが、周りの学生は緊張していた。私は、講義を始める前はちょっと緊張したが、始めたら撮影のことは忘れて普通にできた。知念という学生は、ひめゆりの塔事件の犯人で、服役後、大学で学んでいたのである。その後親しくつきあうようになった。そう言えば、ちょっと時期がずれるが、有名な白旗の少女も大学生として学んでいた。II部にはいろんな学生がいて面白かった。私の方が教えてもらうような感じになることも多かった。

この年の夏は、歯の治療があって、すぐには旅行に出発できなかった。治療が終わる時期のメドが立ってから、まず、インド南部に行こうと思って旅行社に頼んだが、満席で予約が取れなかった。仕方なく、タイのバンコクからシンガポールまで陸路で旅行することを考えたが、これも、タイまでの便の予約が取れなかった。それで、待っている間、宮本常一『民俗学の旅』(文藝春秋、1978年)をはじめ、いろいろ本を読んでいたら、読み過ぎて、目が疲れた。私は普段でも難聴である分普通の人より目を酷使していて、旅行を続けてきている理由の一つに、強制的に目を休めないとつぶれてしまいそうだということもあった。やっと9月から10月にかけてメキシコを旅行できた。だんだん夏休みの残り時間が少なくなっていく中で、とにかくどこかに行きたいという感じで動いたのではなかったかと思う。旅行に出発する直前から「哲学・第9部」を書き始め、旅行中もこれを書きながら移動していたが、記録を見ると非常にあわただしい旅だった。「哲学」のノートに書いたのは、私の哲学というのには「もう一人の自分」が出てきて、支え役として非常に重要な役割を果たしていたのだが、沖縄に来てからはこれが消えてしまい、支えになるものがなくなったので、思い切りのよさもなくなって、臆病になったというふうに自分では感じていて、で、今後どうやって支えていけばよいのかという問題意識があった。

1984年に書いた「夏のエッセー」という題のノートでは、その最初に、「二心の人」という言葉を使っている。当時、私はこの言葉に魅力を感じていたようである。例えば、仕事にしても、いったん抹消した弁護士登録を1983年にまた再登録した。金儲けしたいということではなく、二つ仕事がある方が気持ちが落ち着いた。大学に一「所」懸命なんてごめんだという感じがあった。再登録した頃はあくまで黙認という形だったが、その後法科大学院ができてからは弁護士登録をしていることはおおっぴらに表に出せるようになった。

そういえば、1981年にナイロビで知り合った女性とも、記録が残っていないので時期はハッキリしないが、たぶんこの頃までつきあっていた。これも、二心であろう。しかし、二股かけるというのでもないのである。真剣につきあった。ただ、その女性とはいくら付き合っても「生活」がイメージできなかった。弁護士的には別の見方になるが、それでも「行方の分からない関係」というのはステキである。

二度目のメキシコ旅行について、「哲学・第9部」の記録をもとに以下に記したい。

1984年の9月18日に沖縄から上京して翌日ロサンゼルス（LA）に向かった。

出発前日、東京小平の自宅にて。

「小平に着いてから、母に、本当によく動くものだと人に言われ、妻からも少なくともはじめは反対を受けた旨言うと、母は、でも元気で旅行できていい、と喜んでくれているみたいで、ありがたく感じた。運というのがあって、今回の旅行準備では不思議なくらいつまずかなかった。ちょうどテレビで円安だという報道をしていたが、昔ドルが安かったときにたくさん買っておいてあったので、今回特に買う必要もなかった。

ガイドブックとして鴨井信政『メキシコ・グアテマラ旅の本』(プレイガイドジャーナル社、1981年) は非常によい。昨年ちぎって旅行者にあげてしまったので、2冊目を買ったのだが、何冊買っても損はないという気持ちにさせてくれる。」

1984年9月19日成田空港にて。

「この前メキシコに行ったときのノートを読んで面白く感じたのは、寿里順平先生が、旅行中は自分の方から話しかけないとおっしゃっているらしいことである。その本を今持っていないので文脈が分からないが、私としてはマネしたい態度である。こちらからは話しかけないけど、話しかけられれば答えるという態度は示唆に富んでいる。まあ、メキシコにいたら黙っていてもあちらから話しかけてくる。」

9月19日　LAリトルトーキョーのアランホテルにて。

「正確には20日の午前2時43分。眠れないから書いているのではなく、午後10時過ぎにホテルに着いて、302号室に決まって、ぐっすり寝ていたら、午前1時にいきなり起こされて、荷物を持って下の事務室に来なさい、と。合い鍵で勝手に入ってこられたのにはとにかくビックリした。下に行くと、別の、日本語を話す受付（この人がチェックイン手続きをした）が、手違いでしたと謝り、コーヒーはどうかと言って、自動販売機でコーヒーを作って私にくれて、部屋に戻ってきた。このコーヒーのせいで目がさめてしまった。まあアメリカの、しかもLAだから、何が起こるかわからないって感じはある。

あのね、私にとって旅が「楽しい」ものであったことがあるのかね。私はなんで旅するのか。「旅が好き」とは結果論みたいにきこえる。「考えない訓練」かな。

モンテーニュの第3巻第11章を見てみようとめくったら、第3巻第3章「3つの交わりについて」が出てきた。その最初に次のように書かれている。

「あまりつよく自分の気分や気質に執着してはいけない。我々にとって一番肝心な能力は、いろいろな習慣に順応できるということである。唯一つの生き方にいやおうなしに拘束されているのは、「在る」のであって「生きる」のではない。最も立派な霊魂とは最も柔軟で変通自在な霊魂である。」

考えてみると、LAに日本から着いた日に一人で泊まったのは初めてであり、その興奮があると思う。今日はちょっと苦しいけど、すぐ慣れる。時差ボケもあるし、タバコボケ（機内で隣に座った日本人がくれて、結局5、6本吸ったと思う）もあるのかもしれない。」

9月20日　フェニックスからエル・パソのバス内で。

「「他人は救いとなるか」「他人は助けとなるか」モンテーニュ流に答えれば「友ならば」ということになるだろう。私の場合、日本国内では友さえ無用といった趣がある。国外に出た今は、他人がいてくれるだけで気が休まるということがある。しかし、マウロ先生とつきあっているうちに、国内の方では変化が出ているかもしれない。

そもそも「自足」した人が旅をするのだろうかという基本的な疑問もある。少なくとも、動かないままで満足しておれる、のではないでしょう。」

9月21日　チワワ行きバス内で。

「朝6時半にエル・パソに着いて、歩いてボーダーを越え、シウダードファレスに入る。しかし、入国スタンプを押してくれないので、人にききながらイミグレーションを探す。両替店はみな閉まっている。タクシーの運ちゃんが話しかけてきて、バスディーポまでは4マイルでとても歩いてはいけないよ、と。しかし、メキシコのカネを持っていないんだよ、と言うと、レストランに連れていってくれて、そこではちゃんと両替できた。50ドルで1万ペソ以上来たので、200以上のレートになっている。タクシー代4ドルでOKし、バスディーポに行く。確かに遠かった。8：30

発のチワワ行きのバスに乗った。10：35に最初の休憩があり、食事ができた。メキシコに入って何の心配もなくなった。景色もやわらかく、親しみがあるように感じるのだからすごい。バスは、かなり暑いのに冷房していない。それがすごくいいことのように感じられる。」

結局入国スタンプなしでメキシコ国内を動いた。入国スタンプなしで動けるのはシウダードファレスの近隣だけということだろうから、後述のように、最後にティファナから出国するとき引っかかった。が、結局おとがめなしで出国できた。

9月21日　チワワのホテルで。

「文字通り名もないホテルにいる。500ペソだから2・5ドル。

チワワの町にバスが入ったとき、大きいなあと感じた。バスターミナルはセントロ（センター）の入口みたいなところにあるようだ。セントロの方に歩いていくと、ほどなくプラサに出たので、宿もその近くの今いるところに即決した。

銀行はもう閉まっていたが、トラベラーズチェックも両替可能な両替屋があった。1ドル190。ちょっとレートが落ちるが、ありがたい。屋台に座ってタコスを食べる。隣に座ったおじさんと同じのにする。タコスの中にアヴァカーテ（アボカド）が入っているとおじさんが言う。それで思い出して、マウロ先生から持って帰ってくれと頼まれたサポーテのことをきくと、ここの市場で売っているとのことだ。タバコの1本売りをしていて、今朝のタクシーの運転手が吸っていて私にもくれたBareighというのをおじさんも吸っていたので私も1本買う。うまい。やめられそうにないなあ。あと、バーの場所を教えてもらい、ビールを飲んでからホテルに戻って寝た。夜9時半まで寝た。やっとまとまった睡眠が取れた。起きてから散歩に出て、ビステック・コン・パパス（ビフテキとフライドポテト）を食べ、プラサで休んで、そこでタクシーの運ちゃんと雑談してから、ビールを水がわりに買ってホテルに戻ってきた。

落ち着いた。どこに行っても話ができる。外来者としてはとても息がしやすい。空気がとても乾燥している。米国がつまらないのは、バスで旅をしても着いたときの楽しみがないからである。」

9月23日　メキシコシティのモンテカルロホテルにて。

「今日、マウロ先生から頼まれていたO氏宅訪問が終わった。O氏はちょうどLAに出張中で留守で、日本語をふつうに話せるのは奥さんだけ。元生徒の息子さんにマウロ先生から頼まれた日本語の教科書を持っていったのだが、彼はもう日本語を勉強していないようで、当惑した様子だった。奥さんにきいてみたら、サポーテは4月から5月頃しかないそうで、今の時期はないということだった。もう一人、マウロ先生から紹介を受けた獣医は、なんと今夫婦で沖縄に帰っているそうで留守だった。出発したのは15日ぐらい前だそうで、会おうと思えば沖縄で会うこともできたのでバカみたい。

今後の旅程については、メリダに、行きは飛行機で行って、陸路でメキシコシティに戻ってきてから、ティファナまで飛行機で飛んで、ティファナからバスでＬＡに戻ろうと決めた。ティファナまでだと飛行機は国内線になり、ＬＡまでと比べて半分の値段だし、もし接ぎ木苗が見つかった場合陸から入った方が入りやすいだろう。シウダードファレスで入国スタンプをもらわずに入ったので、エル・パソとシウダードファレス間と同じような出入国手続になるティファナなら何のチェックもないのではないか。」

サポーテ（Zapote）をネットで検索してみたら野菜ではなく、果物のようである。写真を見るとオレンジ色である。

ブラジルでよく見かける野菜にシュシュがある。ネットの記事によると、日本名はハヤトウリ。ブラジルや日本はおろか世界の温帯全域でまんべんなく食べられている野菜で、ブラジルではスープやグラタンにする一方で、旬ならばサラダなどの生食も好まれる。ウリ科の野菜だけあって利尿作用が高く、高血圧大国でもあるブラジルでは、健康野菜としても人気の野菜である。マウロ先生からサポーテの種を持って帰ってくれと頼まれたとき、私はシュシュのことだろうと思っていたのだが、こうして調べてみると別のものですね。

9月24日　同前。

「夕方隣室のイワホリミチオ氏のところで話していたら、モンテカルロホテルに泊まっているペルー人が来て、私が沖縄から来たときくと、沖縄の人がいるという。ヴィクトール・カミザトさんで、やはりモンテカルロに泊まっていた。カミザトさんはペルー生まれのウチナーンチュ三世で、言葉はスペイン語のみだった。彼は漫画を描いている。ほかに絵もあった。メキシコに来てもう5年。どたばた騒がしい(暴力があるということか)ペルーは嫌いで、それでメキシコにやってきたという。漫画はたくさん描いているそうで、パリの雑誌でのインタビュー記事があった。おカネができたらパリに行きたいそうだ。両親は農業のようだが、彼の仕事に反対して、その反対を押し切る形で一人でメキシコにやってきた。今は奥さんもいる。他のきょうだい5人はみんなペルーにいるそうだ。親戚が今も沖縄に住んでいるそうだが、彼自身はその住所すら知らない。コザだそうだ(拙著『旅の深層』84頁参照)。

夜、やはりイワホリ氏のところで話していたら、メキシコ内を旅して帰ってきた人が来た。この人は6年前に初めてメキシコに来て以来メキシコにとりつかれたようである。今回はすごい田舎に行ってきたそうで、まるで夢みるような感じで話してくれた。33歳で、出身は東京。会社の仕事で米国にはよく行くそうだ。落ち着いて、潤いもある人だった。

イワホリ氏もおもしろい。国鉄の車掌をやめて飛び出してきた。やはり33歳。これからメキシコでスペイン語の基礎を固め、それからメキシコを回ってみたいといって、下宿を探していた。彼もまた観察が正確で、そして包容力のある人と見えた。」

9月25日　メキシコシティからメリダへの機内で。

「昨夜は興奮して、ほとんど眠れないままにメリダに向かう。アエロメヒコ。小さな飛行機で、操縦席の扉も開けてある。」

9月25日　メリダのホテルアラモにて。

「空港で市内バスが見えたので走っていって乗る。あらかじめ機内で地図を見ておいたので、どこを動いているのかよく分かった。バスターミナルの手前で飛び降りる。その目前にホテルアラモがあり、そこにいる。はじめは暗くていやだなと思ったが、暑いところなので太陽を避け、そして蚊が入らないように網が張ってあり、大きな扇風機がかかっていた。ホテル代が774ペソと半端な数字なのは税金のためか。

ちょっと休んでからバスターミナルに行くと、ちょうどウシュマル遺跡を通るバスが出るところだったので飛び乗り、見てきた。30分しか見れなかったが、私にはこれで十分である。夕方7時過ぎに戻ってきて、食事をしてからホテルに戻っている。

メキシコシティで日本人と一緒にいるとやっぱり気が弱くなってしまうと思うが、一人になって動けばそれはすぐに抜ける。」

9月26日　同前。

「チチェンイッツアに行った。インドのエローラを思い出した。どちらでも歩き疲れたが、ここは階段の石が丈があって登るのが大変だ。この神殿をつくったのは相当大きな人びとだったのか？周囲の樹海はよかった。白人旅行者はすべてリュックを持ってきていて、そのままイスラムヘーレスへ行ったのではないか。動き方としてはこの方が合理的である。それに、メリダは活気がない。さびれていくのではないか。」

メリダでピタヤ（Pitaya）という桃色の、直径7～8 cmの果物を食べた。中は薄い灰色にごま塩のような種。これはドラゴンフルーツですね。この時初めて食べた。

9月27日　チェトゥマルのホテルブラジリアにて。

「ベリーズとの国境チェトゥマルまで来た。バスの客にベリーズの人が混じっていたと思う。メキシコは黒人は少ないが、バスの中で何人かみかけた。白人も、顔つきがラテンの顔ではない。カリブから来た人たちがいるそうで、ああそうなのかと思った。

チェトゥマルまでのバス内で、今後の予定を立てた。モンテカルロでオアハカがいいときいたので行ってみようと決めた。チェトゥマルに着いてから、バスの乗り換え場所としてビジャエルモサ（グーグルマップではビヤエルモサ）を考え、切符も買ったのだが、それより、もうちょっと先のコアツァコアルコスまで行った方がいいだろうと思われた。コアツァコアルコスまで行くバスが22：30に出るので、これに乗ろう。切符をビジャエルモサから変更して、それからチェトゥマルの町を歩いた。ポジョフリート（鶏のから揚げ）を食べ、ここは自由港で免税で安いので、持ってくるのを忘れためざまし時計を買った。1172ペソ。正確に動けばだが、いい値段だ。Tuna というサボテンの実を買って食べた。甘ったるい。」

9月29日　オアハカのホテル・デル・バジェにて。

「コアツァコアルコスからテワンテペク（サント・ドミンゴ・テワンテペク）という、太平洋岸に近い町まで行き、さらに乗り継いでオアハカまで来た。強行軍だったが、コアツァコアルコスまでのバス内ではよく眠れたし、テワンテペクに着いてからはバスターミナルそばのホテルで11時間寝た。動いてみると、今の季節は果物の種類は少なく、探す楽しみはあまり味わえなかった。人々はこちらから話さないと話しかけてこないように思われる。道をきくとほぼ正確に教えてくれるし、かつ、ていねいである。向こうから話しかけてきたのは、今さっき、オアハカの2等バスターミナルに着いたところで21歳の青年が話しかけてきたのがほとんど初めて。私の動きが速すぎて、そういう雰囲気になっていないせいも大きいだろう。

オアハカは、今度の旅で最高だった。空気がいい。人も穏やかで、しかも活気がある。ゆっくりできる感じ。情報が少なくて、感じだけでは説明がうまくできない。オアハカの博物館は静かだった。中庭がよかった。」

オアハカへは2等のバスで行ったのだが、値段は1等とほとんど違わない。しかし、停車する町が多く、乗っている人もインディオが多かった。気取っていなくて、快適だった。オアハカの町は最高だった。空気がいい。人も穏やかで、しかも活気があった。ゆっくりできる気がした。人の顔が、他の町とちょっと違う。インディオの比率が高い感じがした。そして、犬が多い町でもあった。野良犬かどうかわからないが、大きく、しかも、毛がきれいな犬が多く、雑踏の中でも平然と寝ている。

『Mexico & Central American Handbook』（1996年版、Trade & Travel Publications）の地図を見ると、オアハカの2等バスターミナルは鉄道沿いにあり、その隣が大きな市場である。古い市場のようで、非常に活気があり、何でも売っている感じだった。私に話しかけてきた青年はブレヒトの『Escritorios Politicos y Sociales』というスペイン語訳の本を持っていた。私がメキシコの社会構造について知りたい、というと、そういった本を出している出版社名を教えてくれた。記憶ではそこから鉄道に沿って歩いて、セントロからちょっとはずれたところに宿はあった。その宿のことはモンテカルロホテルで教えてもらったのではないかと思う。ハンドブックでは、ホテルではなく、D(ドミトリー)となっている。

2012年3月に娘とメキシコに行ったとき、オアハカには是非もう一度行ってみたかったのだが、沖縄県人会会長との約束が入って果たせなかった。メキシコはスペイン語学習にはいい場所なので、また行ってみてもいいなと思う。

9月30日　オアハカの1等バスターミナルにて。

「バスターミナルに朝6時前に着いたが、7時のバスまで満員で、7：30発になる。あと1時間ある。

パンアメリカンハイウェーは相当こんでいるが、それに比べるとメリダ―メキシコシティの線はがら空きである。メリダで、LAに住んでいて、ユカタン出身だという若い酔っぱらいが、私が夕食を食べているところにやって来て、一人でしゃべりまくった。あんたは英語をしゃべるかね、と私にきき、少し（ポキート）、と答えると、英語で答えてないじゃないか、と言う。スペイン語で話してくれた方がいい、と言ったのだが、彼はいつの間にか英語になった。1万ペソ札がたくさん入った定期入れを見せてくれて、こんなに持ってるんだぞと誇らしげに言う。そして、自分はアメリカンシチズンだと言って、ソーシャルセキュリティのカードも見せてくれた。出身はどこなの、ときくと、「ユカタン」と答えたのだった。確かにこの半島はメキシコの他の地域とは違うんでしょうね。

観光地なのでアメリカ人のツアーはたくさん見かけた。乙女のようなかっこうをしたアメリカ人のばあちゃんがじいちゃんに手を引かれてやってくる。売店のおばさんが、コインで払われた代金を数え間違えて、じいちゃんがカッと怒ったところで、にたりと笑って、余分を返していた。わざとやって楽しんでいるように見えた。こういう遊びが好きみたいだ。

メキシコではユカタン半島の地域はどう扱われているのだろうか？　メキシコのツーリストオフィスが作成した地図を見ると遺跡だらけである。バスで走っていてすごく不思議に思ったのは、バスの走っている幹線と交差する道が少ない。道の周辺はかなりが畑になっているのだが、この畑がどこまで続いているのだろうかと思った。細い道がどこまでも続いていて、畑もどこまでもあるのか、そうじゃなく、道端だけが畑なのか。そういえば畑を耕している人を見たことがない。メキシコの土地の所有関係はどうなっているのか。見た感じでは、大農場って感じの畑は少ない。コアツァコアルコスからテワンテペクへ向かう途中見た畑（多くはトウモロコシ畑のようだった）の区分けを見ていたら、1区画の面積はそんなに広くない。メキシコの土地関係については是非調べてみたい。

一種の階級みたいなものはあるのだと思う。バスも1等と2等とでは、歴然と言うほどでもないが、確かに差がある。2等に乗っているのはインディオといわれる人たちが多いのかな。でも、インディオでも、金持ちふうの人もたくさんいる。貧富とはあまり関係ないみたい。飛行機の客は、これはもう圧倒的に西洋人。そうすると1等バスに乗るのはプチブルなのかな。」

9月30日　オアハカからメキシコシティに向かうバス内で。

「乞食は思ったより少ない。食うものはあるって感じ。農業国の強みなんでしょうね。子どもの物売りは相変わらず多い。おもしろい子が多い。お互い助け合うという気風は弱いようだ。家族のまとまりはよい。恋人たちのくっつき具合もまあまあ。

鴨井氏の本で問題があると思うのは、メキシコ人の「やさしさ」の捉え方。日本流の捉え方になってしまっていると感じる。

　どういうわけか知らないが、このバス、ヤケに長い停車中である。プラサの前に停まっている。プラサのベンチに腰掛けて人びとがくつろいでいるのが見える。」

　9月30日　メキシコシティのモンテカルロホテルにて。

「モンテカルロホテルに午後8時前に着いた。長い旅だった！　8時間で着くとすると午後3時半には着いているはずなんだが。運転手が時間にいいかげんで、それが昼間は楽しかったのだが、夕方暗くなりかけてラッシュにぶつかった。すごいもんだ。

　メキシコシティに着いてから、タクシーの運ちゃんが客引きに来た。南でなく東のバスターミナルに着いたようで、ソカロまできわめて近かったにもかかわらず、ちゃんとターミナルで切符を買って乗ったのに800ペソ。どう考えても高い。切符売り場がグルになっているのではないか。

　再会を楽しみにしていたイワホリ氏は出てしまっていた。下宿が見つかったようだ。このホテルに長居しないというだけでも、イワホリ氏は見込みがある。沖縄三世には会った。久しぶりにゆっくり眠れるのが嬉しい。」

　メキシコシティ周辺の交通渋滞は当時、世界最悪の状態だったと思われるが、2012年3月に訪問したときは以前より改善されたように感じた。これは、ラテンアメリカで最長のバス・ラピッド・トランジット（BRT：専用レーンが整備されたバス）システムを整備したことが功を奏したのだと言われる。また、2010年に導入された公共自転車レンタルサービス「Ｅｃｏｂｉｃｉ」（エコ自転車）のスタンドも見かけた。市内90カ所近くにスタンドが設置されているという。グアテマラシティでもBRTが導入されていた。

10月1日　同前。

「「たくましく考える」とは「弱さ」を消すことではなく、「弱さ」は「弱さ」としてそのまま認めながら、それを包容していくのがたくましく考えるということではないか。でもたんに「強さ」、「弱さ」を認識するだけに終わっていいのか。それについての評価があってしかるべきではないか。そして、その評価の仕方による分類というものがあってしかるべきではないか。

私の場合、「弱さ」に非常に敏感だったがゆえに「私」というものの検討作業がなされ始めたと考えられる。その際、「弱さ」の反面として「強さ」というものが与えられていれば、それに合わせていって、「強さ」の領域を増やすことが「鍛える」ということになるのかもしれない。いわゆる努力家タイプを思わせる。私は、「弱さ」は十分知っていたが、そういう私をイヤとは思わなかった。フッフッフッと楽しみながら見ることとさえあった。

「社会性」（つまり世間）というものが私の場合難聴という身体的条件から強制的に与えられていて、それに合わせることは絶対に必要で、ここに私と「私」の分裂が生まれたのだと思う。ただ、私の場合、「社会性」とは「強さ」の表現とはあまり感じられなかった。いや、はじめからそうだったというよりは、段々そうなってきたという方が正確だろう。「私」の検討が私を「社会性」から独立させる方向へ向かわせたようである。そして一時は、「反社会性」が私における社会性の内容となった趣きさえある。

年を経ても私は老いてこなかった。成熟願望は常にありながら、なおかつ私は依然として子どもっぽく、ふざけるのが好きだった。そういう私の好みに合わせて「私」も構築されてきたようである。だから私の場合、社会学が実は哲学なのである。

イワホリ氏の下宿に行った。1区画の借り主が細分して又貸ししていて、4人が1区画に同居している。月7000ペソだそうである。火は使えないし、大きなものの洗濯もできない。ブルガリアからもう60年も前に移民してきた82歳のおじいさんがいて、この人がスペイン語の相手をしてくれるようである。かつて1978年に、あるいはこういうことをするかもしれないと私は思ったのだった。イワホリ氏の度胸のよさに感嘆する。

帰り、ザーザー降りの雨だった。イワホリ氏が大きめのビニール袋をさいて、カッパがわりにくれた。といっても頭だけ。大いに助かった。この人のことは忘れられないだろう。」

10月2日　同前。

「オアハカは犬が多かった。その点もサンミゲル・デ・アジェンデと同じだと思った。野良犬かどうか分からないが、大きく、しかし、毛はきれいな犬が多く、雑踏の中でも平然と寝ている。

400ドル両替したことは、両替したときは基本的なミスだと思ったのだが、結果的にはたいへんよかった。途中で両替する必要がないし、妻の次兄から頼まれた刺繍を今日買ってみないと分からないが、余るにしてもそんなにベラボーではないだろう。余った分はドルに替えればよい。結局、メキシコでの生活代（ホテルと食事等）は結構かかるということでしょう。ラテンアメリカの中では、やはり生活費は高い方に属する。

今日はティファナに向かい、あとLA、そして帰国と続く。そのせいか、ちょっと興奮しているようである。

「自足」は得られたであろうか？　沖縄にいて私は自分が死んでいくような焦りを感じたのでしょう。まっ、いずれ死ぬんですけどね。このようにして死ぬのでは、と思ったのでしょう。今回の旅ではイワホリ氏の他、カミザト氏にも心を打たれた。彼のように、平安に異国のまた異国で生活をしている人を見て、感銘を受けた。私の精神はまだそのようには鍛えられていないようである。私の「自足」は多くを祖国に負わざるを得ない。祖国の中でも沖縄の占める比重の大きいことは感じた。であるからこそ、私は沖縄が世界に開かれた地であることを祈らずにはおれない。この5年あまりの歳月は、否応なしに私に「沖縄」を刻みつけたようである。外ばかりを見ていた5年であった。沖縄について何も読まず、知識としては何も知らない。しかし私なりに「沖縄」は根をはったように感じられ、かつ、それは好ましいことでもあれば運命でもあるのだろう。これからどれぐらい沖縄を居住地とするか分からないが、運命に従うという気持ちにはなれたようである。この「哲学・第9部」を書き始めたときにこういう言い方がたまらなくイヤだったようであるが、今は抵抗を感じない。

そういう意味で、この旅行によって「自足」の念を得ることはできたようである。得ることができた、というよりは「哲学」の基本的な系譜を思い出したのだろうね。「守られている」と感じざるを得ないのである。力の限りを出すということが私のツトメのように感じられる。「私の企画」「私の望み」を彼方のものとして、しかしできる限りの力で追ってみるとき、私は「自足」しているのだろう。しかしそれは「善悪の彼岸」でもないだろうし、「強弱の彼岸」でもないのではないか。つまり、「フツーの人」だと、私は私自身のことを思うのですね。

私より大きな何かがあることは十分に感じ、今のところそれに対して感謝の念をも持てるようになってはいる。私の場合、「自己満足」かもしれないが、その念に到達する前に力の限りを尽くすという過程が必要のようである。沖縄では実際頑張ってきたのだが、にもかかわらず「自足」の念は得られない。体重の変化を見れば分かる。これは沖縄という場所のせいなのか、それとも仕事のせいなのか。私は沖縄以外で仕事をしたことがないので、よく分からない。

私はなぜ外国に出るのか。動かないとつぶれてしまうと本能的に感じたからではないか。それは、仕事に自信が持てておらず、それで見通しがつかないってことじゃないですかね。「世界」を見ようと5年間頑張ってきて、今度の旅行前ある種の退屈を感じた。ステレオタイプ化された世界を見ていたのではないか。動けばいいってもんでもなかろう。

沖縄については、息をさせてくれる地だと思う。ただちょっと空気が動かなすぎて、時々窒息状態になるのかもしれない。私はバガブンド（放浪者）になりたいのだろうか？

今回の旅で「自足」の念を得ることができたようだ、というよりは、ボーッとして何も考えない時間に恵まれたということなのかもしれない。私がフツーの人だといっても、思えば何の趣味もない人間である。」

沖縄も外国だ、というふうに考えればよかったのかもしれない。

これを書いていて思い出したのは、柳原和子『「在外」日本人』（晶文社、1994年）に収められている、「島のなかの島」である。赤嶺歩という、沖縄からキューバに来て10年になる22歳の青年の話を収録している。彼は国際映画学校で学んでいる。キューバは非常に貧しい国だが、教育や文化には惜しみなく投資するのである。その彼が言っている。

「今、ペルーにいる日系人のほとんどが日本に出稼ぎに行っているでしょう？　馬鹿だなって僕は思います。」楽な生活は誰だってしたいだろうが、「人間って夢を抱いて、それをかなえようとしなければ意味がないでしょう？」と。

10月2日　メキシコシティの空港にて。

「お土産だからといって高くはないんだね。妻の次兄からウィチョル族のタブローを頼まれたときは刺繍といわれたのだが、みな毛糸でやるんですね。そして、台はガッチリした板なのだ。民芸博物館に行くとすぐに見つけることができた。残念ながら大きいのがすばらしく、小さいのは迫力が落ちる。でも、クラクラッとするような雰囲気がでているのがあり、小さいのを一つ買った。それでもリュックには入りきらない。妻の兄が持たせてくれた利根山光人『メキシコ民芸の旅』(平凡社カラー新書45、1976年)の写真をこの2、3日眺めていたら私も気に入ったので、私の分も買うことにした。これが1200ペソ。1万2000ペソの間違いじゃないかと思った。値段のつけ方が日本とは違うみたいである。一番大きなのが6000ペソ。

あと、メキシコDF(連邦区)の民法典を買った。今日初めて気がついたが、民法は州ごとに別々である。そうすると国際私法に相当する州際法もあるのではないかと思われるが、見あたらなかった。それと、民法のしょっぱなが親族法になっているのを面白く感じた。相続法は民法とは別になっているみたいである。外国人関係の法規集があり、これが相当厚かったのもおもしろく感じた。

買い物をしたので荷物が相当重い。果物もあるし、人のための旅もラクじゃない。疲れた。

空港にはあちこちに四角のたこみたいなものがぶら下げてある。これはウィチョル族のオホ・デ・ディオス(ojo de dios = 神様の目)であろう。」

オホ・デ・ディオスについてはネットで検索するといろいろ写真が出ているのでどういうものか分かる。このように書いていていたら、ブータンではトラックのヘッドライトの上に必ず目玉が描かれていたのを思い出した。懐かしい。

10月2日　メキシコシティからティファナへのアエロメヒコ機中で。

「15：00発の便に乗るのだが、実際に乗ったのは15：40になってから。

今朝メキシコシティを歩いているとき、ショーウィンドウに映った自分の顔を見て、やっぱり年取ってきているなと感じた。死ぬときも段々近づいてきた。でも生き生きとやっているもんだから忘れてしまう。80歳ってどうなんでしょうね。今書いているのもしょせん35歳の哲学でしかないのだろう。これまでの経験からすると、私はかなり容易に「死にたい」と思ってしまう。体力が落ちるとそうなるので、安穏な死は約束されているようにも思われる。しかし、中央アフリカでマラリアにかかったときは「死ねない」と思った。

今機上からメキシコの中央部を見ている。平原ではない。高地はある程度細分化されざるを得ないだろう。池は多い。小さな集落が分散して点在している。

16：34、アグアスカリエンテスに着いた。名前からすると温泉があるのだろうか。ペルーのマチュピッチュの手前の町も同名である。

私が沖縄に行ったのは、以前書いたものからすると移住地を求めていったのだと思う。それが外国になったからといって悪いことはないだろうが、私の場合耳の問題があるから、その可能性はかなり小さいように思う。どれぐらいポルトガル語が聞き取れるようになるか。この目標が完全に達成される見込みは低い。

19：07、バハカリフォルニアに着いたようだ。下は砂漠の山。今回の旅行のことを思い出そうとしてもボワーンとした一つの雰囲気にしかならない。この雰囲気を味わいに来たんだよな。川が見える。

人々が楽しんでいる中で、私は私で楽しむこと。」

10月3日　ティファナのホテルサンニコラスにて。

「メキシコの紙幣はみんなくちゃくちゃ。よっぽど使われてきたみたい。そしてコインは必要以上に大きい。チップがないからアメリカのように小銭を用意する必要はなく、ポケットが重くなるだけ。時々コインだけ使って買い物して、重みを減らす。物価が上がったため、コインの価値はすごく小さい。

昨日の夜懐かしのティファナについたのである。アメリカ側のサンイシドロとティファナとの間にかかっている橋はコンクリートの立派なものにかわっていた。バスターミナルの中は昔と同じである。ここの両替屋で1万ペソをドルに替えた。49・9ぐらい来た。

10月3日　サンイシドロのグレイハウンドバスターミナルにて。

「今LA行きのバスに乗ったところ。

国境を歩いて渡ったのはよかった。やっぱりエル・パソからメキシコに入ったときはちゃんと入国手続きをしなければいけなかったことが分かった。係の人たちも、相当ビックリしていたようだ。アメリカ側の国境では荷物検査があった。手提げ袋の果物はもちろん発見されたが、没収されなかった。ヘンだなと思う。リュックは、係の女性、見ただけでうんざりした様子で、ＯＫとなった。」

10月3日　サンディエゴのグレイハウンドバスターミナルにて。

「昨夜泊まったティファナのホテルは1泊12ドルで、食事も他のメキシコの町よりちょっと高い感じがしたが、でもやっぱりメキシコですね。今サンディエゴまできて、何とご清潔な町だろうと驚いた。アメリカは時間は確実な国で、ここでは時刻表はアテになる。」

こうしてＬＡに戻ってきた。

10月3日　ＬＡアランホテルにて。

「昼にチェックインしたとき、今回は私のことをおぼえていてくれて、好意的なようだ。受付で働いている沖縄のおばさんは、私がチェックインしているときにやって来たが、はて誰だったかと考えている様子だった。アランホテルは雰囲気が変わってきている。ロッジング、つまり下宿は不可、と書かれ、ロビーから新聞がなくなった。日本人の若い人を全く見かけない。来年来てみれば、もっと変化がよく分かるだろう。

アランホテル隣の来々軒はセルフサービス式にかわって、チップの心配はしなくてよくなったが、ちょっと味気なくなってしまった。リトルトーキョーには観光団が来ていた。松坂屋のところによく観光バスが停まっている。

羅府新報近くにあるハンバーガー屋のコリアン氏にもさっき会った。非常にやせた。まだ店は工事中だが、そこに奥さんも来ていた。奥さんに頭が上がらず、工事にもあれこれこき使われている。あわれなところがステキである。

さっきまでLAのダウンタウンを歩いていたのだが、ブロードウェイのマーケットを見てびっくりしてしまった。メキシコで珍しいと思った果物のほとんどがあるではないか。わざわざ苦労して運んできたのがバカみたい。メキシコと連続しているってのが物的に分かっちゃった。ブロードウェイでは警察につかまった男が車に乗せられるところだった。喧嘩のようである。道端に座り込んでいた酔っぱらいが連行されるのも見た。白人の若い乞食はヘンに思われた。スパニッシュと黒人は元気のようだ。暗くなるまでに全部やってしまわないといけないという町はとにかく不便である。とても住めない。アランホテルの受付の金網、電動式の扉を見ると、一日で十分という感じ。」

10月4日　LA空港ゲート102にて。

「まだ時間があるが、用事も別にないのですぐに待合室に入った。ノートも残り半分になった。下らんことばかり書きとめてきたようだが、とてもよかった。いつもこういうふうに旅したい。

アメリカはある程度いないとピンボケというか、調子がうまく合わない。テンポが違う。

昨日、日本食の店に置いてあった読売か毎日にノーベル賞をもらった江崎玲於奈氏のエッセーが載っていて、江崎氏の友人がアメリカに住んでいたが自殺して、それは自己主張社会であるアメリカ社会に殺されたのだと書いていた。すごくステレオタイプの文章で、ノーベル賞をもらえた人がこんな文章しか書けないのかと思った。別に書いてあることが間違っているとかではないけれど。ティファナでは車がちゃんととまってくれたのでビックリした。メキシコにいる間中、道の横断には苦労した。ＬＡに来るともちろんスッと車はとまる。事故を起こしたら高くつくからね。

自己主張ということなら、どこだってそうですよ。やはり、人々の距離感覚ないし間隔が違うのだろう。人は離れているべきものか、くっついているべきものか。メキシコのどの町のプラサでも人々が並んで座っていたのが懐かしい。これが自然なのだろうか？　狩猟採集民族はどういう座り方をするのだろうか？　チンパンジーはどうか？　対面ではないんじゃないか。調べてみよう。」


10月5日　成田空港から京成上野に向かうスカイライナー内にて。

「着いた！　通った！

果物類は検疫を通すことにした。とても隠しおおせるものじゃないし、隠す値打ちがあるかどうかも疑わしい。２つ持っていたＴｕｎａを1個だけ残し、1個は機内のトイレ内で食べて、種をパスポート袋に入れた。

実際にやってみたら、検疫は簡単にパスできて、腐った部分を切り落としただけだった。こんなに簡単ならもっと持ってくるんだった。荷物検査は手提げ袋だけだった。

ＫＥ００１便はハワイ経由だったが、ハワイからは満席だった。

日本に着いて、ああなんてよくきこえるんだと思った。売店でトマトジュースを買ったら、ヒャクエンってちゃんときこえた。でも、外国ってのはやりたいようにやれないところがおもしろいんじゃないの。だからツアーではダメなんですね。

ハワイからは横になれなかったので、『ブラジル人とは何か』（新世研、１９９３年）を読んでいた。１１３頁から書かれているポルトガル人の「ある根本的な現実主義」「儀式にならず、幻想も抱かず、苛立つこともなく、悪意もそしてしばしば喜びも抱かず、ただあるがままに現実を受け入れる現実主義」「生硬で洗練されていない現実主義」にはとても興味を感じた。スペイン系とポルトガル系のラテンアメリカにおける都市の違いも興味深い。メキシコを見てきた感じでは、この本に書かれていることはとても正確だと思う。

今回頼まれた仕事はどちらも悪くなかった。生態を見るという意味で、植物を観察しながら歩くのはとてもおもしろい。ウィチョル族の毛糸細工もよかった。私が帰国する前に泊まったアランホテルの１１１号室にはウィチョル族の毛糸細工がかけてあって、図案は単純だがなかなかいいものだった。クラクラッとする感じではないが、心が洗われる。このように、頼まれた仕事があったおかげで集中力を維持できたと思う。旅の成果についてはよく分からないが、今後の力になるようなものは得られたと思っている。よかった。」

日本に帰ってきてから、しばらく東京で本屋まわりをしていた。いきなり5万円も買った。『イスラム世界の人びと』という5冊からなるシリーズ（東洋経済新報社）が10月11日付で発行されて、買っている。このシリーズは長い間愛読書になっていた。今も本棚に並べてある。

10月9日　那覇の自宅にて。

「自足欠乏症は抜けているようである。ただ、それは旅行後の眠気のせいかもしれないと思われる。昨夜授業の1時間前に大学に着いて、図書館でこのノートを広げたのだが、結局1字も書かずうつむけになってうたた寝した。授業が始まってから目がさめた。普段の私には考えにくいことである。時間感覚が戻っていない。メヒコの時間感覚なのかもしれないが、疲れが抜けてみないとよく分からない。このノートで記載場所を記しているが、今後当分那覇市の住居となるだろうと思うと、ちょっと残念な気もする。「哲学・第9部」の後半は、これからの移動に備えた行動原則の追求みたいなものになるのだろうか。

今日は夕方から仮装行列にでることになっている。カーニバルみたいな格好をさせられるらしい。マウロ先生のパーティの一員として那覇祭に出る。小学校3年か4年の時（複式学級だった）仮装行列に動員されて、金太郎の格好で松江市内を歩いて以来である。」

以上が「哲学・第9部」にそってまとめた二度目のメキシコ旅行である。

翌日10月10日が36歳の誕生日であった。この頃、体重が60キロ近くに増えたので、中年になり始めていたのだろう。

限られた時間でメキシコを選んだのは、メキシコならば、着いてすぐにバスで動けるということがあった。すぐバスに乗るのは、時差ボケを抜くにもいい方法である。実際、ただ動きたいというだけの理由でメキシコに行ったことが、その後もある。たった4泊か5泊なのだが、気分転換に抜群の効果があった。

「哲学・第9部」は、ブラジルに行く直前の1985年5月まで書いている。

1985年4月29日　那覇市の仮住まいにて（家の建て替え工事が始まったため、同じ町内の仮住まいに移っていた）。

「これほど出発が遅れていて、それも悪くないと思っている。娘が成長してきて、ちゃんと言葉がしゃべれるようになり、私の思いもよらないことをしゃべったりする。今日同僚のYさん夫妻と息子が遊びに来たが、私がYさんとしゃべっていたら娘が「オオキイコト言って」というのである。誰のまねか知らないが、確かにオオキイコトを言っていたのでビックリしてしまった。

最近三浦永仙という京都の菓子屋をやっていた人の書いた「我家の先人達　直次郎編」（原稿用

紙101枚分をコピーしたもの）を読んでいた。妻の両親は戦前この三浦さんのところに住み込んで丁稚奉公していた。京都っておもしろい。それで他のウチナーンチュとは違っているのかと思う。妙にハッキリしたところがある。」

1985年5月6日　同前。

「5月3〜5日、妻と娘と一緒に飛行機で粟国島にいった。粟国の小学校で働いている姪に招待されたのである。連休中で、アパートの隣の部屋も中学校の先生の両親がみえていて、それに便乗する形で、学校のトラックを借りて島を回った。網を張ってあるのを干潮時に見に行き、潮干狩りをした。風邪を引いているせいかのどが渇いた。天水はうまい、というか飲みやすい。

5日に船で那覇に戻ってきて、すぐ発ちたくなったが、ちょうどいい船はないので、7日朝飛行機で出発ということになっている。出発のための決意は何となく、というか、娘にも、出発するんだよ、と声に出していっているうちに、まあこれぐらいでいいだろうという感じになった。

近くの長田小児科の先生の奥さんが亡くなった。妻の父が喪服で出かけようとすると娘が「どこにいくの」「ソーシキ」「ソーシキって何？」「目をつぶるの」「眠るの？」「眠っておかんに入るの」「暑くない？」といった問答をしていた。それをきいていて、あんたもまあ元気でやってなさいね、という感じになった。」

1985年5月9日　小田原にて。

「大阪を回って、今新幹線で小田原に着いたところ。大阪ではまず鶴橋に行って、防水ジャンパー、というかカッパ上下を買った。韓国のカセットテープはMさん（「はじめての韓国」にも書いた元沖大生）と一緒に行ったら見つかった。Mさんと一緒に、京都に三浦永仙氏を訪ねていった。妻の父から教えられた京都市内の和菓子屋に行くと、三浦さんの息子と思われる人が三浦さんの住んでいるところを教えてくれ、正妻らしいおばさんも顔を出した。教えられたところにタクシーで行くと、お妾さんはもう亡くなっていて、彼は85歳で、足と目が悪いのに一人で生活している。会ってみたら昔の菓子業界のボスだったときの面影が十分残っているおもしろい人だった。商人（あきんど）にも定年があるべきだと考え、それを65歳と決め、その後10年生きて75歳で死ぬ予定だったのが、足はダメになっても上体は全く元気で（巨体の持ち主である）、85歳になっている。まだ死にそうにない。決めたとおりに65歳から遊び暮らそうとしたが、さてやることがなくて、退屈で退屈で仕方がない。で、決めたのが、行灯（あんどん）づくりなのである。桂川に流れてくる材料で年に三つとか四つとかつくった。そのうちの一つが妻の父のところの床の間に飾られていた。しかし、75歳で目が悪くなってしまい、二号さんに聞き書きしてもらって原稿を書いた。その二号さんも亡くなって、今はただ黙って座っている。引退するまでの話を原稿で読んでおもしろかったのだが、引退後の生活もおもしろい。ブラジルから帰ったらもう一度会いに行こう。」

妻の父は戦後も三浦さんと付き合いがあった。沖縄が米軍統治の時代に三浦さんのために砂糖を融通していたという話を妻の父から聞いたことがある。三浦さんに妻の父母の様子を話すととても喜んでくれた。キメ細かなところと豪快なところが混じっていた。

ブラジルから帰国して、1986年の1月25日頃大阪から船で沖縄に帰ったのだが、大阪滞在中にMさんと一緒に三浦さんを再訪したのだった。この時は三浦さんはもう目が随分見えなくなっていて、家の中も手探りでやっと動いているような状態だった。隣家のおばさんがひんぱんに出入りして、食事などもこのおばさんが面倒を見てくれている様子だった。自殺用にと兵児帯を買ったが、自殺なんて元気のいいときの考えで、いざ歳をとって元気がなくなってみれば自殺をする勇気がない、と。新聞を見るといっぱい自殺しているようですが、と言ってみると、「あんなのホコリみたいなもんだ」と。どういう意味だろうか？　話していて夕方になったら、あちらの方から、飯は出せないと言いだし、妻の父に伝えることはないかときくと、よろしくね、と言い、奥さんを大切にしろ、とのことだった。一人のみじめさをたっぷり味わったのだろう。それから、ミカンを300円ほど手みやげにもっていったのだが、沖縄のものだというなら受け取るが、こんなものは困ると言って受け取らなかった。これが最後で、その後、私は三浦さんとは会っていない。

ブラジル滞在中のことは『旅の深層』第2章に記した。

8 ブラジルから帰ってきてから

ブラジルから沖縄に帰ると、妻の実家の新築が完成していて、本棚をつくって並べたりするだけで相当時間がかかった。1ヶ月ぐらいで片づけや整頓が一段落ついて、また上京した。そして、1986年の3月25日夜に横浜を発って、姉と姉の息子たちにつきあって鳥取に行った。親戚訪問ということもあったが、姉の親友が自殺したので、拝みに行ったのである。その後大阪で姉たちと別れ、三宮から夜出発して、フェリーで宮崎県の日向に行った。日向に朝着いてから宮崎までバスで行き、それから列車で鹿児島まで行った。鹿児島から奄美大島の名瀬までは、夕方出発の「あまみ丸」という小さな船で行った。小さな船だったし、実際揺れたので、酔うかと思ったら酔わなかった。

名瀬に4月2日の朝9時過ぎに着いたら、当日の夜沖縄行きの「あかつき」が出るということだったので結局ホテルはとらず、荷物はコインロッカーに預けて、名瀬市内をほっつき歩いていた。適当に歩いていたらおがみ山公園に出た。この島は山が多く、かつ緑色である。この公園も山の自然公園だった。人はほとんどいなかった。横綱朝汐の昇進記念碑があった。山頂から下を見るとトタン屋根が多く、色は青と真っ赤ではない赤。どちらもきつい。ここから見えた墓地は、沖縄式のものとは違って本土式だった。下におりてから風呂屋を探したが、サウナしかなかった。食堂は閉まっていた。歩いているうちに方角を失った。方角を失うのは、町の広狭とはあまり関係がない。歩いていて出会う子どもが皆ボーッとした顔をしているので、別に根拠があるわけではないが、小さな島だから近親婚が多いのかなあと思ったりした。本屋は小さくてまるでダメだった。

バス通りに出たので、本島南の古仁屋まで行ってしまおうかと思ってちょっと待ったが、来ない(実は反対方向と、あとで分かった)。弁当を売っていたので買って、おがみ山公園に戻って食べた。さっきとは別の道を上っていくと、復帰記念の碑があった。昭和28年12月25日復帰だそうだ。こんどはあらかじめ地図で調べて国道58号線に出た。沖縄の58号線と同じ番号である。バスはひんぱんに走っているがほとんど市内線である。マイクロバスタイプのものがかなり走っており、大型もそんなに大きくない。タクシーもバカにたくさん走っているが空車が多い。観光客らしい人は見かけなかった。40分ぐらい待っても来なかったので、しびれを切らして、県立図書館に行った。図書館は新しいようで、鉄筋の2階建てだった。郷土関係のところにビックリした。というのは、沖縄関係のものが幅をきかせているのである。第一書房の南島論集に、窪徳忠先生の沖縄と奄美の比較論が載っていたので、読んでみたくなった。名瀬の案内書などとともに閲覧した。窪先生のものは、結論的には、沖縄と奄美は簡単に一つにはくくれないのではないかということであった。奄美もかつて琉球圏内だったことがあるが、その時までに奄美の主体性が形成されていて、全面的な琉球化が達成されたというにはほど遠いようである。実際、現状から見ても、琉球弧運動というのはどうかなと私は思っている。つながらなきゃいけない現実的な契機が薄いように思われるのである。

名瀬市民の唄には、「名瀬はルリ色」とあった。どういう色なのか。1980年頃の所得別分類では、1次3%、2次30・2%、3次66・8%で、製造業が意外と多い。大島紬だろうか。公務員は9・4%。ここの料理としては、豚骨と鶏飯が出ていた。

岡本太郎・泉靖一対話『日本列島文化論』(大光社、1970年)はパッパッと拾い読みした程度であるが、沖縄について書かれた部分が面白かった。沖縄には弥生時代はなく、ずっと縄文、と。そして、中国が入ってくるのはかなり遅くて、その間に「沖縄らしさ」、いわば原日本人的性格の残留ができあがった、と。

入口に南海日日新聞が置いてあったので、これも読んだ。投書は、琉球新報などと違ってなかなか迫力がある。論理の組み立てにヤマトを感じる。軽貨物の仕事をやっている人の奥さんが、4月から行政が、軽貨物が人をのせてはいかんという方針なのを糾弾する投書をしている。軽貨物は、沖縄だけじゃなく奄美にも走っている。実際多いのである。この奥さんは喜界島の人で、つまり、喜界島にも軽貨物がある。島のサイズからすれば、確かに、軽貨物というのはここでは最高の輸送手段だと思われる。なお、これは全国配給記事と思われるが(「共同」とかの配給元が書かれていない。サンパウロのパウリスタ新聞と同じだ)、男女雇用機会均等法の実施に伴って、差別だとして求人の際に使ってはいけない言葉、使ってもいい言葉の例が挙げられていた。ボーイ×、ウェイター×、カメラマン○、営業マン×、弁護士○、調理師○、潜水夫×。

その後また歩いて、別の本屋で、中村喬次『南島遡行』(海風社、1984年)を見つけて買う。奄美(喜界)の人が見た奄美と沖縄、ってのがとてもよく出ているようである。

食堂に入る。豚骨定食というのがあったので、トンカツ定食と間違えないようにゆっくり注文する。８００円で、メニューの中で一番高い。出てきてみたら、あっ何だ、ソーキですよ。味は甘みが強すぎてきつい。しかしお腹が減っていておいしく感じた。

食べてからまた中心部に向かって歩く。今日一日歩いて、目と目が合わない。目が合ったときは伏せるのでなく横にそらす。特に若い女性がそうである。

昼間見たサウナに出た。けばけばしく赤外線サウナ、カン水浴、歩行浴、などと書かれている。高そうだなと思ったが、昨日も風呂に入っていないので、入ることにした。中に入ったら普通の風呂屋だった。２４０円。中で、サウナだけ別になっていて、５００円。大阪では50円だったし、しかもこれはタオル代で、タオルを持っていけばタダ。ちょっとおもしろいと思ったのは、この風呂屋はマンションの2階なのだが、普通、風呂屋ではジュースなどは中で売っているが、ここでは入口から出たところにソファが置いてあって、その横に自動販売機が置いてあり、ちょっと喫茶店風である。夫婦で待ち合わせたりするのに便利だなと思う。酒屋で「浜千鳥」という黒糖酒を買った。これは「あまみ丸」で、隣に寝ていたおじさんが飲んでいた。

夕方7時半頃港に行った。船は11時半に来るので、ノートをつけていた。ふっと気がつくとバカに人が増えている。見送りなのだ。そのうち大きな待合所が人で埋まってしまった。大島支庁の土木課、港湾課、それに厚生課だそうで、垂れ幕が張られたので分かった。花束を贈り、本当に酒をついでのませ、挨拶、万歳三唱。鹿児島に向かう船に乗る前に最年長者が挨拶したが、奥さんはいないようで、単身赴任みたいだ。もうすぐ沖縄行きも来るが、切符売り場には「離島」行きと書かれている。沖縄に向かう船に乗った人もかなりいた。

奄美大島には、ずっと後になって2010年6月にも沖大の卒業生で、那覇市社会福祉協議会勤務の崎さんと一緒に行った。崎さんの亡くなったお父さんが喜界島出身で、先祖のお墓もある。親戚に連絡したりするとどっと集まってきて大変だから、いきなり行ってさっと引き上げようということになった。

19日の午前11時に那覇空港を出発して、奄美大島の空港に着いて調べたら、喜界への便は一日3便だが、2便は午前中にもう出てしまって、午後4時15分の便しかなく、これも満席だという。とりあえずキャンセル待ちの手続きをしてからターミナルのレストランで昼食を食べた。食事しながら考えたのは、4時まで待つのも大変だから、喜界には20日の朝行って夕方日帰りすればいいんじゃないかと。崎さんも同意見で、そして、席は取れたので切符を買ってしまった。近いのに切符代は高く、片道9000円あまりもした。

奄美空港前のレンタカー会社で48時間借りてしまった。そして、空港から名瀬とは反対方向に走ってから、午後3時頃に空港に戻ってきた。さっきのレストランでコーヒーを飲みながら、懐かしの南海日日新聞を読んだ。沖縄の新聞は、告別式当日にお知らせを載せるのが普通だが、南海日日は、昨日は一つだけ、お通夜と告別式両方のお知らせが載っていた。お通夜も載せるのは沖縄では見かけない。それとは別に、ご会葬お礼が5つも載っていたのには驚いた。それも内容が細かく具体的で、香典の一部を社会福祉協議会等に寄付したことも記されている。沖縄では、ご会葬お礼はほとんど型通りのお礼だけで、告別式のお知らせは載せてもご会葬お礼は載せない人も多い。社会福祉協議会等への寄付は沖縄でも結構あるそうだが、金額はだんだん下がってきて、崎さんによれば今は平均10万円ぐらいということだった。以前は100万なんてのがあったそうである。南海日日には住居侵入・窃盗事件の判決について詳しく書かれていたり、公民館等での行事情報もたくさん載っていて、地域社会が小さいんだなと思われた。読んでいておもしろく感じたが、ヘンな形で新聞に載ったら大変だろう。

喜界への便は、崎さんの強い気持ちが通じたのか、キャンセルが出て、乗れた。20分で着いた。喜界の空港前でレンタカーを借りて、喜界第一ホテルにチェックインし、それから、崎さんの親戚が住んでいる方面に向かった。空港は島の北側だが、親戚の家は島の南側である。環状線を時計の反対方向に30分ぐらい走って、まず、墓に出た。本土式の立派な墓だった。崎さんのお父さんのお墓は沖縄で、別である。それから親戚の家に行ったが、明日花を持ってもう一度来るからということで引きあげた。

それから、南から北に縦断する形で帰ってきた。畑はほとんどがサトウキビである。道路では人はめったに見かけず、たまに見かけると老女ばかりだった。店も軒並み廃業のようで、みんな閉まっていた。大変寂しい感じだ。けれども、空港のそばには店も結構あり、農協の店に入ったら若い奥さんたちもいたし、売っている品物も豊富だった。島の人口は約8000人である。泊まったホテルでは、喜界高校の生徒たちが10人ぐらい、それから若い夫婦と子どもたちのグループが会食していてにぎやかだった。カニの食べ放題バイキングはおいしかった。

翌20日は、朝、またお墓に行って拝んでから、崎さんの親戚宅で話した。それから島の東端まで行って、あとはまっすぐ空港に行った。われわれは12時30分発の奄美大島行きの予約がしてあったが、9時45分発の便がまだ飛んでいないというので、その便に変更できるかと思い、きいてみたら、結局、その便は飛行機の故障で欠航になった。われわれの予約便も遅延し、食事券が出た。ところが、2時頃になって結局、われわれの便も欠航になった。奄美大島への最終便は定刻2時50分発だが、この便への変更はできた。そして、最終便は、1時間遅れたが、飛んで、奄美大島に4時半頃着いた。遅れたのは雨のせいだろう。喜界では雨は降っていなかったが、鹿児島県の屋久島あたりから北は梅雨前線のため大雨で、テレビでは一日中ずっとその関係のニュースをやっていた。一方、沖縄はもう梅雨明け間近なのだろう、前日も晴れていたようだ。奄美もかろうじて前線の南側になった感じで、だから非常に暑かった。梅雨前線の北側は寒かったようである。

奄美大島に戻ってから、もう時間が遅かったので、名瀬の中心部はパスして、古仁屋に向かった。午後6時20分頃着いた。運転は、最初崎さんがやってくれたが、だるそうだったので、私がかわった。そして、前の車についていったら、結構速くて、制限時速50キロのところを平均60キロぐらいで走った。私もスピード出し過ぎとよく言われるが、喜界も含めて、奄美では、道の太さやカーブの多さを考慮に入れると、みんな結構スピードを出している。最初、30キロとか40キロぐらいでちょうどいいぐらいに感じたのだが、それぐらいで走っているとすぐに追い越される。

古仁屋までの景観は、確かに美しかった。沖縄と違い、どこもかもが緑で覆われている。じきに日が暮れたが、どんな感じのところか分かっただけでも来た甲斐はあった。日曜日で、古仁屋の町は閑散としていた。

21日朝、7時過ぎに古仁屋を出発して、名瀬に行く途中、宇検に行ってみた。宇検には、1970年代に石油基地建設反対運動に加わる形でヒッピーが移住し、建設計画撤回後も彼らは無我利道場という名前のコミューンで共同生活をしていた。しかし、1980年代後半になって、彼らの排斥運動が起こり、88年には右翼のダンプカーが道場に突入し、重傷者が1名出た。93年に彼らと追放派住民との間で和解が成立したそうだが、その後どうなったのかと私は思っていた。村役場には大きく、「結いの心で村おこし」と書かれていた。また、このグループと関係があるのかどうか分からないが、たまたま21日の南海日日新聞には、この村出身で、現在大阪で活動している弁護士が事務所の支部を奄美につくり、同日から活動を始めるという記事が載っていた。

名瀬までは、とにかくトンネルの連続だった。名瀬に近づいて城トンネルがあり、GUSUKUと添え書きされていた。奄美でも沖縄と同じように読むのかと、ビックリした。月曜日の朝だったが、道路の渋滞はなかった。

名瀬の中心部に入ってから、市内の細い道をゆっくり走った。昔とあまり変わっていないように思われた。奄美市社会福祉協議会などにも行ってから、空港に向かった。途中、画家の田中一村が亡くなった家を見た。高床の小屋みたいなものだった。亡くなった場所から現在の場所に移転して保存されているそうである。田中一村には興味があって、南日本新聞社編『アダンの画帖　田中一村伝』（小学館、1995年）も読んだが、今回奄美を走って、私は田中一村の絵のような感じは受けなかった。

その後、まっすぐ空港に向かい、10時半に着いた。

沖縄への便も、到着便の遅れで、1時間ほど遅延し、食事券が出た。例の空港レストランに鶏飯定食と鶏飯丼があったので、丼の方にした。出てきたのをみたらお茶漬けみたいなものでビックリした。細かくさいた鶏肉、小さく刻んだシイタケやパパイア漬けなど、7種ほどの具をご飯の上にのせて鶏でとったスープがかけてある。あっさりしていておいしかった。荷物検査をしてから中に入って、売店で、鶏飯のことが書かれた本があったので買った。神谷裕司『奄美、もっと知りたい（増補版第3刷）』（南方新社、2004年）である。この本に、王府があった沖縄と違い、奄美の食文化は質素であるが、素朴でおいしい、とある。韓国料理のクッパをイメージすれば近いとも書かれている。確かに、韓国で似たような感じのものを食べた。王府があった沖縄とは違う、というところに、沖縄に住んでいる人間として非常に共鳴するものがあり、この本をすぐに読み出した。奄美が薩摩と琉球の狭間で苦労したことが書かれているところに、無我利道場のことも書かれていた。

例えば崎さんもそうだが、奄美に一字姓が多いのも、奄美が薩摩に同化することを許さなかったためである。そして、琉球風であることも強制された。ちょうど、琉球が薩摩に中国風であることを強制されたのと似た感じだ。だから、今は一字姓を二字姓に改めた人が多いそうで、思い出すのは、２００９年にクリチーバに行ったときに、奄美の人がやっているレストランで日本定食を食べたとき、その店の名前は「中場」だった。そういう名前が奄美にあるんですか、ときいたら、もとは一字の「央」という姓なのだそうだった。

そうすると、奄美の城も沖縄のものとは機能が違うのかもしれないし、ホテルやお店、飛行機のチェックイン等で接した人たちに、職業的なサービス以上の柔らかさ、やさしさを感じたのも偶然ではないのかもしれない。

ブラジルから日本に帰って来てから、１９８６年2月に深沢七郎『ちょっと一服、冥土の道草。』（文藝春秋、１９８３年）を読んだが、妻に見せたら、げらげら笑いながら読み出し、そして、突然、この本を読書会で取り上げることになったというのである。その読書会が4月20日頃あって、その前日に突然お願いしますと来た。なんでも私が講師として呼ばれることになったらしい。内容のあることをしゃべらないといけなくなって、梅棹忠夫氏の『わたしの生きがい論　人生に目的があるか』（講談社、１９８１年）の趣旨がうまくダブるので、この枠組みを利用することにした。梅棹氏の考えというのは老荘思想で、「生きがいはない」という考えである。それは同時に死にがいもないという考えでもある。要するに人生に目的なんてありませんということだ。深沢七郎は当時

「人類滅亡教」を唱え、彼が一番言っていたのは、人間は増えすぎたから減った方がいいということである。そしたら自ずから平和になる、と。さあ、これが老荘思想と一致するのかどうか、今考えるとちょっと違うような気もするが、ともかく、生きがいはない＝死にたい、ではないのである。話したあと、帰り際に金一封を差し出されたので、いらないというと、「タクシー代にでも」というので、「自転車で来ましたから」というと、爆笑になった。もらわず帰った。

こんなふうに、その後時々講師として妻から引っ張り出された。1988年3月1日には「時テク考」という題で話した。公民館のサラリーマン講座の中の最終回がこの題になっていて、講師未定のまま予定日になったので何か話してくれと直前に頼まれた。このときは、「自分の時間」が大切になったことの背景を、今西錦司氏の枠組みを使って説明した。人類は発生当初から、家族という集団と地域社会のような集団との二重構造になっている。地域社会の方はどんどん大きくなって、今や地球サイズである。これに対して家族の方は農業社会以後封建時代まで大きくなったが、産業革命以降はどんどん小さくなって、現在、核家族サイズも切ってしまっているのである。その結果時間の私化も起こっていると。だいたいこんな感じのことを話して、まあまあ役は果たせたようだった。

9　ブラジルとヨーロッパ――1986

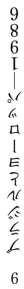

その後１９８６年7月から8月にかけてまたブラジルに行って、そのあとヨーロッパにも行っている。

１９８６年7月14日に沖縄から上京した。上京してからすぐに、沢木耕太郎『深夜特急』（新潮社、１９８６年）を買った。当時、3冊のうち2冊目までは出ていたが、3冊目はまだだった。きわめて面白く、引き入れられるようにして読んだ。このように集中するものがあって、旅の手続き的なことはどうでもいいって感じになった。この本は、私が弟と一緒に１９７４年から翌年にかけてフランスのパリからインドまで大部分を陸路で旅行したあと、カルカッタ（現コルカタ）からバンコクを経て日本まで旅をしたコースをだいたい逆方向に動いた旅行のことが書かれている。時期もだいたい同じ頃であり、書かれている内容はとても懐かしかった。当時私は自分のやった旅を旅行記にまとめる気は全然なかったが、沢木氏の本を読んで、こんなにおもしろいのかと、コロンブスの卵みたいな感じで読んだ。とても感心した。

16日発の大韓航空機で成田を発った。ハワイで入国手続きをしてからLAに行った。LAではリトルトーキョーのホテルダイマルというところに泊まった。この前泊まったアランホテルは、建物が取り壊されてなくなっていた。ホテルダイマルは台湾生まれのおばさんがやっていて、彼女は話しやすい人で、寝る前まで雑談した。

翌日ここを出る前に、日本人旅行者にあって一緒に朝ご飯を食べた。神戸から来て、アメリカ、メキシコを3ヶ月ぐらい回っているそうだ。私と同じ歳で、東京電機大を卒業してから会社を自営していて、奥さんも子どももいるんだそうだが、日本に1年もいるといやになって逃げ出してくると言っていた。この次はインドに行きたい、と。わかる、わかる。その後、ハンバーガーショップのコリアン氏に挨拶してから空港に行って、ブラジルに向かった。

サンパウロに着いて、まっすぐペンション荒木に行った。3人部屋で、一人は沖縄二世の歯科技工士だった。着いたのが18日の金曜日で週末だったため、食事や両替のほかはゆっくり休んでいたら時差ボケが抜けるのが遅れて、むしろひどくなっていった。昼ご飯のあと眠くなって寝ると、目がさめるのが夜も9時を回ってからなのである。急いで夜食を簡単にとって戻ってくると眠れそうで眠れないまま朝になる。

今回の旅は、時間的にそんなに余裕はないので、きつかったが、21日(月曜日)から旅程のセットをやり出した。コースはだいたい決まっていて、サンパウロからバスでマットグロッソ州のクイアバまで行って、ボリビアとの国境沿いに北上してポルトベリョまで行き、さらにマナウスに行く。マナウスからは8月1日にビトリアに飛ぶことに決め、テイシェイラで妻の下の弟に会ってからサンパウロに戻る。その後、ヨーロッパへはイベリア航空で、マドリード経由でリスボンに行ってからさらにロンドンに行く切符が買えた。8月10日にブラジルからヨーロッパに飛んで、ロンドンから8月21日に帰国する。ちょうど1ヶ月だ。

7月22日午後1時発のバスでサンパウロを発った。夜10時半頃に黄熱病の予防注射を道路脇で一斉にやっていた。私は、アフリカに行くときに有効期間10年のイエローカードを取得していた。やっぱり病気の多いところなんだろう。バス内でも女の人が泣きながら苦しんでいたりして、いよいよ開拓前線に行くんだなと、ちょっと弱気になった。

しかし、クイアバに着いたら、意外に落ち着いた町だった。沖縄の読谷出身者がやっているホテルセントラルに泊まった。経営者は山内さんといい、1960年にブラジルに来て当時でもう26年。元読谷村長山内徳信氏の親戚になる。近時の沖縄の情報にも詳しく、瀬長亀次郎がビリで衆議院議員選挙に当選したことなどを知っていた。

ホテルで10時間ぐらいたっぷり寝たら元気になったし、旅の感覚が戻ってきた。クイアバの市街地中心部はちょっとした丘から全部見渡せるぐらいで狭いが、山内さんの話では郊外部が広くて、小さな町の集合みたいになっているそうだ。日系人は多いようで、店も多いし、いろんな分野に進出しているそうで、そのため、町を歩いていても注目されなくてラクである。住める感じがした。

2泊してからバスでポルトベリョに向かった。あらかじめガイドブックを読んで、いかにも大変な旅になりそうで覚悟していたのだが、道はずっと舗装されていた。バスやレストランも上等で驚いた。つまり、この数年でぐんと変わったということである。実際すべてが真新しい感じだった。しかし、道の両側から100メートルぐらい先はまだ森だった。そして、夜になると星が輝きわたっていた。23時間でポルトベリョに着いた。

切符売り場で尋ねると、明日の切符はないということで、明後日まで待つのも大変だと迷っていると、ちょうどキャンセルが入って、この日の午後2時半の切符が取れた。待つよりはと思ってそれに決めた。ちょっと休もうと、ホドビアリア（長距離バスターミナル）周辺のホテルをあたってみたがどこも満員だった。ホドビアリアに戻ってきたら日本人旅行者にあったので、一緒に食事をした。鷲見功さんという方で、川魚に興味があって、釣って写真に撮るのだそうだ。いろんな珍しい魚を追い求めている。乾期がいいそうで、雨期は分散してダメだということだった。こうやって、昨年から旅行中だそうで、この日もボリビア国境から着いたのだそうである。川を見ても、はじめは全然分からなかったが、今では、どこにどんな魚がいるかが色で分かるようになったというのだからすごい。彼はベレンの南にあるトメアスなどで日系人の農家にも滞在していたそうで、日系人はだいたい市場に行けばいますよとのことだった。確かにそうである。市場では魚をまず探し、野菜市場ではクルミを買って、これを保存食として持って歩くらしい。長持ちするし、軽いし、脂肪分もあるし、と。これから乾期が終わるまでブラジルにいて、日本に帰ったらお父さんの会社で働くかどうかする、ということだった。好きなことを持っているとおもしろい旅ができるという典型みたいに思われた。食事のあと、バスで一緒にセントロに出て、市場を回り、そこで食事をしてから鉄道公園（以前は鉄道があった）に腰掛けて話した。2時過ぎに一緒にホドビアリアに戻ってきた。

ガイドブックでは、マナウスまでの道はよいと書かれているし、所要15時間と書かれているのに、出発してまず驚いたのは、バスが1ランク落ちる。トイレがついていない古いバスだ。そして、途中までは結構いい道だったが、舗装されていない道にかわり、めちゃくちゃ揺れる。所要時間も、休憩所にマナウス発のバスが並んでいて、そこできいてみると、とても15時間では行けないことがわかった。まる1日かかる。だから、ポルトベリョのホドビアリアに飛行機の切符売り場があったのだ。疲労を考えれば飛行機代40ドルは安い。しかし、アマゾンを実感するにはこれぐらい走ってみる方がいいとも思う。

座席指定なんかてんで無視して座るので、私は後ろの方の席になった。若い男ばかり、ガチャガチャとにぎやかで、私はその中にいた。途中乗ってきた人たちは立ちんぼで、夜は通路に寝るのだが、時々バスが空中に舞うようにリバウンドするとものすごいうめき声、叫び声が上がるのだった。自称コカ売人が途中で乗ってきて、この人がとてもよかった。たくさん話した。バスの中で読まれていたのは漫画のほか、パズルの冊子で、おばさんたちはちょっとした休みにも一生懸命読んでいた。

合計6つぐらいも渡し船で渡っていった。二つめのところで朝になって、そこに日本人が住んでいるようで、おじさん一人と立ち話した。このあたりから腹の具合がおかしくなって、川岸の踏み板に乗って、川に尻を向け、ありったけ出した。細菌性の下痢ではなかったから、出せばあとは気持ちよくなった。

バスに乗っていて、ブラジルの「大きさ」というのに感じ入った。バス内で見せてもらった雑誌に「この大きさの国に土地のない人がいるというのは恥」という題で、農地改革のことが書かれていた。全く同感である。

マナウスに着いてから、ポルトベリョに住んでいるというボリビア人と一緒にタクシーで宿探しをし、市場の近くの安宿に落ち着いた。ホテルそばの、ミネラルウォーターを買おうとした店で小さな猿を飼っていたのが新鮮に思われた。

マナウスでは、体を休めながらゆっくりした。しかし、8月1日にビトリアに行くのではちょっと間があきすぎるので、もっと早く発つ便を探した。適当なのがなかったが、7月30日にサルバドルに行く便があったのでこれに変更した。しかし、この便は早朝3時10分発で、サルバドル着は18時50分なのである。飛行時間はせいぜい5時間ぐらいと思われるが、それに16時間も費やすなんて、ちょっとバカげている。これはどの国でも同じだが、地方都市間を飛ぶ便がきわめて少ないため、一度大きな町に出て乗り換えないといけないわけで、この便はブラジリア経由だった。どうせならサンパウロ経由の方がよかったのにと思った。ただ、出発が朝の3時というのは全然問題なかった。時差ボケが十分抜けないままになっていて、バカに早起きになっていたし、これから行くヨーロッパとの時差を考えると、このままでかまわなかった。旅行社をいくつか回って他の便を探してみたが、結局、この便で行くことに決めた。

マナウスは自由港になっていて、ペルー、ボリビア、コロンビアなどの物産も集まっていた。日本人もいるようで、旅行社を探して歩いているときに13階建てのビルに行ったが、このビルの最上階がレストランになっていて、そこに行ってみたら、三菱のマークの野球帽をかぶったおじさんがいて、このビルの4階から上は日本人がたくさん下宿しているホテルになっているんだと教えてくれた。たぶん商社関係の人たちだろう。朝、市場にも行ってみた。野菜市場には日系人がいたが、少ない。市場の食事はおいしかった。

こうして、7月30日にマナウスを発った。深夜に空港に着くと、荷物検査（税関）のため長い列を作っていた。その様子を見ていて、マナウスは買い物の町なんだなあ、ということがよくわかった。当時、ちょうど沖縄でもフリーゾーンを設けようという話が出ていた。

飛行機に乗ったら2時間半ほど飛んで、あっという間にブラジリアに着いてしまった。時差があるので、6時40分頃だった。荷物は預けたままだが、空港の外には出られたので、市内に出た。市内バスターミナル横の公園の芝生に寝ころんだりしてゆっくりしていた。

そして夜サルバドルに着いて、以前泊まったホテルコロンに行った。快活に笑う人々を見て、気分が爽快になった。サルバドルには2泊滞在したが、ずっと町の中を歩き回っていた。どこに行っても楽しかった。

8月1日の夜行バスでテイシェイラ・デ・フレイタスに向かい、2日（土曜日）朝8時半頃着いた。妻の下の弟は、ブラジル人と結婚してから奥さんの実家とは別の家に住むようになっていたので、ホテルをとってから奥さんの実家に行って、連絡を頼んだ。暗くなってから妻の弟夫婦が来た。

翌日は妻の弟の家に泊めてもらって、畑を見に行った。以前はただの野原だったところに3万本のマモン（パパイヤ）が植えられていた。相当大きくなっていて、小さな実がついたのもあった。12

月に収穫だそうだ。畑の小屋に雇い人を家族で住まわせていた。当時井戸を掘っているところだったが、この雇い人はこわがって掘ろうとしないそうで、妻の弟が自分で掘っているそうだった。周りは牧場が多く、牛糞もタダでわけてもらえるとのことだった。病気もなくて、消毒していないという。第一回目の収穫があるまでは収入はなく、銀行からの借金でやっている。農協に加入したので農協を通す形になっていて、これだけのものはこれだけ借りられるという標準があり、そして、賃金や肥料代、あるいは技術指導料とかは農協が決済する形になるから非常にラクだという。借金の担保には奥さんのお父さんの牧場が入っているということだった。マモンを植えたときには奥さんの家族が皆手伝ったのだそうだ。畑に住んでいる雇い人家族に緊急のことがあったときは困らないのかときいてみると、馬がある、と。先日、雇い人のお母さんが亡くなったときも馬で出てきたそうで、埋葬の時に死んだお母さんをお棺から出して、抱いて記念撮影をしたと言っていた。

帰ってから、これから生まれる子どもの国籍について話をした。生活が落ち着いて余裕ができたせいだろう、妻の弟はとても親切だった。85年にポルトガル語を教えてもらった奥さんの女友達も訪ねてきて、皆笑い転げた。何でも、彼女は銀行員の彼氏とよりを戻したんだそうで、その彼と車でやってきた。彼女が、手紙をくれ、というので、何を書けばいいの？　と私がきくと、また皆が笑った。

バスはサンパウロ、リオまでの切符が取れなくて、4日の夜11時半発のビトリア行きだったが、そのバスが来る直前にリオ行きのレイト（寝台バス）が来て、これに乗れた。リオからバスを乗り継いでサンパウロに帰ってきた。

あとは、10日にヨーロッパに向けて出発するまで、本を買ったりしながらブラブラしていた。

ブラジルではこの時期インフレがどんどん進み、80年代は「失われた10年」と言われている。今回ブラジルに来てみたら、貨幣単位がクルゼイロからクルザードに変わっていた。1000クルゼイロを1クルザードにして、1000分の1にしたのである(デノミネーション)。サンパウロの旅行社で両替すると、1ドルが25クルザードほどだったが、当時の公定レートは1ドル＝13・7クルザードで、つまり、倍ぐらいも来るのである。ドルを持っていれば何でも本当に安かった。旅行社等のレートは平行(パラレロ)レートといわれていて、これは新聞にも載っていて、別に秘密ではなかった。そして、物価は凍結されていた。お金の値打ちはどんどん落ちていくのに、賃金等は固定されているわけだから、財産を持っていない庶民は大変だっただろう。この後、ブラジルに来るたびに貨幣単位がかわっていて、クルゼイロ・ノヴォ、クルザード・ノヴォと1000分の1ずつになっていって、最後に1994年7月から現在のレアルになったわけである。

戻ってきたらペンション荒木には、これからヨーロッパをオートバイで回るという旅行者がいたほか、今回は同室者が全部二世になり、先に述べた歯科技工士のほか、お父さんが糸満出身だという二世もいた。彼らの話を聞くのは楽しかった。また、今回の旅で、ブラジルの国境を全部回ってみたいという気持ちが強まった。

8月10日夜の便でヨーロッパに向かった。イベリア航空でサンパウロ―リオ―マドリード―リスボンと乗り継ぐ。荷物はリスボンまで預け、マドリードでは途中、市内に出ることができた。

グアルリョス空港のイベリア航空カウンターでチェックインしたときのことは忘れられない。持っているパスポートや顔かたちからスペイン人と思われる客が非常に多かったのだが、彼らは整然と列を作って並んで待っていた。非常にキチンとしている。比較して、ブラジル人ってのは本当にいいかげんな感じで、こんなにも明瞭に差が出るのかと驚いた。スペインって文明国だなあ、と思わされた。そういえば、妻の弟の奥さんのお父さんはスペイン系で、ほかのブラジル人とはやっぱりちょっと違うところがあった。ラテンアメリカで見た町の形からは、スペイン人の作る町って整然としすぎて退屈な感じがしていたが、比較すればよくも悪くもブラジルって田舎だなあと思わざるを得なかった。

イベリア航空機内もざわざわしていなくて、しーんと静寂が支配している感じ。機内で配ってくれたのが足袋というのは傑作だ。その雰囲気と合っていたのか、機内で読んだ『荘子』は面白く感じた。「すぐれた恐怖はおおらかで、こせつかないが、［世俗の］つまらない恐怖はびくびくとおののく」とあった。それに続く節「一旦この人としての形を受けたからには、それを変えることなくそのまま［自然に］して、生命の尽きるのを待とう」(岩波文庫版)。

マドリードには、以前1974年9月25日にパリから夜行列車で着いて2泊したので、来たことはあったが、今回は飛行機で着いたので、全く知らない町と同じだった。朝着いて、空港バスでコロン公園まで出て、あと、歩いたり、地下鉄に乗ったりして中心部を動いた。中心部のソルにはこの前来たときにも行ったはずだが、その周辺は細い小道が入り組んでいて、これが本場のスペインの町だとすれば、ラテンアメリカで見られるスペイン風の町というのは、それとは違うものだと言わざるを得ない。レストランに定食の貼り紙が出ていたので、そこで食べた。4ドルちょっとぐらい。マドリードの町はどこにもベンチがあって休みやすい。話すと、努力してもスペイン語でなくポルトガル語になってしまったが、十分に通じた。人々の話し口調もゆっくりとしている。靴は、靴下なしではいている人が多く、私と同じだなと嬉しくなった。そして、確かにキチンとしてはいるけど冷たくはなく、人々はていねいで親切だった。

マドリードからリスボンに向かい、夕方、飛行機から見るとリスボンの町は河口にバーッと広がっていて、どこにセントロがあるのかさえ分からなかった。

バスの乗り方がよく分からないので、タクシーでロッシオ広場に行ってもらった。ここが中心らしく、たくさんの人が体を触れあうようにして歩いていた。バックパッカーもとても多い。しばらくしゃがんで様子を見ていたら、新聞売りらしいおじさんが、ホテルがあるよ、と言って、連れていってくれた。それがホテルウニベルソ。5階ぐらいの屋根裏部屋みたいなところが私の部屋で、1000エスクド。1ドルが145エスクドだったので、7ドルぐらい。

このホテルに日本人が2人泊まっていた。手芸品を売っているそうで、一人はもうこのホテルに3年以上だという。全く驚いた。二人と一緒に食事をしたが、8時になってもまだ明るく、9時半頃暗くなった。12時過ぎまで、このうちの一人と、その人の部屋で話した。

話を聞くと、ポルトガルの生活水準は低く、給料も日本円で4～5万円ぐらいらしかった。昼も簡単なサンドイッチで皆すませている、と。いいものは輸出されるので、ろくな食べ物が残らないという。これはブラジルのコーヒーをはじめ、どこでもそうですね。食事は飲み物代も含めて400エスクド前後である。安くてうまい。着いてすぐに日本人の方に連れて行ってもらった店も、翌日入った食堂も、いずれもセルフサービスだった。

乞食は多い。人の顔が実に様々なのはサンパウロと同じである。しかし、昼間歩いたらやっぱりヨーロッパだなって感じがしてきた。本屋が多い。夕方、さらに歩いて、坂が多い町だなと実感した。しかし、登ったなあという感じの割には高くないようだ。古い町で、よくもこれほど建てたものだと思うほど建物が密集し、道は狭い。汚れてはいるが、ブラジルから来たせいかあまりそれは感じず、かわいい街灯に感心したりする。どことも知れず歩き回っても終わりがない。ちょっと奥の道に入ると、男が黙って座っている。座るには都合のいい町だ。女の人はどの人も美しく見えて、ああ、ブラジルの故郷だなと思った。旅行者はとても多い。だいたいカメラをぶら下げている。ショッピングにもいいところだろう。日本人旅行者には、男女のカップル一組に会っただけだった。町はレンガ色で統一されている。風があって涼しい。黒いアラビア風の女性もかなりちょいちょい見かける。

同じホテルにいる日本人は2センチ×1センチぐらいの方形ガラスに絵の具で草花を描いたペンダントを一つ100エクスドで売っていた。材料費を除いても月20万円ぐらい稼げるそうで、これじゃ帰らないのも無理はない。日本に帰ってもろくな仕事がないということは、帰りたくても帰れないのかもしれない。実際そんな感じだった。

その翌日、ロンドンに行った。ロンドンに近づいて飛行機がグングン降りていくが、町らしいものは全く見えず、田舎の畑のど真ん中に降りた感じなので、いくら何でもヘンじゃないか、本当にロンドンに着いたのかと思った。やがて、着いたのがヒースロー空港ではなく、ガトウィック空港であることが分かった。イミグレーションではかなり疑わしそうに見られた。職業を聞かれたので、大学で教えているというと、専門をきかれ、法律だと言ったら通してくれた。

ホテルは、アールズコート周辺にしようと決めていた。ハイドパークの南側になる。ガトウィックから急行列車でまずヴィクトリア駅に出た。30分ほどで着いたが、びっくりしたのは、高層ビル街が出てこない。これが大ロンドンなのか。ヴィクトリア駅自体もちっぽけに見えた。上野なんかとは比較にならない感じ。ヴィクトリアから地下鉄で三つ目で降りて、ガイドブックに載っているサウスケンジントンのホテルを探していった。ホテルサンシメオンというところ。10人部屋で非常に大きかった。朝食付きで1泊9ポンドで、8日分払ってしまった。

ロンドンに来ることは長い間夢だった。着いた当日アールズコート駅まで足で歩いてみたら、黒人とアラブ風の人が非常に多かった。翌日、地下鉄・バス乗り放題のチケットを買った。1週間で16ポンドだった。実にすばらしいチケットで、興奮感激して一日中動き回っていた。こういうのは、市が交通機関の大部分を持っているからできることだろう。いろんな顔の人がくまなく分布していることが分かった。ターバンをつけた人はインド人だと思うが、東アフリカなんかもこんな感じで、つまり英連邦だなと思った。東洋人はそれほど多くはなかった。

ロンドンに着いたのが8月13日（水曜日）で、14日（木曜日）は上記のように動き回って、15日（金曜日）あたりから見たいところに行き始めた。

まず、大英博物館。入場無料というのに感心した。日本のお面とか焼き物を集めたところ（74番の部屋）だけ丹念に見て、あとは駆け足に近い速さでとにかく歩いて回った。博物館のあと、ピカデリーの方へ歩いていくと日本関係の店が集まっているところに出て、そこで沢木耕太郎『馬車は走る』（文藝春秋、1986年）というのを買った。この年の6月に出たばかりの本なのに、もう並んでいる。日本での定価が1200円のを12・73ポンドで買った。帰りの電車の中で早速読み出し、地下鉄を降りてからウィンピーでチップスを食べながらさらに読み、ホテルに戻ってから「帰郷」という、囲碁の趙治勲のことを書いた部分を読み終わった。ボーッとなった。やっぱり都会というのは興奮させるから、息抜きしながらがいい。夕食に、アールズコートのギリシャ料理店でスブラキを食べた。

16日（土曜日）は本屋まわりをした。「法の民族学」という言葉が使われている本を買った。それから、ロンドンの郊外も載っている地図を買った。ラテンアメリカ関係の本はきわめて少ないし、古い本が多い。日本の芸術関係は豊富で、興味を持たれているらしい。大英博物館に「ねつけ」についての本が置いてあったが、その時は用途が分からなかった。Wikipedia によれば「日本の江戸時代に使われた留め具。煙草入れ、印籠、巾着や小型の革製鞄（お金、食べ物、筆記用具、薬、煙草など小間物を入れた）、矢立などを紐で帯から吊るし持ち歩くときに用いた」とある。

ガイドブックに、スコットランド行きの夜行列車が安いと書いてあったので、ユーストン駅に買いに行った。寝台ではないが1等で、グラスゴーまで19ポンドで半額。日曜日夜に発って、翌日の午前中グラスゴーを歩き、景色を見ながらロンドンに戻ってくるという計画だ。

ロンドンで見かける奇抜なファッションは、最初は新鮮だったが、すぐに慣れてしまった。セックスショップなども多い。英国の女性は、予想した以上にきれいだと思った。

17日（日曜日）、朝はアールズコートの日曜マーケットを見に行った。マーケット自体は小さくて、活気もなかった。アラブ系の人が多い。売っているものは衣類が中心である。

それから、リッチモンド公園に行った。グーグルアースで場所を調べたらかなりはずれだ。天気が曇っていて寒かったので、歩く気にならずそのまま帰ってきた。ピカデリーのジャパンセンターというところに行ったら、沢木氏の『人の砂漠』という新潮文庫があったので買った。この中に「視えない共和国」という、与那国について書いたものが入っていた。あと、チャイナタウンで安い店を探して食べた。それからホテルに戻って、『人の砂漠』の最初の、「おばあさんが死んだ」を読んでから、4時まで寝た。ホテルで受付のバイトをやっているというおにいさん（寝るのは同じ部屋）が、私に、コミュニストじゃないか、ときくので、いいや、法律家だよ、と言うと意味不明の握手を求めてきた。このホテルの大部屋は男だけで、誰も話さずしーんとしていた。話さないのが文明の礼儀なのかなと思ったりしたが、慣れたら気にならなくなって快適だった。受付のおにいさんはしょっちゅう人を連れてきて、この部屋はどうですかときいている。女の人は全部ノーという。そうだろうな。上の方にもっといい部屋があるんでしょう。女の人がノーというたびに同室者どうしで顔を見合わせてクスクス笑った。でもやっぱり何もしゃべらない。

ロンドンは、米国と比べて、強烈な印象ってのは少ない。それに、やっぱり田舎を見てみないと「ロンドンらしさ」ってのがピンと来ない。

予定通り、17日(日曜日)の夜ロンドンを発って、18日の朝7時半頃グラスゴーに着いた。夜行列車は寒かった。グラスゴーでも、チョッキを着ても寒く、オーバーを着ている人もいた。これでは冬が思いやられる。町をゆっくり2時間ほど歩いた。殺風景な町だという印象だった。川はきたないし、道は十字が基本で退屈である。体つきが丸く、太った人が多いようである。

景色を見ながらロンドンに戻ってきたが、角がない風景だなと思った。石けんみたいな感じ。そしてとてもよく手入れされているようだ。牧草地が多い。牛が多く、そして羊。ほとんど同じような風景が続く。土地割りはあまり大きくない。すぐ見渡せる広さである。そして、形は様々である。もっと放ったらかしかと思っていた。ホテルに戻ってきて早く寝た。

19日(火曜日)、ロンドン博物館に行った。展示はたいそう立派だった。よく分からなかったが、イングリッシュとブリティッシュは違うらしい。ローマが入る前だったか、あとだったか、とにかく、地図の東の方がイングリッシュ、ウェールズとスコットランドあたりがブリティッシュとなっていた。ロンドンが何度か、大昔から、大火災にあってきた展示も興味深い。カーテン付きの寝台には色気を感じた。

中華料理を食べてから、またロンドン大学近くの本屋に行った。コミュニティローという題の本があり、コミュニティについての本かと思ったら、ECの本だった。だから、国際法のところに置かれていた。このタイトルで誤解は生じないのだろうか？　ロンドンでは、一般の書店には法律書は置かれておらず、置いてあるのは大書店と専門書店だけで、日本より分化は進んでいるようだ。図書館を見なかったのは手落ちだったな、とこのとき思った。２００１年に、英国の図書館見学ツアーの一員としてやって来て、英国の図書館についての本の共著者になるとはその時は予想もしなかった。この書店では、各国というか地域別のコーナーはあり、日本は中国、インドと並んで独立のコーナーになっていた。十分関心を持たれているようだ。ラテンアメリカは一括して2コーナー分になっていた。

本屋のあと、ちょうど2階バスが来たので、それに乗って、ロンドンブリッジも見にいって、ちょっと観光気分になった。

翌日発って、日本に帰った。この旅で、ロンドンは使える町になった。その後、足場として利用してきている。

帰国後の１９８６年度後半の講義では、私なりの日本像をつくるという努力に徹した。これについては「法人類学の内容(Ⅲ)」(沖大法学第7号、1989年3月所収/沖縄大学リポジトリ参照)の三「日本の社会組織と法」で述べている。

講義前、日本に関しては二つの、一見相反するイメージをもっていた。非常に画一化されていて、個性が乏しいというイメージがある一方、よくみると、工夫に富んだおもしろい人々がたくさんいる。人々が集団的にしか動かないといわれるのに、雑然とした印象も強い。こういう状況は、中川剛『町内会』(中公新書、1980年)でうまく説明されていると思う。中川氏によれば、社会規範と個人的信条とが非連続なのだ、と。社会規範は個人の信条を直接縛るものではなく、信条の方はめいめい勝手でよい。しかし、社会のきまりはちゃんと守ってもらわねばならない。行動のレベルでおさえるのが社会規範である。そして、行動でも、個人レベルにとどまるものは「自由」というより「無制限」なのだ、と。

都市の成り立ちも全く同様である。〝同意〟にもとづいて都市が形成されるという構造がないから、貧富の別も、職業の隔りも、年齢差も出身地の違いも、コミュニティの形成には支障がない。それほどの差異がありながら、共同生活体として成り立つためには、その〝場〟の規範に従うという黙契がなくてはならない。そのような秩序の感覚が発達させられてきたために、いかにも同質であり、主体性がないとまで見えるのである(同書106頁)。これを別の言葉で表せば、日本において文化は私事である、ないしは私事であったということになろう。最近になって「文化行政」ということが盛んにいわれるようになったのも、もともと文化は行政の領域外のことだ、という観念があってのことだろう。

日本の社会組織についても、日本では「私」の単純な積み上げで社会が構成されているのではないので、もうちょっと大きいところで場づくりが必要で、そういうことから井上忠司『「世間体」の構造　社会心理史への試み』(日本放送出版協会、1977年)を読んだ。最初は、「世間体」というものに注目したところがおもしろい、程度の気持ちだったが、読み進むうち、「私」に迫ってくるような分析に、すごいと思った。「世間体」とは「世間」を気にして体面、体裁をつくろうことであり、「世間」を自分の態度や行動のよりどころとすることを言っている。わかりやすくいえば人目を気にすることである。「世間体」をつくろう必要のある「世間」とは遠慮がはたらく人間関係であり、そのウチ側はミウチの世界、そのソト側はタニンの世界で、いずれも無遠慮であるという点で共通している。即ち、ミウチの世界は甘えていてへだたりがないので無遠慮であり、タニンの世界はへだてはあっても、それを意識する必要がないので無遠慮である(同書91頁)。

このように述べてみれば何かあたりまえのことのようであるが、たとえば、瀬川昌久氏が報告している香港の中国人社会と比較してみると、その違いの大きさに驚かされる。瀬川氏は、香港の中国人(漢族)は一様に周囲の他人に対してひじょうに無関心である、と言い、騒音に対する無頓着、他の一族の婚礼や葬礼に対する無関心ぶりをあげている。しかしそれは香港の中国人が無神経だとか、冷血漢だとかということではなく、客をもてなす歓待の仕方、他人に恥をかかせぬよう礼節をつくす気配りの仕方において、日本人にはとてもまねのできないソツのなさがあることについては定評のあるところである。自分に関係があるものとないものとのあいだの区別を明確にわきまえること、これが中国人の社会生活のなかの基本理念として存在している(瀬川昌久「赤の他人と無色の他人」月刊みんぱく、1986年10月号参照)。日本人の場合、まったく自分には発言権のない他人の私事に対してもなぜかふかい関心を寄せてしまうきらいがある。他人に対し、つねに無関心でいられないし、またそれは他人に対しておせっかいであるということである。マンションの隣室の住人がどういう人かを知らない状態をひどく不自然と感ずるのも、こうした赤の他人への関心の高さの裏返しなのかもしれない。隣室の物音をむやみに気にし、ピアノ殺人までおこるのも、また他人の喧嘩を止めに入ってなぐられて逆上するのも、こうした赤の他人の関心のあり方に起因しているように思われる。実際、上前淳一郎『狂気—ピアノ殺人事件』(文藝春秋、1978年)を再読してみて、このことを如実に感じさせられたのである。

ところで、今日の日本でみられる「世間」観の原型ができたのは江戸時代であろうと井上氏は言うが、江戸時代に多数を占めていた農民の「世間」観の変遷は興味深い。かつて農山漁村において、「世間」に対する観念は、「土地」または「郷土」であったとされ、「世間」とは、「他郷」の総称であった。その時期においては、ムラの日常生活は高い完結性をもち、「世間」はさほど重要ではなかったので、「うちのものが承知しない」というのが規準であった。それが、ムラの完結性がおちてくると、ムラの外部の規準が幅をきかせるようになり、「よその人に笑われる」というのが規準として通用するようになる。同時に、「世間」の眼でみられたムラの生活状況が「ひろい世間」に対する「せまい世間」として自覚されるようになる。ムラの結束はゆるみ、ムラはミウチやイエに対して「せまい世間」と化していくのである。このような「世間」観の変遷をみると、ウチがソトによって規定されるようになっていく過程がよく分かる。

家族についても同様に、家族のソトの規準によって家族が規定され、そのような規準を家族内に導入するのが家長の役割であったと考えられる。より一般的に、日本の中間集団は、どのレベルをとってみても、その集団がより上位のレベルの集団に対して弱い自立性しかもっていない、という作田啓一氏の仮説も妥当なものと思われる（参照：作田啓一『価値の社会学』岩波書店、1972年）。日本において、タテマエとホンネという発想が広くみられるのもこのような「世間体」の構造から自ら明らかになろう。

日本でみられる集団主義は、そのことばから連想されるような、集団への個人の完全な埋没ではなく、むしろ個々人がそれぞれの判断に従い、その集団の中での自らの職分なり身分なりに応じて自分を自己規定しようとするところから生ずるものと考えられよう。自発的な構成員の存在を否定するような集団主義で今日の日本のありようが説明不可能であることはほとんど自明であり、あらかじめ一定の自己というものがなく、集団の中における職分なり身分なりに応じて自分というものがきまるということを強調すれば、集団内における人と人との間柄が重視されることになり、「間柄主義」とか「間人主義」とかの言葉がうまれてくるが、「場」の論理とは、もともと本来的に家庭内とか小さなムラ社会での処世術にすぎないから、他の人とは違っている、あるいは違ったことをやるということ自体がマイナスの評価を受けることになる。それが、日本という「場」全体にまで拡大されれば、これはもう問題がおこらない方が不思議であろう。

日本の社会組織にみられる以上のような特色を法の側面からとらえるため、86年度は会社と地方自治体とを取り上げてみた。

日本の会社の特徴については、神島二郎・澤木敬郎・所一彦・淡路剛久編『日本人と法』(ぎょうせい、1978年)の第五章「日本の会社」を利用した。

会社制度が、実質的には個人企業とかわらない零細な企業にまで広く利用される理由として通常、課税上の理由があげられる(いわゆる法人成り)が、個人責任を免れる手段としても会社が利用されているものと考えられる。「かつては、企業的冒険にいどもうとする産業資本家の要求を満たす」(220頁)べきものとして考えられた有限責任制度が、逆ともいうべき理由で利用されている。加えて、会社は本来一定目的をもって結成され、目的が消滅すれば消滅すべき団体と考えられるのに、日本商法上このような定めはなく、実際にも存続期間を定めている例は稀有であろうとされることから、会社は純粋な社縁団体ではないと意識されている。会社という「場」が強調される結果、地縁化ないし擬似血縁化が進んでいったと考えられるわけである。さらに、会社の大小・強弱に応じ、系列化や下請企業化の現象もみられる。

次に、日本の地方自治制度については、その「日本的」特徴を強調した文献として、阿部斉「国と地方自治体の関係」(地方自治研究資料センター編『地方自治の日本的風土』第一法規、1979年、所収）という論文を紹介した。

阿部氏はまず、第二次大戦前の地方自治制度の特徴を、地方自治における政治の否定と要約され、自治とは「自（みず）から治める」という意味ではなく、「自（おの）ずから治まる」という意味であった、とされる。明治政府が地方自治制度に期待したものは中央の政争の防壁となることで、それ故、非政治的な自然村的共同体の再編が試みられた。後に自然村的共同体が動揺すると、モデルはさらに家族秩序へと逆行し、これがいわゆる家族国家観にほかならない。自然村や家族の特質として、紛争や対立が生じない、というより生ずるべきでないとされており、対立・紛争の日常化を拒否する。そのため、現に対立・紛争が発生してしまうとその調整ができないため、対立・紛争は全面的な、激烈なものとなりがちである。このように地方自治が非政治的にとらえられた結果、地方自治の具体的内容は政治ではなく行政とならざるをえなかった。

阿部氏は、このような特徴は第二次大戦後も連続して認められると言い、戦後も依然として「ムラ的感覚」が残っているとする。だから「地方政治」ないし「地方政府」ということばに対し抵抗がみられるし、紛争・対立の非日常性が強調され、行政部が優位（地方議会の無力）であることを挙げている。

阿部氏も、いわゆる住民運動の進展は新しいタイプのリーダーを出現させることは認めつつ、なお、住民運動に往々みられる純粋主義ないし潔癖さ、つまり妥協や譲歩を一切排除する態度をあげ、これには地方自治における非政治性と符合するものがあるとする。

86年の年末に上京して本屋まわりをしていたときに、改めて感じたのは新しい名の権利が随分ふえたことである。私個人として一番興味を感じたのは「交通権」である。交通権学会編『交通権―現代社会の移動の権利』(日本経済評論社、1986年)という本を発見したときは、遂に出るべきものが出たかと、一種の感慨にひたった。移動を旨として生きてきた私も、それが人権としてとらえられてみると驚きを禁じ得なかった。85年に法社会学会のシンポジウムで、そのテーマとして「権利の形成と展開」が設定されたのもこのような動向に対応するものであろう(参照:日本法社会学会編『権利の動態I』有斐閣、1986年)。

このような事態が留保なしに喜べることかどうか疑わしいだろう。当時権利主張への批判がたかまっていて、物とり主義やゴネ得といったものとして権利が利用されることが目立っていた。学生のレポートの中に、個人レベルでの権利・義務関係がしっかり確立していないことが、あれもこれも「人権」の問題としてしまう基本的な理由だという趣旨のものもあった。このような「人権」意識の高揚はかえって、「日本的」社会関係の健在を暗示する。このような「日本的」パターンがどの程度強いのかを考えていくと、どうしても歴史的検討が抜きにできないと感じられる。

講義では、石井紫郎『日本国制史研究II　日本人の国家生活』(東京大学出版会、1986年)のうち、喧嘩両成敗法に関連する部分(第二章及び第三章)を中心に紹介したが、石井氏はまず、単線史観、すなわち、どの民族や社会も基本的には同一の発展過程をたどるはずだという歴史観をとるべきではないと述べている。日本社会が近代化すれば近代ヨーロッパと同様な権利意識が成長するとは当然には言えないし、ヨーロッパの前近代的法意識と日本のそれとが当然同じだとも言えない。そして、喧嘩両成敗法について具体的にみてみると、同じ前近代でも、日本とヨーロッパそれぞれの法意識の間には大きなへだたりがあると結論せざるをえない。喧嘩両成敗、つまり理非を問わずあらゆる実力行使を禁じることは、室町・戦国時代に徐々に整えられ、秀吉・家康の天下統一と共に「天下の御法度」として定着した。一方、鎌倉時代の御成敗式目においては逆に、理非判断が必須とされていたことも明らかである。こうして「封建制」の進展とともに喧嘩両成敗法は徐々に確立されていったわけである。これは「私」に対する「公」の優位が徐々に確立していく過程でもある。ヨーロッパにおいては近代に至るまで同害報復が刑事裁判の大きな指導原理として機能し、この同害報復を合理化し、かつ被害者にこれを行わせないよう努力を積み重ね上げる過程で国家権力が確立し、近代的な平和的社会が生まれたのに対し、日本においてはこの同害報復合理化の努力を省略して、平和維持の理念を先行させ、強行させていった。

今日ではもちろん、喧嘩両成敗法はそのままの形では残っていないが、前記の、対立・紛争の存在自体を非日常的とみて避けようとする（ないしは隠そうとする）傾向とか、連帯責任観念の強さなどのうちにその名残が認められるのではないかと私は考えている。

10　中国、香港、マカオ旅行ノート——1987・3・6〜4・1

前章のような講義をしたあとで、香港経由で中国に入って動いたが、この旅について記した「中国・香港・マカオ旅行ノート　1987・3・6〜4・1」が残っている。それを以下に掲げる。

また旅が始まろうとしている。何度やっても空港までの気分ってのはいいものではない。重苦しい。リュックの重みで頭がボーッとしてくる。

今回の旅はやるしかない旅である。研究上、講義上、中国は行かねばすまないと啖呵を切ってきたのだから。しかし、やることはいつもの旅と大差ない。従ってまた、いつもの旅と同じ心得でやればよい。旅行技術的には、そんなには困難はないようである。問題はこちらの側にあり、この1年、いや5〜6年続けてやったガクモンの成果として私がどれぐらい変わり、変わらないかを確認する作業がある。

今回ガイドブック以外に用意した本は、川喜田二郎『素朴と文明』(講談社、1987年)と松下竜一『ウドンゲの花―わが日記抄』(講談社、1983年)である。松下氏のものはさっき八重洲ブックセンターで買った。昨日から今朝にかけて、「草の根通信」というのに連載したという、ええっと、なんとかやってますというの(なんとかのところが思い出せない。ボケたよ)を読み通して、とても楽しかった。松下氏の生活の様子を書いたものをもっと読みたくてこれにした。私なりにこの2冊でバランスを取ったつもりである。

今チェックインを終えた。行くしかないわな、もう。

今飛行機に乗った。

今回の旅に出かける前、教務部長の反対があって、それに抗して学長がハンコを押してくれたおかげで旅行許可がおりたのだが、この教務部長の態度をいろいろな人がさまざまに評した中で、母の評が一番ケッサク、かつ図星である。いわく、「示しがつかない」。私が一番狙っているのはつまり「世間体」の構造から離れることであり、それは具体的には人目を気にしないことである。私はもともと人目は気にしない方だが、それが表面的というか、深いところでは人目にとらわれていることをこの一年で十分に思い知ったのである。しかし、それに対応して「私の文明」とでもいうべきものをこしらえようとしてきたわけで、そのクビ実検である。すべてタメシ、タメシ。これでよかろう。

10年前と比べて成長したものだと思う。

川喜田氏の本の最終部（第三部）「地図と針路」を読んだ。ビールを飲みながら。

一つの疑問は、人間の段階として第一段階「渾沌」、第二段階「主客の分離と矛盾葛藤」、第三段階「本然」とされているのだが、第三段階はむしろ第一段階にたどり着きがちであることで、言ってみれば円環構造になっているのではないかということである。実は第三段階は第一段階にあらずと悟るには、少なくとも私の場合かなりの困難を伴う。私程度の人間だと、「渾沌を原初の段階として力説する」（313頁）荘子の説く思想がなじみ深い。これは、チベット文明が壮者尊重的、中国文明が老者尊重的とされている（303頁）のにならえば若者（というより子ども）尊重的日本文化

（文明と言いにくい）に染まっているということなのだろうか。松下氏の生活の魅力はそこにあるようだ。きわめて立派な大人の部分と、「甘え」もいいところの子どもの部分とのステキな混合状態が見られる。まったく、これまで中国人と付き合って、「子ども」と感じたことがない。

昨日から今朝にかけて読んだ松下氏の本の書名を思い出した。『いのちき　してます』（三一書房、1981年）である。爆笑した部分が多かった。松下氏は、暗いところでは（家庭以外では）眠れない、暗くなるといろいろな妄想がふくれてしまうと書いていて、私も似たようなところがないわけではない。昔子どもの頃、頭の中でラーラーラーラーと繰り返していたらそれがふくれあがって抑えきれなくなってしまい、恐怖のあまり隣の母がいた部屋へ飛び出したことがあった。母はちらっと私の方を見て、また自分のことをやり始めた。そういうことが二度ほどあった。妻の下の弟でブラジルにいるのが、寝るときも常にあかりをつけている。

アリタリア航空の搭乗員はマウロ先生を思い起こさせる。搭乗員同士でペチャクチャ楽しみながら仕事は適当にやっている感じ。きわめてよい。大韓航空のかたさと比べると雲泥の差がある。川喜田氏は、文明社会はみな管理されて閉塞状態になっていると言うが、ラテン社会はいい線を行っているのではないか。やはりこれは、個を基調にしている。この中に感情とかそういうもろもろのものも含めて理解されているところが違う。だから機械論になりにくい。

旅程の取り方はラテンリズムが望ましい。少なくとも最初はそれがいい。そのコツは、動いていないときはゆったりと、行動は敏捷に、である。出発便がアリタリア航空だったのは幸運のようだ。

もうブラジルにいるみたいな気分ができはじめている。

今度、旅行準備として中国語を勉強し始めて（と言ってもまだ2日ぐらい、それもごくわずか）、発音上のコツが少し分かったところがある。いわゆる巻き舌というのであるが、これがよく分からなかったのだが、たとえば巻き舌のシは日本語でジの要領で口をセットして、しかし濁らないようにすればいいのである。たぶん正解だと思うが、どうか。以前2年間ぐらいNHKラジオで勉強して、発音は自信が持てなかった。

83年にアメリカに向けて出発したとき「さびしい」と感じたが、今はまたなくなっている。動くのが地についてきたというより、日本における私の人間関係がありのまま見えるようになり、そのよさも悪さも認識できているからではないか。

香港に着いた。重慶大厦（チョンキンマンション）内の New Brother's Guest House（新兄弟招待所）というところにいる。きれいで明るい。この宿で中国ビザも取ってくれるんだそうで、日曜日には取れるそうである。めでたい。ついでにちょっと歩いたが、通りが小さい。これがメインストリートなのかとビックリする。（1987・3・6　東京～香港）

菊花茶なるものを飲んでいる。ヤクルトの100％ジュースの倍ぐらい（もっとかな）のパックに入っている。2・5香港ドル。50円ぐらい。香港ドルは随分落ちているようだ。今1香港ドル＝20円ぐらいの感じである。ちょっと前のガイドブックで30円となっている。

中国旅行の手配、日本に手紙を出すこと、航空券の予約再確認などは終わった。今日の午後、広東に行くときの鉄道の始発駅である九龍駅まで歩いたが、かなりかかって疲れた。しかし、近道を行けばかなり近く、歩いていけるだろう(20分強)。こういうことをしながら香港を歩いているが、とくにショックなことはない。まずまずの感じ。治安も、私が歩いた範囲ではとくに問題はない。ただ、夕方、2件の喧嘩というか口論というか、そんなのをみかけ、いずれも中東ないしインドの顔の人が絡んでいた。かなり多い。

さて中国のガイドブックを読み始めているが、かなり気が重い。やはり宿泊事情がよくないようである。疲れた状態で入国すると腹を立てやすくなっていて、すぐにもう出ようと決断することになってしまうかもしれない。社会主義圏が疲れやすいのはすでに経験ずみである。これに対処するには、「学問的接近」がいい。つまり「比較」を意識して動けばすべてデータとして使えるから腹も立たない。気持ちよく動きたいというだけなら、この中国という国は団体旅行に限るらしいね。

具体的なコースだが、広州から上海にいきなり行くのは、列車の到着時間が19：38であることもあってどうも迷う。北京の方へ向かうとすれば武漢(漢口で降りるのがいいそうだ)がうまく中間点になる。武漢に決めれば北京から上海に行かない限り今回は上海は見送りになるだろう。私の旅は観光というのではなく、中国をマクロにとらえることである。そうすると武漢の方がいいと思う。上海に行きたければ飛行機だろうが、それよりはまず北京まで列車で走ってみたい気がする。たぶんそうなるだろう。なお、旅行がいやになって香港に戻りたくなれば飛行機がある。この中で、昆明から週2回飛んでいるのは注目だ（注：実際には週4回飛んでいた）。こうやって予定を考えると私がいつ熱心になれる人間かがわかる。近い先のことに一番熱心だ。これをもう少し遠くへ移せれば「偉大風」になるのでは。さあ寝よう。旅行の件は今日はこれで打ち切る。（3・7　香港）

11時までホテルでゆっくりしてからメシを食いに出た。12香港ドルでおいしい食事が食べられる。今日は牛肉・野菜炒めご飯を頼んだつもりがイカだった。うまかった。隣に日本人の学生らしい3人が座った。『中国自由旅行』のガイドブックを持っている。メニューを長らく見て、手で指して注文していた。思えば世界中で中華料理にはお世話になってきたのに料理の名前はまるで知らない。いつも何が出てくるのかわからない。

このホテルに着いたとき入口横のソファに男と女が座っていて、チェックイン後に男が、どこから来たのかと私に尋ねた。東京と答えると、片言の日本語で、日本人ですかと言った。隣の女の人が日本人で、埼玉から来たのだそうである。以来会っていないが、奥のドミトリーにいるのではなかろうか。香港にいると、どの人が日本人なのかほとんど区別がつかない。

このホテルは部屋とホテルの入口のカギをくれて出入り自由である。この形式は最高だ。このホテルならまだゆっくりしていいという気がする。蒸しっぽいので洗濯物がかわかずちょっと困るが、天井からぶら下がっている扇風機を回せば水はじきに切れる。

今（午後4時）ビザが手に入った。見れば6月5日まで有効で、3ヶ月近くある。バカに長いじゃないの。

夕方から市場の方へ出かけた。ネイザンロードをずっと北の方に向かっていく。ヤウマーティ（油麻地）から左に折れて港に出ると人が住んでいる船がズラッと並んでいる。旺角あたりまで歩き、麺と野菜の夕食を食べてから帰った。油菜と言うのを注文したら野菜だけで、非常に妙な顔をされたので麺を追加注文した。うまい。

市場というと沖縄のようなのを想像するけど、香港の場合はその上は20階ぐらいのアパートである。そして道に露店が出ている。沖縄もこういうふうにするとかなり住宅難の解消になるだろう。そういうところなら住んでみたい。市場には珍しい果物とか小鳥とか売っていて、飽きない。歩いているうちにだんだん魅力が深まってきた。

「世間体」というのは確かに感じないが、都会ってのはどこでもこんなもんだろうとも言える。男女アベックの愛情表現も、どぎついのは珍しい。場所にもよるのだろうが。笑顔は子どもに対して以外あまりみかけない。私なんかかなり笑う方で、ヘンに見えているかな。

松下竜一氏の性格と文章がうまくまとめられない。文章を読んで、こういう「冴えた」（『ウドンゲの花』44頁）文章を書く人のようには思えないのである。感極まって無言というのが似ているように思われるのだが。同書49頁（「喪われた一通」）を読んで私も松下氏にファンレターを書いてみたくなった。中国のたとえば漢口あたりから書いてみようかと思っている。

旅行ノートの最初は、私の場合は通常、精神安定のために書いているとわかるような文章の連続になることがほとんどだが、今回はちょっと違うみたいだ。世界が近くなった、というわけでもあるまいが。ホテルの部屋にテレビがあり、4つのチャンネルが入る。音を出して聞かなくても（日本でも音無しというより補聴器無しのことが多いが）、内容はだいたいわかる。あっ、街で「小心」という注意書きを見かけるが「注意」ということみたいね。漢字がわかるのは大きい。外国にいる感じがしない。長居は可能だな。テレビのコマーシャルに明星ラーメンがよく出てくる。東京風とか札幌風とかと出ている。このおいしい町で売れるんだろうか。

哲学は私には必要である。先に川喜田氏の本からチベット文明は壮者尊重的と言われているところを引用したが、チベットについていわれていることを全部並べると、「個人主義的、壮者尊重的、直感重視、彼岸待望的」、中国は、「集団主義的、老者尊重的、経験重視、現世執着的」となっている（303頁）。

私自身は、「個人主義的」というのはピッタリあてはまるが、あとはチャンポン型だと思う。現世執着的とはとても言えないが、かといって彼岸待望的でもない。チャンポンであるというのが一番「現実的」だという考えに近い。しかし、そうするとちゃんとしたスジメなどできそうにない。にもかかわらずこだわりつづけてきたのはなぜか。「今死んでいいか」という問いには、死ぬなら仕方がないが、死んでいいとは思わない、ということになる。これは私なりに「壮者」だからでしょう。つまり、やりたいことが残っている。でもそれもしょせん「やらせていただいている」みたいなものである。中国入国前夜に考えたのはおよそこんなことである。まっ、いつものように「なるようになる。ありがとうございます」とでも言っておこう。（3・8　香港）

もうちょっとしたら正午で、正午にこの広州賓館を出るところである。

予定通り、羅湖（ローウー）－深圳（シンセン）ルートで中国に入った。確かにこんなにごったがえす国境は初めてで、ほとんどが華僑である。私自身も華僑という形のビザになっている。シンセンで広州までの切符を買って1時間半あまり列車を待つ間、本当にくたびれた。手鼻をかむ老人や、使用中のところが見える大便所を見て、やって来たなぁ、って感じ。

広州までは座席指定でラクだった。車掌や売り子が若い娘で、バカに頻繁に往来する。途中うたた寝した。広州に着いて、トイレに行って、さてどうするかと駅前に立つと、若いおにいさんが行き先を聞いてきて、広州賓館と言うと、ついてこいという仕草。オートバイでのせて行ってやるというわけらしい。かなり距離があり、街中を見物できておもしろかった。乗るときにカネは要らんという意味だろう、ペケの手印をつくったが、事実上白タクをやっているんだろうと思って10元渡した。ホテルでチェックインしてからバスで広州駅に戻ったらバス代は1角（10分の1元）で、オートバイのおにいさんにあげ過ぎたかな、と思う。

中国国際旅行社はちょうど終わってしまい、時刻表を見たり、中国民航あたりをウロウロしたりしていたが、とにかく人の多さには圧倒された。人が昆虫の大群のように見えてくるのだ。これだけの群れの中にいると生物的にどうにかなってくるんではないか。疲れた。で、早くホテルに帰って寝ようと、駅食堂で水餃子を食べる。一人息子に両親と祖父母が一緒にいたが、一人っ子政策は貫徹されているように感じる。二人の子どもを連れているのを一度も見ていないのだ。そしてどちらかといえば男の子をよく見るように感じた。

ホテルに帰ろうと思ってバス乗り場の方に行くと、日本人らしい人がしゃがんで中国人と筆談していて、その人に話しかけてみたら、なんと沖縄出身だというのである。やがて日本人の連れがさらに二人来て、二人とも沖縄出身で、かつ一人は沖大のA先生のゼミ学生だというのだから世間は狭いと言わねばなるまい。

3人の話では、これから杭州に行く予定だが列車は明日も満員だそうで、これから民航で飛行機の切符を買うという。かなり話して、私も一緒について行くことに決めた。一人旅にこだわるより、ラクしてまず旅の雰囲気をつくろうか、と。実際4人で動いてみるといろいろあって、切符を買ったあとヤミ両替（人民券と兌換券の交換が1・2とか1・3とからしい）の誘いにあったり、ウロウロしている米国人の若者2人を3人が泊まっている宿に連れていってきたりして、とにかく4人で飯を食って、ホテルに帰ったのが11時半だった。まさか杭州に行くことになるとは思わなかった。4人で一緒に動いてみると、複数で動くのが宿にしても飯にしてもきわめてトクになるのは明らかである。ただ、4人でいることで得られる安心のせいで失うものも多い。入国の際のあの緊張、広州駅に降り立ったときのあのボーッとした感じ、ホテルからまた広州駅に戻ってきて人波の中にいて感じた一種の恐怖感など、一人でなければ味わえない。考えていいことだが、ただ、今4人で動くことになったのはとてもいい選択だったと思っている。（3・10　広州）

杭州にいる。

昨日17：15発の飛行機で杭州に向かったが、実際には出発は1時間ぐらい遅れた。ソ連に比べればいい方だ。杭州着の直前に、気温が6度だということで、前の席に座っていた香港からの3人連れの女子高校生が声を上げる。広州は暑かった、まったく。

連絡バスは真っ暗な道を市内に向かう。すごい田舎のように感じられた。ヒェーッて感じ。バスを降りたところで人力車に乗り、華僑飯店に行く。満員。とても寒い。仕方なく、No.1ホテルの望湖賓館に泊まらざるを得なくなった。二人部屋が120＋6・5＝126・5元で、私が1部屋分は持つことにしたら他の3人もOKした。とはいってもほかに方法のありようがない感じだった。3人は大変不満のようだったが、スケジュールの立て方の方が問題だろう。このことについて4人でしばらく話した。

今朝は10時に華僑飯店に来て、4人部屋を取り、長距離バスターミナルを回ってから駅に行って、明後日13日の朝の上海行きの切符を買う。これで予定が立って、皆さんゆったりとしたようである。

市場を回り、メインストリートを歩いて帰ってきたが、実にすばらしい散歩だった。広州から香港にとんぼ返りしなくてよかったと思う。やはり広州ってのは香港の続き的感じが強い。あれだけ暑ければ、社会主義もダレても仕方がない。しかし、それはここ(杭州)がコチコチというんではなく、人々の顔は生き生きとしていると思う。いろいろ問題はあるんでしょうが(特に外国人と接する人にはそれを感じるが)、街を歩いていて見かける人々は、はにかみ屋あるいは親切という言葉がピッタリ当てはまる感じで、こういう「人民」は私の気に入った。

物価の安いことはあきれるぐらいだ。バスは日本円で2円とか。人の多さと同じぐらいビックリしてしまう。市場の品物の種類と量は豊かである。食べ物はすべておいしい。

歩いていて、「集団主義的」というレッテルは似合わないと思う。さあ、どう形容すればよいのか。

(3・11　杭州)

雨のようである。昨日の夜から降り出した。起きたときはあがっていたんだが、9時半になった今また降り出している。さあね、皆さんの予定では今日は観光見物だそうだが。

朝昼チャンポンの食事をホテル近くの店ですませたら雨が止んでいた。雨ならホテルにいるつもりだったが、皆さんと一緒に行くことにする。西湖畔を歩きながら4路バス乗り場に行き、六和寺に行く。私の感じでは、宗教感覚ゼロである。何の興味も湧かなかった。面白かったのは町へ戻ってからだ。バスの中から雨になって湖見物は中止になり、もとのバス停から歩き始めた。Nさんという大阪外大の人がなぜか喫茶店に入りたいと言い、探して歩いたが、一般人用のそういうのはどうもないようで、次にNさんはお菓子を買いたいと言い、ビスケットなど売っている店に行ったら、2カ所でカネを出してもダメだった。配給券が必要なようである。ところが全部ダメかというとそうではなく、売ってくれるところもあるのだ。店によるのか、品によるのか、とにかくおもしろかった。あと、裏道を歩いて帰った。昨日は愛想のいい人にばかり会った感じがしたが、今日はつっけんどんな人にばかりぶつかったみたいである。思うに、「公務員」がいるところはつっけんどん、そうでないところはニコニコなのではなかろうか。幹部なのか、とにかく立派な軍服らしいのを着た人に売るときはへいつくばったように売り、おまけまでするおばさんも見た。「国家」の持つ意味が普通の人にとって以前とどれぐらい変わったのだろうか。注意深く見ていきたい。

一緒の3人が自称「気まぐれ3人組」であるのは観察に都合がよい。もっとも「気まぐれ」の内容は3人3様で、この方の観察もおもしろいというべきである。「べき」と書いたのは、まだ3

人との距離がうまく取れていると思えないからだが、いずれ落ち着くように落ち着くだろうからのんびりと付き合おう。一番おもしろいと思っているのはA先生のゼミにいるという沖大のIさんで、87年度はこの人と関係が深まるのを期待したい。

中国についても少しずつ感触が得られている。やはり人類学のフィールドワークをもとにして書かれた記述が一番信用できるという印象を深めつつある。（3・12　杭州）

上海にいる。まったくびっくりだね。こういう古ぼけた町だとは思わなかった。聞いている上海は随分ハイカラな町のように思われていたのだが。まず見てからものを言えということがまたもや証明された感じだ。で、上海の町は、私はとても気に入っている。寒くてちょっと閉口するが、気分は興奮していると言ってもよいぐらいで、浮き浮きしている。旅の感覚がまた戻っている。つまり、先のことを恐れなくなっている。

同行の皆さんは疲れ気味だ。特にリーダー格の大阪外大の人はイライラしているようである。体も疲れているようだが、カネのことが大きい。なんでも一人14～16万円ぐらいしか持ってきていなくて、しかも日本へ帰る切符はこれからだというのだからかなり無謀である。よく分からないのだが、なぜ香港と日本の間を往復で買わなかったのだろうか？　その方がずっと安くあがったはずである。今日、杭州からこの浦江飯店という、上海でもっとも安いホテルに来たとき、本に書いてある値段の3倍になっていることを知って、とうとう飯代までケチりだした。大名旅行に始まって、乞食旅行で終わるのか。なんでも北京への硬臥の切符を入手するのがむずかしいという情報が入っているそうである。混んでいるのか、ここでも正午に着いてドミトリーは取れず、4人部屋にいるのである。

飯代をケチりだしたというのはどういうことかというと、ホテルのレストランは高いと思ったのか、着いてすぐに街に出たが、安そうでおいしそうな店は配給券で買うのである。仕方なくレストランに入ろうとしたら日本人4人組とかち合って、8人で食べた。うち2人はとってもでっかい人で、威勢のよい注文をじゃんじゃんやって、結果としてたぶん普段の倍ぐらい払ったようである。あわれとも思うが、あんまり同情する気にならない。私の方がしっかりとしてきたので、北京に着いたら以降別れることになるだろう。

さて上海だ。住宅事情が悪いとは聞いていたが、とてもひどい。人々の顔も、寒いせいもあろうが、さえない。やっぱり広州はラクだ。ここでは青い人民服が目立つ。上海のことについては、やはりもうちょっと歩いてから書こう。今私は元気で、喜ばしい気分である、とだけとにかく書いておく。(3・13　上海)

4人部屋からドミトリーに移った。とても嬉しかった。鍵が一人ひとり別々になったので、一緒に行動しなくてもよいのである。大阪外大の人も、雰囲気では私にいてほしくないのかもしれない。全く利害が一致したわけでめでたいことである。彼はガキ大将タイプのようだ。私がいると頭がつかえるのでしょう。しかし、切符を買って、昼飯を食うまでは一緒だった。切符は明後日の硬臥、つまり普通の寝台が買えた。入手がむずかしいという情報がウソのようにあっけなく買えた。ただし、北京到着が午後3時前なので、北京でのホテル探しは波乱の可能性がある。

そのあと3人は立ち食いするか、とか言っていたが、一緒に街の中心に向かっていたときに、もと明治大学にいたという中国人の若い人に会い、その人が、蒸し餃子と水餃子の食事をセットしてくれた。あとからドミトリーで同室の白人もやって来て、ちゃんと一緒に食べたので、配給券なしでも買えるのかもしれない。

食後別れて久しぶりに一人で歩いた。中心街に向かい商店を見ながら行く。南京東路。急に一人になって臆病になっているのを感じるが、でもやはり気分はいい。そのまままっすぐ南京西路に行くつもりが、デパートに入って、出たら、方向を間違えて、北に向かって西蔵中路を歩いていた。この上海というのは初めてでも道に迷わない、かなり珍しい町である。小路はごちゃごちゃ細いのがたくさんあるが、そして道が曲がってもいるが、なぜか方向感覚はきちんと保たれるのである。私の経験では珍しい。あえて言えば、ニューヨークに似ているかもしれない。

鉄道駅に行く手前ぐらいから右（東）におれて、小さな道を行く。そして駅に出て、駅の構内を見てから、隣のバスターミナルも見る。配給券がいるかもしれないということが買い物をためらわせる。バスターミナル近くで飲んだ熱い牛乳は、粉乳のようで薄かったがうまかった。大きな通りにはツバを禁じる立て札と、歩道にちゃんとタン壺が掘られているのが頭に残る。

駅近くの映画館で「起訴」というのをやっているのがわかり、18：05～20：00の切符を買う。3角(12円)。4時前ホテルに戻り、ぐっすり昼寝。起きたらちょうど5時だったので、すぐに出て映画館に入った。日本と変わりない。座席指定のようだが、入るときは列車に乗るときと同じで、ドッと入るのだった。少し見たら、美人の警察官か検察官が悪者をやっつける話だとわかった。3人が待っているかもしれないと思ったこともあって、ちょっとで出た。沖縄3人組は戻っていなくて、同室の日本人2人と話してから、さらにもうひとり加わって上海大厦に飯を食いにいく。あとから加わった人は香港人だそうで、きちんと割り勘で払った。それで考えたのだが、なぜ中華料理が複数人向きにできているのかということだ。日本人が一人で旅行している人が少ない理由はよく分かるのだが、中国人が複数人で食べる理由は違うんじゃないか。

それから今日まで感じ続けていることだが、中国では写真撮影に対する制限・制約がほとんど感じられない。ソ連とは随分違うのである。私の推測では、ソ連の場合は防衛上の理由が大きいのに対して、中国の方は外国人と中国人の接触防止が政策の中心になっているのではないか。怖いのは外国人かぶれする者が出ることかな？　よく分からない。もう少し見て考えたい。

今、隣のベッドの人が帰ってきた。都立大で中国史を勉強されたそうだが、「連省自治」という言葉は熟した言葉だそうである。分立しようとするのは経済力の強い省だという。たとえば上海など普通話(共通語)はまったく通じないという。この人の先生は野沢豊という方だそうで、都立大ではそういった傾向の研究がなされているらしい。(3・14　上海)

風邪気味だ。これから寒い北京なんだが。上海は明日一日残っているが、私としてはよく歩いた。気づいたのは、街のパターンというか、生活空間の構成の仕方は同じように思われることだ。家はおおむね奥へ、はずれへと行くほどみすぼらしい。とても平等とは言えない。古い建物を利用しているからだ、だけでは片づかない。モンゴルと比べるとそれがよく分かる。市場はまあまあの活気である。ちょっと裏道に行くと、飛び飛びに市場が出現する。しかし、市場がすべてという感じでもない。道に人はきわめてたくさんいるが、ヒマな人も多いようである。郵便局は日曜日の今日も開いていてビックリした。党の支部というか拠点みたいなところが各所にある。

生活用品の程度は私の子どもの頃ぐらいだと思う。本屋はそんなに大きくない。というか、本は少ないと思う。少年図書館を一つ、裏通りで見つけた。日本の貸本屋さんみたいな感じ。少年といえば、港際の黄浦公園の入場券売り場（入場料3分）に、1・2尺以下の少年はタダとなっていたのが面白かった。年齢ではなく、身長で決めるんですね。

生活パターンはよく分からない。これは短期旅行では無理で、本で補う。そうすると、だいたいこれぐらいで上海はよかろうという感じがする。

今後のルートは、北京以降、成都、昆明と、できれば列車で行き、あと、飛行機で香港または広州に出たいと思っている。27日香港発の便に間に合うかどうか、今は見当がつかない。のんびり行こう。明日はゆっくりするつもりである。街を歩いていて意外に早くインパクトが失われたような気がする。そもそも中国というのは随分長く頭にあった国で、コンプレックスとは違うが、茫洋としてとらえどころのない気持ちを持ち続けてきたのである。38歳でやっと腰があがった。来てみたら、やはり今まで待っていたのは正解だったという気がする。待ちすぎかな。これで私の「マップ」(世界地図）の方もかなり埋まったようである。

街の中に「文明単位」という札のかかった建物がある。「文明」というのはどういう意味で使われているのであろうか？　持っている辞書には、①文明、②ハイカラな、とある。(3・15　上海)

昨日朝食でコーヒーのお代わりを注文したらタダだった。今朝は8角とられた。昨日は西洋人が注文したので、それに続いて私ももらったのである。ガイドブックに、中国人は西洋人には弱いように書いてあるが、本当かもしれない。

都立大の人が8時過ぎには出かけようとしていた。聞けば、豫園に行くのだそうである。そのキビキビした動きに魅了された。ガイドブックを見てみると意外とおもしろいかもしれないし、近い。後から行くかもしれません、と彼に言った。風邪は抜けつつあるかどうか、ひどくはない。昨日歩いたところが多かったので簡単に着いた。中で都立大の人にも会った。豫園は、パンチってのがないのが特徴だと思う。透明感というか、そういう突き抜けたものが感じられない。老人の安楽場所としてはいいかもしれない。

南側の路地を伝うようにして中心の方に向かい、西蔵南路を越えてみる。「文明街」など、「文明」

は合い言葉のようである。手袋、毛帽子を探してみた。手袋は布製で、1～2元ぐらいである。毛帽子は見かけなかった。何も買わずに福州路（福佑路？）を戻り始めた。書店街に外文書店があり、日本語をはじめ、英語、仏語、西語などの本が置いてある。日本語のコーナーはいずれも中国製の本だった。『人民中国叢書（文学）一分間小説選〈1〉扉ごしの会話』（「人民中国」雑誌社編、出版）を買ってみた。0・85元＝34円である。日本でも入手できるかもしれないが、それにしても34円の本なんてないだろう。

その後、飯を食いに入った。どのテーブルも埋まっていて、8人ぐらいが座っているテーブルの余ったところに導かれた。若い友だち同士で食事しているらしい。とてもきれいな女の人も混じって男女半々。お茶はないというのでビール「青島」を注文して、料理が出てくるまで飲んでいたら、ボーッとほろ酔いになった。ふと気がつくと、この8人のうちに日本語がしゃべれる人がいるらしい。紙に書いてもらったところでは「宝山賓館服務員」。宝山賓館というホテルで働いているんでしょう。ハアきれいなわけだ。私も名刺を出したら、年齢とか、結婚しているかどうかとかをきかれた。女性の皆さんがきれいなので、写真を撮っていいかときいたら、いいと言って集まってくれた。カメラを出そうとしたら見あたらず、あれっ袋に入れていたのにと思ったら椅子の下に落ちていた。写真を写さなければ落としたままになったのではないか。写真の送り先も書いてもらった。ホテルに帰る途中、曲がり角から来たトラックの助手にどなられたが、同じ中国人とは思えない。なお、ここでは信号を無視して渡っても全くかまわない。警察がいても関係ない。ブラジル式というより国際式と言った方がよいかな。

さあ、上海ももうじき出発だ。一眠りしようかな。夕方6時まで、1泊分の半分(9元)で今朝滞在延長したが、帰ってみたら支払催告書がベッドに乗っていた。3階の服務台にもう支払い済みだと言いにいったら納得したようだが、ここは人と人との間の連絡が悪いようだね。(3・16　上海)

とうとう北京にいる。暖かい。寒い、寒いと言われ続けてきたので、恐れをなしていたのだが、肌の感じでは上海よりぬくい。ホテルの掲示板には最低気温マイナス3度と出ているから夜冷え込むのかもしれない。しかし、ホテル内は暖房がよく効いている。結果としては満足すべき状況にあると言わざるを得ない。

昨日の夜行では沖縄3人組が同じところの上・中・下を取り、私だけ離れた寝台になった。その寝台も交換を申し込まれたのでさらにかわると、私が中で、上・下は日本人の女性なのだった。一人は神戸市立外大の、今度3年になる人で、中国語が専攻というだけあって中国人とも普通に話しているのである。もう一人は関西学院大で東洋史を専攻していて、昨年北京に語学留学したそうだが、中国語はたいしてできない。われわれは11番で、12番に2人、貿易関係の仕事をしている人がいて、大層話が弾んだのである。

列車は午後1時前に北京に着いた。私は沖縄3人組とタクシーでこの華僑大厦にやって来た。

ところがドミトリーはないと言い、2人部屋が94元だと言う。高い。われわれの感じでは、ドミトリーは実はあるんじゃないか、と思い、粘ろうということになった。そこへ一緒だった女の人2人もやってきた。中国語がしゃべれる方の人が喉がおかしくなって、だんだん声が出なくなっていて元気がない。そのうちほかにも日本人がやってきた。沖縄3人組が飯を食いに外に行って、しばらくして私は関西学院大の女の子とほかの安宿をあたってみようということになり、まず光華飯店にタクシーで行ってみたら、本当に満員のようだった。次にバスで宣武門飯店行ったら、ここは華僑専門で日本人は泊めないけど、泊めることもあり、ドミトリーが安いという話だが、最初あるみたいな感じで話が始まったのに中国語の質問がわからず、2人とも黙っていたらたちまち「没有」と言われてしまった。で、華僑大厦に戻ってきたが、不思議なことに2人部屋は94元なのに、3人部屋は72元なのである。女の子2人で1部屋、私も1部屋1人で取ろうとしていたら、他の日本人2人が一緒にしたいというのでそこに3人で入ったのである。沖縄3人組はいつの間にかいなくなっていた。こうして、とうとう沖縄3人組とは縁が切れたようである。それでひとりで街に出て、東風市場とかで食堂を見つけて、安くて、量もたっぷりの食事をした。疲れていたのでホテルに戻るつもりが、中心部に向かっていた。そして北京飯店前で沖縄3人組と出会った。なんでも、やはり華僑大厦にいるということだった。

一人で街を歩き、飯も食ったら元気になった。どう転んでもあと10日ぐらいのことなので、私なりのテンポでゆっくりやってみようと思う。北京を歩けるようにしておくのは将来のためにもとてもよいだろう。カネは多めに持ってきたので心配はない。今晩のうちに決めたいのは北京の次の目的地だが、候補は二つで、昆明と漢口である。昆明の方に一番行きたいのだが、列車で3日かかる。今日上海から列車に乗ってきて、1泊でも疲れる。楽しくできるにはもうちょっと言葉が必要である。迷いながら書いていたら、同室の2人が戻ってきた。2人とも広島大学理学部だという。大分と鹿児島の人。そして重慶から武漢まで船下りしてきたそうである。昆明は行っていないが、いいと言う。そして、飛行機で行くのがいいと言って、中国民航国内線のタイムテーブルを見せてくれた。北京から471元でいける。安い。そうすると全部飛行機になるが、決断ができた。昆明から成都まで列車に乗ってもよい。(3・17　北京)

とてもよく寝て起きた。

中国は日本人学生の旅行者がきわめて多く、しかも泊まれそうなところは限られているから常にかち合う。ホテル内の安い部屋は日本人で埋まっている。特に上海はビックリするほどだったが、北京の華僑大厦も同様のようだ。私は、今回の旅ではこれらの皆さんに大変お世話になっている。これだけ多くの人が来ているのだから、そして実際に歩いてみれば虚像が生じることは少なくなっていくから、今後「日本人の中国像」ががらりと変わっていくことは十分考えられる。日本人が多いために私の旅のペースができないまま終わりそうだが、でもいいのではないか。

昨日の夜、北京飯店を見ていたらクラクラッとした。ソ連の赤の広場なんかともちょっと違うが、大きい点は同じだ。これも悪くない。大きさ以上に感じるのは、空気が乾燥していることだ。私は、この空気はとても好きである。

このホテルに「555」というイギリスのタバコがあった。ロンドンで探したのに見つけられなかったのがここにある。140円ほどで買える。妙な感じだ。

昆明への飛行機は20、21日が満員で、22日しか取れなかった。ためらいはあったが買ってしまった。これでも列車で行くよりは一日早い。ところがそうすると北京は5泊6日になる。私は、北京は見るところはない、長城だけだ、ということでやって来たのでまいった。というより、やはりテンポづくりに成功していない。中国のテンポってのに合っていれば5日ぐらいすぐのはずだ。

ところで、昼寝のあと今考えるに、5日ぐらいでちょうどよかったと思っている。いろいろあるのだが、北京の空気が好きなことと、予想以上に大きな町で、この際見ておくべきところはたくさんあるということである。空気が好き、ということの中には、人々がつくる空気も含まれる。顔型が、細長いタイプが多くなった。つまり私と同じタイプで、上海より私に合うと思う。キョロキョロ好奇心に満ちているタイプが多いと感じる。北と南、どちらが好きかと言われれば、私は北の方がずっとよい。だからうまくテンポが取れればよい思い出になるだろう。

ここまで書いて、午後4時過ぎだったが、ふと開いた『スーパーガイドアジア！　中国上海編［チベット・雲南・長江流域］』(宝島スーパーガイド・アジア　8、1985年)を見ると、「成昆鉄道の旅」

が目に入った。あっ、これだと思った。私の弟が、出発前、昆明までの鉄道がすばらしいと言っていた。あっという間に行動派にかわった。

今ビールを飲んで酔っぱらっているので調子がいいんだが、まず民航に行って、20日の成都の切符を買った。昼過ぎのはなかったので、夕方6時25分発だが、これが勢いというのでしょう、迷わず買った。続いて北京－昆明をキャンセルした。キャンセル代を48元取られたが、私は仮にキャンセルできなくてもいいという気持ちだったので嬉しかった。あと、民航の隣でタンメン、ビール、おかずも食べて帰ってきたところである。成都に着くのはうまくいっても夜9時過ぎだろうが、かまわない。頑張るでしょう。

やっと一人旅の自信が戻った感じだ。ホテルに帰ってきたときカウンターで都立大の人に会った。この人は22日まで北京にいて、一緒に歩ければと思っていたので残念だが、私自身で旅の方向を決められたことの方が大きい。4階に戻るときに沖縄3人組にも会った。

今朝、というか昼前、明日の長城ツアーの切符を買ってある。(3・18　北京)

北京については、住んで快適、旅行は手早くの町であると思う。北京の中国語は少しいれば聞き取れるようになると思う。音がハッキリしている。安い食事が至るところで可能なのは都会だと感じさせる。旅行者として滞在していると、たぶん動きすぎて疲れがたまってくる。ボーッとできるところということで山のある場所に行ってみるのもいいのではないか。

一人旅の自信は戻っているが、行き先を成都に決めたことについてはなおためらいが残っている。でも、これでよかったと思わざるを得ない。力があるときの行動は、私の場合おおむね適切である。だから「判断の時」を選び、あとは考えずに動くのが思考の経済としてよい。予想以上によい旅ができている。

今日は長城・十三陵のツアーに行ってきた。最初に長城に直行したが、バスに戻るべき時刻をきくため手帳に質問を書いていたら、私と同じことをしている人がもう一人いて、この人も日本人だと分かった。明治大学の1年生で政治学専攻だそうだが、お父さんが秋田で弁護士をやっているそうだ。彼と一緒だったおかげで気分的にラクで、楽しいツアーだった。この人はシベリア鉄道でモスクワに行っての帰りだそうで、あと香港に行ってから25日に帰国とのことだった。アメリカにも6週間ホームステイした経験があるとか。彼は、中華料理は油が多くてダメと言っていた。長城にしても十三陵にしてもすごく足を使う。特に長城はすごい。北京市内でも歩いているので、自分の足がこんなに丈夫だったとは、と思った。十三陵の地下宮殿はおもしろい。定陵と言うのだそうである。沖縄の海軍壕を思い出した。ガイドブックによれば、神宗万暦帝の陵墓だそうだが、この皇帝は政治はほとんど顧みず、22歳の頃から墓づくりに奔走したというのだからケッサクだ。

中国のタバコの銘柄の多さはあきれるぐらいで、場所により売っているものが違う。このあたりは料理と並んで「社会主義」のイメージと合わない。人もそうだし。前門の裏小路にある食堂には昨日の昼と今日の夕方行ったが、楽しい。ゲラゲラ笑いがあふれている。昨日食べているとき、客のおじちゃんが、このタバコはいい、と言ったのが「青城」である。5角5毛だそうで、フィルター無しだが、これに「優」マークがついていたのに、店で売っているのを見るとついていない。どうしてだろうか。(3・19　北京)

北京は最後まですばらしかった、と書きたいところだが、さあ、ちゃんと出発できますか。今夕方の5時10分前で、空港にいるが、掲示板にはまだ乗るべき飛行機の掲示が出ていない。4時10分発の成都行きがまだ消えずに掲示されているところを見ると遅れているのかもしれない。風が強いのである。少なくとも昼頃までは強かった。今朝は快晴で、運がいいと思ったが、外に出てみたら凍るような冷たい風がビュンビュン吹いてきた。実際地面は凍っていた。その中を天壇公園にバスで行ってみた。すばらしい。配置といい、色といい、全くすばらしい。土産物屋に並べられているものがバカにみすぼらしく思われた。天壇公園のあとは歩いてまず前門に出て、裏道を通って北京飯店が見えるところまで歩いたが、北京のど真ん中にこういう裏道が残っているのが奇妙に思われた。気づいたのは、どこかの通りに入るとなかなか曲がり角がなくて抜けられなくなることが多い。道が細長く続くのは、歩くとかなりしんどい。歩き疲れて食欲もあんまりないので、東風市場で弁当を立ち食いした。弁当箱がやわらかな化学樹脂のようなものでつくられていて、日本ならすぐくず箱行きだが、ここでは1角でこれを回収してくれる(1・6元で買って、1角戻る)。弁当は、辛かったがうまかった。あと、「Ｔｉａｎｍａ(天麻)」というタバコが気に入ったので10

箱買い、パンを2つ買った(飛行機が遅く着くと食事ができないため)。そして、ホテルに戻って、2時過ぎまでゆっくりした。それから空港バスでここまでやって来たのである。

東風市場では天井から長い蛍光灯を垂直にではなく少し斜めに、ちょうど花弁のように並べてあって感心した。

さて、今6時40分だが、空港の待合室にまだいるのである。ｄｅｌａｙだそうである。係員に飛ぶのか、飛ばないのかと尋ねても、分からない、と。どうやら成都からの飛行機が着かないと分からないようである。覚悟はしていたので、意外なぐらいのんびりした気分である。同じ機に乗る人も待っているし。腹が減ってきたのには弱った。売店はあるのだが、クラッカーもビスケットも、一人で食べるにはあまりにバカでかいのしか売っていない。流ちょうに英語をしゃべるおじさんがいて、上海から北京に来るのに7時間待たされ、空港で寝ましたよ、だって。今日は特別に寒かったので厚着してきたから、なんとかしのげそうだが、列車に乗るとき以上に慎重な準備がいりますね。これと比較すると、列車はバカに正確だった。

川喜田氏の本を読むことにした。１０５頁に次のように書かれている。

「これを別の言い方をもってすると、トップ・ダウンの情報処理ばかりを発達させ、その逆のボトム・アップの情報処理に全く無能な今日までの文明がもつ、その体質なのである。もっと突っ込んで言えば、およそ生あるものには必ず必要な情報処理のフィードバックというものを文明というものは備えていなかったということになる」

そういう文明を守るものとして法というものがあるということでしょう。

今掲示が出た。21：15発だそうな。今8時だからあと1時間15分。着くのは11時前後かと思われる。寝る時間はあるんじゃないか。バカにいい調子でいる。こういうふうになると私らしさってのが出てくるらしい。

成都に行く人々を見ていると共通の顔つきがあるように見える。全体が丸め、鼻は高め、口もとが引き締まっている。成都を昆明の前に置いた（昆明に行ければだが）のは旅の目的からすると意外に有意味かも。（3・20　北京）

今日は土曜日である。3月21日というと日本でも彼岸か何かだったんじゃないか。旅行を始めてから一番ゆっくりした午後を送っている。昆明への列車がうまくいっても23日午後で、つまり月曜日まで動けない。これも天慮か。成都は週末を過ごすのにふさわしい。今、錦江というのか、川岸のベンチで春の陽を浴びながら書いている。

昨日は真夜中過ぎに成都に着いたのである。民航の連絡バスが錦江賓館と思われる建物が見えるところで停まった。ここに泊まるつもりでいたのだが、人力車のおじさんが来て、連れていってやる、と。あれっ、ここじゃないのか、と思いながら8元で乗る。で、着いたところはどう見てもきれいじゃない飯店で、私が日本人なのを知らないで連れてきたのかと思ってパスポートを示すと、泊めてくれる、と。で、また奇妙に細長い廊下を何度か折れ（その廊下もただの廊下じゃなく喫茶店風になっている)、部屋があるところに来た。二人部屋で、1泊が8元なのである。8元と人力車のおじさんが言ったのは宿代のことだったのだ。そう言えば錦江賓館から歩いて10分ぐらいなので、人力車代もそんなにするはずがない。10元しかなくて、おつりがないようなので、おつりはいらないと言って帰したので、おじさんもさぞ喜んでいることだろう。空港でタクシーに乗れと言ってきた運ちゃんは50元と言うし、観光都市なんですかね。飛行機で上から見たらバスが走っているのが見え、出発時(夜9時)の北京より明るいのである。沖縄と同じで、夜が遅いのかもしれない。安宿の名は旧名を改称して白芙蓉飯店というのだそうだが、トイレは中国式である。つまり扉無し。部屋がくさい。もうひとつのベッドには白人が寝ている。宿代は2日分払った。眠る前は宿をかえようかなと思っていたが、今はここでいいと思っている。においはもう全然気にならなくなった。朝、熱湯が出るのには感心した。そして、泊まっている白人を何人か見たし、宿泊交渉にやってきているのも見た。錦江賓館もドミトリーなら27元だそうだが、今のところでいいと決めた。午後、昼寝していたら停電し、目がさめてからも停電が続き、午後3時半を回ったところで外に出たのである。まったく穴ぐらみたいなところで、喫茶店風廊下にはたくさんの絵が掛けてあって、そのうちの一枚がステキだったので写真に撮った。

川岸の並木は何だろうか? 柳かな。人は多い。朝、自転車の大群を見て、イナゴの集団移動のような錯覚を起こした。右にも左にも3列ぐらいの自転車が延々と続いていた。

ベンチに座っていたら横に人が座った。彼がなにやら尋ねるが、もちろんわからない。筆談になる。「香港人」と書いたので、「日本人」と書いたら、「日本人偉大」と。「有名大ナントカ、文化程度」と書いたので、有名大学を出たのかということらしいのはわかったが、「文化程度」とは何か？　生活水準のことなのか？「姓名」、「年齢」、「工作（職業のことでしょう）」、「在住」と書いてきたのに順に答える。マジメというか、せっぱ詰まったというか、そんな調子なのである。彼は時間を気にしているらしい。彼は持っていたショルダーのカバーのひもをほどいて、中から小型の世界地図を出して、那覇の場所を確かめた。それから、書類ばさみからニューヨーク、ロンドン、香港などの絵はがきや新聞や雑誌からの切り抜きらしい写真を取りだしていって、その後、もう時間がないからといった感じでカバーを閉めた。しかし、それからまたカバーのひもをほどいて紙を出し、中国の人口問題は重要である、とか、日本は工業化が進んだ、とか、私がどういう分野の法律を専攻しているのかとか、それからまた、成都はいいところで歴史がある、などと書く。三国時代に中心地の一つだったことをマジメに自慢している感じ。相手をしていて、この人旅行したいのだろうか？　と思った。小さな地図帳に切ない思いが込められているのだろうか？　彼は『天文愛好家』という雑誌や医学関係の雑誌を取り出す。私の年齢が38と聞いて、38×2＝76、76＋24＝100と彼は書いた。100まで生きるとして、まだ半分を過ぎていないということであろうか。彼の年齢を尋ねたら36歳だそうである。中国人は年齢とか長生きとかについて独特の感覚を持っているのだろうか？「文明化の中でさまよえる魂となった空虚な人間は、それ故にこそなおのこと長生きしたいというとどめのない願望に襲われるのではあるまいか」（川喜田氏の本の111頁）。112頁には、秦、漢の皇帝が不老長寿の薬を求め、そのため、あやまって毒を飲んで死んだことが書かれている。彼の書く内容を見ていると、中国は今のままではいけないというのと、成都は立派な文化をもった町だという主張が骨格になっているように思われた。

2時間近くもそんなことをやっているうちに彼はとてもなごやかな表情になっていった。筆談するときにちょっと隠すような仕草をしながら書いていた。奥さんと男の子の写った写真を見せてくれた。それからヨーロッパ。しかし、英語は全くできない。彼はアメリカに一番興味があるようだ。奥さんはきれいな人だった。彼はボロボロになった北京の地図も持っていた。彼が北京に滞在中使ったものだろう。私の法律専門分野について「経済的法律」か「政治的法律」か、ときいてきたのはおもしろい。それから一番おしまいの頃に「天皇」とも書いた。ろくでもないやつと思っているようだ。そう言えば今日、通りに「石井作戦」や武田薬品の人体実験のことが写真入りで掲示されていた。

彼が行ってしまったあと、歩き始めた。大便がしたくなったので公衆便所で用を足した。一度ホテルで中国式の便所を使ったら、平気というのでもないが使えるようになった。公衆便所が多いのは、便所が各家に普及していないのかもしれない。

町の中心部に停めてある自転車は駐車料がいるらしく、係員がついている。

道に迷ったので引き返し、食堂で注文した料理は食べきれず、お腹いっぱいになってホテルに戻る。錦江賓館は今いるホテルとは段違いに設備がよく、停電も断水もないのではないか。裏通りは私の子どもの頃の日本とよく似た感じで、上海もそうだった。

夕方から左足首が痛い。無理もない。ちょっとゆっくり休もう。(3・21 成都)

朝起きて左足首の痛みが取れていない。無理のない範囲でゆっくり歩こうと決め、新南門大橋まで川岸をブラブラ歩いていく。麻雀をやっているのをしばらく眺める。それから成都一番の繁華街だという春熙路に行ってみる。ここの本屋で中国の法規集を買った。各種法分野の本がある中で、『家庭法律指南』という本があったのにはビックリした。家庭生活に法は無いと思っていたのに。それから、国際私法のテキストがあるのにもビックリした。本を買ったら重くなって動きが鈍る。だんだん暑くなってきて、体がだるい。一食抜こうと、簡単にパンですませることにしてパンを買おうとすると、「糧票は?」ときかれた。しかし、持っていなくても買うことはできた。そのすぐ隣の葬式屋みたいなところにあの世のカネを売っていた。飯代いくら、とかと書いてある。写真で見た香港のと比べると粗末な感じがする。水餃子屋に来て、食べたくなったので、辞書で発音を調べてから注文し、1セット10個食べる。0・24元。とてもおいしかった。あと、金魚や盆栽などの市場を通ってホテルに帰ってきた。ホテルでやっと水が出たので行水した。

足が痛いということでゆっくり歩いたらちょうどよいテンポになったようだ。貸し自転車もあるそうだが、歩いた方がこの町のテンポにはうまく合うような気がする。生活水準は全体的に低いように感じられる。なかなか1元(40円)までの買い物にならない。法規集2冊で5・3元。兌換券で買ったらちょっと注目されたようである。旅の終わり近くなって本を買えたのは、もうリュックをあまりかつがなくていいだろうから幸運だった。頑張って日本まで運びたい。

と書いたところでまた停電した。4時半になってもつかないので、また川岸に出てきた。外はぬくい。公園は人が多くて、空いたベンチを探すのに時間がかかった。

朝、二人の子連れみたいな人を見かけた。それから病院の入口に担当医の写真がはってあり、(一番偉い人が「教授」、他は「医生」)、中医と西医に二大別されている。

私は普段はあまり食べない方なのに、中国に来てからはあきれるほど食べている。そして下痢は一度もしていない。これは私の旅行歴では特筆に値する。

公園のベンチで、これまで書いてきた部分を読んだ。ちょっと元気も出てきたし、落ち着いた。自分の書いたものを楽しんで読むクセがある。ヘンな趣味とも思うが、やっぱりどんなに正直に書いても書かれた自分の方が立派でたくましいようで、それに励まされるのかもしれない。

夕食はホテル内のレストランですませ、本を読んでいる。だるいのは風邪気味のせいのようである。松下氏の本をちょっと読んでから、ふと手にした『地球の歩き方』の最初の色刷り頁を見ているうちに大理へも行ってみたくなった。可能である。広州行きの飛行機の切符がすぐに取れないようなら考えてみたい。気持ちとしてはチベットのラサにもっと行きたいが、どうかな。時間が足りないだろうな。そうすると中国にはあと、東北とチベットの2回は来ることになるだろう。「漢」からはずれるところが面白そうである。文明というのはやはり活気が足りないのでは？　人口圧を抜けば全然別の印象になりそうである。（3・22　成都）

今、昼前。風邪気味だし、外は朝、小雨が降っていたので午後までホテルにいることにして、今日の分半額を払い、今まで寝ていた。都合よくまた停電して、実際、寝る以外にすることがない。目覚めてちょっとしてあかりがついた。つげ義春の漫画に、自転車で地下に入っていく話があるが、この部屋はそれとそっくりな場所だと思う。あかりがついてからちょっとして、若い女性の服務員さんが顔をのぞかせた。

今昆明行き列車（第93次特快）に乗り込んだところ。軟臥というのは4人のコンパートメントである。駅に行くまでのバス、駅の前、それから硬席待合室、改めて人の多さを痛感したが、これと対照的に軟席待合室はガランとしている。現代の中国では、「人口圧を抜けば」というのは仮定として成立しないなあ。華僑というのもそこから発生しているわけでしょう。しかし歴史的には人口が何分の一にも減った時期があるということが頭に残っている。

列車は動き始めている。確かに日本の水田のような景色が発車後すぐに始まっている。でもそこで動いている人の様子や建物は違う。水田より、いろいろな野菜の畑が多いようである。人がたくさん見えて、手入れはとてもよく行き届いている。30分たったところで成都南駅に着いた。

レンゲと菜の花でいっぱいの風景を見ていると楽しくなる。竹が目立つ。川も多い。田畑の区画は小さい。機械は見かけず、牛(水牛?)が耕している。人も鍬を持っている。鍬はとても柄が長い。手で草取りしている。アヒル、ニワトリがいる。肥桶のようなものを担いでいるのが見えるが、小便ではなく川の水のようだ。藁葺き家が多くなってきている。なだらかな段畑が続く。

軟臥ってのはまったくラクだ。私は下の段で前に鉄道関係の人、上に白人のカップル。ラサに行ってきたそうで、ラサの写真を見せてくれた。ちゃんとおいしい食事がセットで食べられる(選ぶ必要がないのが有難い)し、スペースは当然大きくゆったりしている。軟臥の代金が68(+4)元だったが、安すぎるのではないか。上海‐北京が硬臥で100元ちょっとだったのだから(乗車時間は17時間ぐらい)。この路線は山が多くて、スピードが出ないということなのかもしれない。

軟臥があるということ自体、「社会主義」のイメージからして不思議である。もっとも、乗っている人もたいしてきれいな服を着ているわけではない。比較的、老人が多いようである。老人の皆さんは食堂車には出ていらっしゃらなくて、若い人が多かった。食堂車で隣に座った人と7元ほど兌換券と交換させられたが、とても喜んでいた。50元でも60元でもと言うのだが、とても使い切れない。兌換券というものにはかなり疑問を感じる。白芙蓉飯店内の喫茶店「黒珈琲」も毎日結構人が入っていたし、カネはあるところにはあるらしい。もうすぐ峨眉だ。川辺まで畑にしているのには驚く。田畑のサイズは相変わらず小さく、どこも水が豊富である。おや、茶畑ではなかろうか、山の周囲を取り囲むようにして植えられている。（3・23　成都～成昆線第93次列車）

列車はひっきりなしにトンネルをくぐり抜けている。山肌には草がはえているだけで地肌の色が遠景をさえぎる。山の合間に小さな川があると、その周辺は小さな畑になっている。人工着色したような、鮮明な緑色である。田んぼは水が抜いてあり、あるいは田植えしているところもある。家壁はレンガないし土塀である。屋根は細長い瓦を使っている。畑のサイズは小さく、方形の畑は少ない。

9時20分、だんだん土が赤っぽくなってきた。パパイヤがはえている。空気がぬるくなってきて、筋肉がほぐれる。川の水が澄んでいる。流れの緩いところは青ずんでいる。

うたた寝した。いい気分ですよ。日差しが明るい。遠くに小さく見える人や家畜が、絵の中にはまりこんでいるみたいである。少数民族、というのが私はまだ目で区別できない。

11時半近く、広通（Guang Tong）駅に停まっている。このちょっと前、材木を積んだトラックが列を作っているのが見えた。軟臥は本当にラクチンだ。これまで軟座、硬臥に乗ったらいずれも禁煙だったが、軟臥は、どうぞ吸って下さいと言わんばかりにあちこち灰皿が設けられている。

寒くもないが暑くもない。何枚着ても暑くないし、Tシャツ一枚でも寒くないだろう。湿度の関係なのだろうか。人の顔が変わってきているのかどうか、よくわからない。目が丸くて大きい人が多いようにも思うが。キセルを吸っているおじさんが見えた。雰囲気ありますね。若い男と女が手をつないで歩いている。もちろん人民服じゃなくて、カラフルなのである。

12時半、昆明の手前の駅を発車したところである。私が朝の弁当（1元！）の残りを食べていたら、ノルウェー人の男性がそれはどこで買ったのだと尋ねた。朝食時に上の段のお二人はまだ寝ていたのである。彼らは、インスタントラーメンを食べ始めた。中国では列車旅行にコップを持っていくのだが、小型の魔法瓶みたいなのを売っている。これに麺を入れ、湯を注いで蓋をすればインスタントラーメンができる。私の前に座っている人は、私が見せてあげた『家庭法律指南』と法規集を熱心に読んでいる。どう感じているのかとても聞きたいところなんだが。（私の想像する）チベット風の服装をした人たちが見られるようになった。鉄道工事をしている人たちはみな人民服である。

さっき食べ終わったあと、昼食用に朝と同じような弁当を売りに来て、これは一つ2元なのである。カップルさんも二人で一つ買って、辛そうな顔をしながら食べていた。何だかしらないが、二人とも何か一生懸命書いている。手紙ではないかな。あるいは日記か。中国人がわれわれのように書いているところは見たことがない。

家も土の色と全く同じで、褐色度が増し、緑との対照が深くなる。犬が増えたような気がする。ベトナムのようなすげ笠が見える。

中国に入ってわいせつ度ゼロみたいな日が続いているなあ。これだけ栄養をつけているのにねえ。畑に着物が干してあったが、色鮮やかである。

あと1時間あまりで昆明に着く。快晴である。山の緑が濃くなってきている。手が汗ばむ。田畑の手入れが行き届いているのにはまったく感心してしまう。機械をみかけないのにもまったくびっくりする。よっぽど人手が豊富なのだろうか。

午後2時30分、「温泉」という駅を通った。

いやはやこんなに混んでいるとは。

昆明に着いて、ガイドブックに書かれている通りバスで昆明飯店に着いた。高級だけど、飛行機の連絡バス乗り場に近い。受付で「没有」と言われたときは耳を疑った。こんな大ホテルが満員ってことがあるのか。隣の中国民航CAACに行ってみるとかなり時間を食いそうなので、先に泊まるところを見つけるのが先と、この昆湖飯店に来たらドミトリーが空いていて、なんと1泊4元なのである。160円。値段が落ちる一方の感じですねえ。すぐにまたCAACに行くと、広州行きは明後日もその先も「没有」。係の調子がきつかったので嫌われたのかもしれない。ふと国際旅行社に行ってみたらと思い、昆明飯店内にある国際旅行社に行ってみた。広州便は4月6日まで ないそうで、国際線で最初に乗れる香港行きは3月28日（土曜日）なので、迷わずこれに決めた。このホテルに来た日本人にきいてみると、皆さん昆明飯店で「没有」と言われてきているのである。ほかの高級ホテルもみんな「没有」だそうで、本当に埋まっているのではないか。団体でドッと来ているとか。

昆明は4日間滞在と決まった。大理や、シーサンパンナには行ってみたいが、時間が足りない。石林は簡単にいけるが特に興味はない。まあとにかく明日までゆっくりして疲れを抜こう。そのつもりでズボンを洗濯した。昆明をゆっくり見て歩き、考え、本を読んでいればいいだろう。（3・24昆明）

香港－成田の切符をなぜ3月27日にしたのかというと、29日が娘の保育園の卒園式がある日で、できれば出てやりたいということがあった。あと、4月2日に研究会の予定も入っている。結果論だから仕方のないことだが、最後の日はできるだけ遅くしておくのが面倒がない。沖縄に直接帰るのもおもしろいかもしれない。週2便あって、1時間半で着く。2万5000円ぐらいでノーマルチケットが買えるのではないか。

あらかじめ決めた日にこだわるのが私のクセだったが、それが抜けたというか、抜けざるを得なかったということは喜ばしい。「予定のない旅行」風になってきて、ある意味中国はそのような旅の訓練に最適の場と言える。なにしろ、飛行機も含めて、着いてみないと次がいつになるのかわからないのである。

昨日寝る前洗ったズボンがもうほとんど乾いている。すばらしい乾燥度のようである。

今日は同室の、名古屋工大で機械の勉強をしている人にくっつくみたいな形で西山（森林）公園というところに行った。

夕方、新しい人が入って、この人は大阪外大で（明治大学を出た後学士入学）、Nさんも知っているそうだが、中国は2回目だそうで、この2年で中国はとても変わったそうである。この2年で旅行者はドッと増えたってことなのでしょう。日常用品の物価は上がっていないが、ホテルとか外国人用のものが上がっているという。夜、この人と昆明飯店前でのヤミ両替に付き合い（1・5倍まで行くようである）、昆明飯店内を見た。この人は刺繍袋を買った。あと、日本語を勉強中というおじさんとダベってから帰ってきた。日本語学習熱は今は2年前より落ちていて、今は英語ブームだそうだ。通りに並べて売っている本を見ると、雑誌の種類は多い。教科書類は、地理や数学などは日本とほとんど変わりないようである。博物館の2階の半分が雲南の歴史になっていて、奴隷についての説明がある。西山公園は絶壁の上に建てられたお寺があってなかなかいいが、宗教という感じにはほど遠い。今日一日昆明の街を歩いて、昆明もほかの中国の町と基本的に変わらないという印象を持った。（3・25　昆明）

十分に寝た。風邪も治りつつあるようだ。これで明日出発できるといいんだが、どうしようもない。昨日、大阪外大の人がヤミ両替をしているとき、二人連れの幾分酔っぱらった男性二人が近づいて、日本語で、「日本人、カネばかりね」と言った。絡んでくる気配だったので知らんふりを通したが、この言葉には深く打たれた。中国人の側から見て、このように見えても仕方ないだろう。ポケットや財布の中には中国人の何ヶ月分かの給料に相当するおカネが入っている。そういうのを見せつけられてヘンにならない方がむしろおかしいだろう。盗難はあるらしい。一番狙われるのがカメラだそうだ。

さっき午前11時前に大阪外大の人が出発した。今朝もビザ延長手続きに行き、朝飯を食うのに付き合った。ビザ延長というのは、ビザ申請時の取り方によっては1ヶ月間しか出ないこともあるらしいのである。この手続きの時にベトナム人に会った。私が初めて話したベトナム人である。英語が話せた。彼のお父さんが英語とフランス語をしゃべれるのだという。朝飯は、甘いおかゆ（これは成都でも食べた）とねじれた揚げパンである。大阪外大の人に、中国と日本で一番違うところはどこだと思うかときいたら、町の大きさだということだった。確かにだだっ広い。出発前にイメージで持っていた「壁に囲まれた町」というのには出会わなかった。もうそんな時代じゃないのかもしれないし、そういうのは北の方に固まってあるのかもしれない。

法人類学の講義で中国のことを取り上げるつもりでいるが、87年度内ではまとめきれず、沖大にもう1年いることになるかもしれない。

頭がボーッとしてきている。昆明は眠くなる町みたいだ。そして、風が吹き、ホコリがかなりひどい。今中華人民共和国地図を眺めていた。「自治区」「自治県」の多さより、それが固まっていることに驚く。昨日博物館でナントカ族というのをたくさん見たのだが、記憶に残ったのは回族ぐらいで、あとはこんがらがってしまった。(3・26 昆明)

昨日の夕方食堂を探し歩いたが、入る気になる店がなくて、結局ホテルに戻ってきて、ホテルに隣接して道路上に並んでいるテーブルに座って、ゆっくりビールを飲み、飯を食った。その後、道路上に広げられている本を見ていたら、ニーチェの『この人を見よ』の中国語訳があった。これを中国の人はどう読むのだろうか?

ホテルに戻って同室の男性と話していたら、この人が上智大でポルトガル語を勉強していることがわかり、さらに、大分県中津市の出身であることもわかった。松下竜一氏と同郷の人ではないか、と驚いて、『ウドンゲの花』を取りだして、知っているかときいてみたら、知らない、と。ところがこの時、同室にいた女性(私は香港人だと思っていた)が声を上げて、読んだことがあるというのである。それも随分熱心な読者らしいのである。京大の教育学部にいるんだそうで、出身は大阪。この人の話がすごい。

彼女はシーサンパンナに行って、小学校で30人ぐらいの子どもたちを見ていたらあまりに可愛くて、子どもたちについていって、そのどこかの家に泊めてもらった。こういう小さいところなら中国人の民家に泊まっても大丈夫だろうと思ったのだそうだ。お風呂に入るときは爪でひっかいてもらうんだそうである。とにかく、そうしていたらどうやら子どもたちが言いふらしたらしく、公安に見つかったらしい。それで取り調べを受けることになって、取調官と書記官（英語がしゃべれたらしい）二人のいる部屋で、2枚ほどの調書を取られた。親指の指紋も採られた。取り調べは問答式で、最後に何か言うことはないか、と言うので、彼女は、すみません、本当に悪かった、と言ったのだそうである。民家に泊まったらいけないとは全然知らなかった、ということで通したそうだ。頭いいね。それで、条文のようなものを見せられて、そこには20元から100元までの罰金が書いてあり、彼女は20元に決まったのだそうだが、どういうふうに20元と決まったのだろうかと言っていた。

彼女は、シーサンパンナからの帰りにタイ族の服装をして帰ってきたら、漢族の人にタイ族と間違われて、写真を取らせてもらいたいと言われたので、はにかんだ娘さん風を装って写真を撮ってもらったのだという。大胆だなぁ。

こういうふうだと彼女は、日本でもいろいろ「問題」を起こしていそうですね。新幹線は嫌いだから乗らないと言っていた。

今朝、飯を食うつもりで散歩に出たら右膝が痛かった。旅も終わり、か。それで、ホテルのベッドで横になっていた。

昆明の女性は、あごが張った四角い顔の人が多い。少数民族同士の違いというのは、衣服の違いぐらいしかわからないと京大の女性は言っていた。私は、中国人か日本人かの見分けもうまくできなかった。大阪外大の人はこれがうまかったが、彼が一番注目するのはメガネなのだそうだ。日本では細い、金属タイプのメガネが多いが、中国では日本で一昔前に使っていたようなタイプのメガネが多い。でも、ここの女性を見ていると、沖縄にいるかのような錯覚を起こす。それぐらいよく似ている。

シーサンパンナに行けなくても、いろいろ話は聞けた。石林の話も聞けた。いろんな話をでんと聞いているだけみたいだが、年を食ったせいというのではなく、私はもともと若い頃からあまり「行動的」にはできていない。「外国のホテルで寝ころんで、現地の新聞を読むこと」が最大の楽しみだと言ってきた。中国では、ドミトリーになったり、相旅になったりすることが多かったので、本来以上に歩き回らされてきた感じ。沖縄にいるみたいな感じのする昆明でこうやってブラブラしているのはオツだと思う。悪くない。

桂林からやって来た人と昼飯を食ってから、一人で市場を歩いてきた。アラビア文字のようなものも見かけたし、確かに漢族ではないと思われる人にも会った。しかし全体的に漢族が圧倒的である。

種が残っている干しぶどうを買った。干しぶどうが持ちにくいので、携帯用の魔法瓶を買って

（3・8元）、それに入れてきた。相当な距離を歩いた。元気がなくなるとバスに乗るのがおっくうになって、かえっていくらでも歩いてしまう。さあ、これで今回の中国旅行もほとんど終わりだ。

桂林から来た人に、なぜこんなに、異常なぐらい日本人学生が来ているのだろうかと尋ねてみたら、「アメリカやヨーロッパでは並みでつまらないから中国」ということになったのではないか、と。私が会った人たちはなべてマジメで、将来ちゃんと就職するだろうと思われるタイプの人だった。たとえば京大の女性にしても、上海から船でちゃんと帰国できるかどうかをすごく気にしていた。なぜそんなに予定にこだわるのかと聞いてみたら、貧乏学生なので、本代に使える分をできるだけ残したいのだとか。大阪外大の人が、2年前に来たときは人民と同じようにという気持ちで一生懸命やったけど、今回はその気になりにくいということだった。兌換券のヤミ両替などどう考えればいいのか。桂林から来た人も教育学部だそうだが、漢族とは何かということをテーマの一つとしてきたのだそうである。その中で、一番分からないのは「没有」のタイミングだそうで、これはどの人も共通して言っていた。（3・27　昆明）

昆明飛行場にいる。朝7時半。出発は10：40だから早すぎるようだが、タクシーがつかまらない場合のことを考えて早めに来た。

昨日カメラが壊れているのに気がついた。一度壊れちゃうとどうしようもない。旅の終わりに壊れたって感じだ。それで昨日はカメラを持たずに歩いたのだが、相当に違う。

今朝トイレで考えたのは、単一の「文化」では文明にならず、だから文明学というのは混合要素の混合度合いを示すもので、システム学のひとつと言えるのではないかということである。

8時40分になって国際線の建物が開いた。北京で一緒に昆明行きの切符を買った（私はこの切符をキャンセルしたのだが）ドイツ人のエンジニアがやってきた。

時間があるので、この1年、いやこの5〜6年続けてやって来た勉強の成果として私がどれぐらい変わり、変わらないかという作業をやってみたい。

あんまり変わっていないんじゃないかな。むしろ変わらない方向での生活になってきているのではないかかな。本当のところ私がいくつに見えるか分からないが、随分若く見えるらしい。「オレは大学生だ」と言っても、日本人に対しても通じる感じなのだ。もちろん私が大学生だったのは過去のことなので、一度通った道を眺めるような感じで今の大学生を眺めることはできるが、今の私と今の学生とが抱えている問題意識には共通したものがあり、それが「若さ」を維持させる。若く見えるということは嬉しいが、同時に困惑もする。「成熟」できていないということになるわけですからね。しかし、「若々しく老いる」というのが進むべき道なら「うまくいっている」ということなのかもしれない。私の人生で「旅」というものが占める割合はきわめて大きい。その「旅」は、けっして旅行のプロになれない旅なのである。たどたどしい行程を取りながら、結果としては十分進んでいた、といった感じのものである。

「日本と同じように」住める地が今後見つかるかどうか、疑問がある。国際線を普段着で動いては来たが、「国際人」というのとは相当に距離があり、それは事実としてもそうだし、気持ちの上でもそうなのである。じゃ、私は何なのだ。これが「私の学問」のはじまりであり、たぶん終わりでもある。

京大の女性が「中国が分からないことが分かった」と言った。分からないことが分かるほどに、本当に分かったのだろうか？　今大学2年生だという。私には信じられない気がするが、世の中にはいろいろな人がいるのかもしれないし、時代が早熟を強制するのかもしれない。だがそれにしても、本当に分からないことが分かったのだろうか？　私に言わせれば、中国が分からないというより、自分が分からないという方が適切な場合が多いのではなかろうか？

私については、変化の中でしか分からないと、ハッキリ意識した形でではないが考えたようである。もちろん、たんなる変化の部分にだけ注目していたわけではないが、時々現れ出る「私」というのは常に仮定形のものではないか？

今出発手続きを終わって搭乗を待っているのだが、「旅行プロ」らしくなく動転した。空港税が10元で、それはちゃんと残した。そして受付でそのお金と一緒に切符を出したら、10元はどうした、と言うのだ。あれっ、出しました、と言っても、どこに行ったのやら。結局また500円両替しに戻ることになった。同じようなことが上海でもあったし、杭州でもあった。いずれの場合もキーデポジットを返してもらいたかったのだが、最初に何も言わずに鍵を差し出してしまうと、鍵はもう手許にないからデポジットも返してもらえないまま終わる。カネを先に出すのが日本での私の習慣になっているものだから、同じようなことを繰り返す。しかし、中国のやり方って「国際的」なんでしょうかね？　動転したら、その瞬間はどうしようと焦ったが、すぐにまた落ち着きを取りもどした。

空港には日本人もたくさんいる。ツアーが入っている。桂林を回ったようである。お坊さんが一人混じっている。どういう風に中国を感じたのだろう。老いてもなお、私は知識欲盛んな人間であり続けるであろうか？「試す」のは何のためなのか？　終局的には「安定」を望んでいるのか？私は細かい点に神経質なところがあり、たとえば、普通なら人間は2日や3日では死なないが、心の持ち方次第では死んでしまう場合もあるのと同じように、案外簡単に死んでしまうかもしれない。だからテンポの取り方にはすごく慎重である。だが、同時に、たとえば道に迷った経験が、特に外国では何度もあるが、開き直ると、意外に平然と対応できてきている。

10時49分である。国際線はどれぐらい正確かな。

テンポの取り方は、私は中国人とは全く違う。学びたい面もあるが、同じようでありたいとは全然思わなかった。特に元気のいいときには、バカらしくて付き合えない。この春は時間の問題を考える予定だった。中国はよい比較材料になる。「中国における時間感覚」といったような題の本がありそうではないか。とにかく、今の時期の中国を見れたのは最高だった。

中国は物に対する感覚も違うようだ。今回中国を回って、ちょうどブラジルと同じようなものと感じた部分と、そうではない部分とがある。

これから離陸するようだ。日本語のアナウンスもあったみたいだ。動いているその場で書くというのは成昆鉄道内でやり始めたが、愉快だった。はい、離陸。揺れは無くなった。

分量たっぷりのおやつが出た。コーヒーはネスカフェに練乳でこしらえる。飲む気にならない。お茶の方がうまい。国内線では禁煙なのに、国際線では吸える。アメリカなんかとは一時代以上も開きがある感じだ。予想以上にたくさんの日本人が乗っているようだ。人民服の人はゼロ。ツアーの人だけをまとめて座らせるということはしていないようである。中国民航機を型どったバッジが配られた。杭州に行ったときは民航マークのバッジだったが、いずれも同じケースで、バカバカしいほどに重くてがっちりしている。白人の青年がこれを手にしてゲラゲラ笑っている。これをマジメに配るのだからおかしくなる。でも意外と下の「人民」の方にはおかしみの分かる人が多いようである。列車で気になったのは、終着駅に着くちょっと前から掃除がはじまり、着いたときに終わっていることである。忘れ物しにくくていいかもしれないが、お客として扱われていないような感じがした。服務に忠実であることばかりが目立つ。

世間体について、(漢族は)無関係の赤の他人のすることは気にしないというのは、定式化すればそれでいいのかもしれないが、感じとしては違う。皆さんなかなか好奇心旺盛なのである。毎日のように見てきた路上での喧嘩の際、人垣を見るとニタニタしながら見物している人が多い。外国人、特に白人を見る目はきつい。なんだこいつは、って感じ。成都、昆明と、奥に行くほどそうだった。「中国語を話せる人はみな中国人だ」という定式には疑問が多い。

12時40分過ぎ。飛行機は高度を下げ始めている。また資本主義の世界に戻ってきたのですね。こちらがラクだ、やっぱり。社会主義ってのはある意味で（どちらかというと悪い意味で）人間至上主義なんじゃないか。そういうところの人間って上下で別種になるしかないのではないか。「社会主義が不平等を生む」という定式は、限定をつければかなり応用がきく感じだ。われわれ日本人が一番、中国人が見えやすい位置にいるのかもしれない。中国内で香港人と親しくなる機会はなかったが、若い旅行者でも男女同伴（ただし二人というのは少ない）のことが多いように思った。

午後1時。着いた。

再びNew Brother's Guest Houseにいる。今回は風呂、トイレ付き個室で90香港ドル。この前は80香港ドルだったから高くはない。今風呂に入ったところである。

PM3：15。予約は取れなかった。不可能なのである。なぜなら予約事務所に電話が通じない。ビジネスタイムは、土曜日はPM1：00までとのことである。したがって明日空港に行くしかない。ダメもと、といった気分だ。つまり、香港が気に入っているのである。

イミグレーションを通過してからアリタリア航空に行ったら人はいないし、電話番号も書いてない。その隣がJALで、そこで質問しようとしばらく様子を見ていたら、係員は不親切極まる感じ。

品もない。これじゃ到底、私のような薄汚い旅行者の相手はしてくれなさそうだし、質問すること自体イヤになった。おまけに日本に帰るのさえイヤになった。

空港バスでこのホテルに来たら、マネジャーは私をおぼえていてくれて、すぐに電話してくれたが、上記のとおりである。親切にしてくれてとてもうれしかった。私が戻ってきたことを歓迎してくれているようである。

ホテルは立派な個室だが、難を言えば窓がない。でも十分明るいので本は読める。久しぶりに「サービス」に接した感じ。

街に出て、まずレバー入りの細い麵を食べた。10香港ドル。それから両替屋をさがしていくうち、テイクアウトの弁当屋を見つけたので、タマネギと牛肉の飯を買った。9香港ドル。両替屋で2000円両替したら100香港ドル近く来た。Tシャツは1着12・5香港ドルのを12にまけてくれた。売っているのはインドかパキスタンの顔をした人である。通りを歩いていたらエロ本がヒラヒラ開いていて、ヘアー丸出しであることが分かった。ビール1缶にサトウキビの汁2箱買って、8・5香港ドルぐらい。あっという間にこれだけのことをして戻ってきたのだが、久しぶりに「自由」な買い物をして興奮気味である。中国では兌換券と糧票の壁があって、買い物がしにくかったのに比べ、ここは何とラクに買い物ができ、食事ができるのだろうか。日本からいきなり来ると、香港はなんでもなく当たり前の感じがしたし、言葉の壁がある分不自由に感じもしたのだが、中国から来てみると、まず売る人の愛想の良さにビックリしてしまい、次に何でもあるのにもビックリしてしまう。もちろんそれはおカネがあればこそなのだから、まさしく資本主義なのだが、生活パターンとして見たとき、こちらの方が「進んでいる」と感じざるを得ない。社会主義は現実には先進資本主義国の中からは生まれなかった。香港がいよいよ中国に返還されるということの重さが今や十分に感じ取れる。香港ドルの暴落もムベなるかなである。サンミゲルのビールがきいてきた。

土産でも買おうかと思って、もう一度出てみた。ロクなものがない。それにしても、九龍の細い道ってのは方向がまるで分からなくなる。歩いているうちにセブンイレブンに出たので入ってみた。日本語そのままの日本製品がかなり目立つ。『フィエスタ』というブラジルでも売っているエロ雑誌と新聞を買った。それに明日の朝のパン。『フィエスタ』は英国製である。考えてみればここは英国領なんですね。インド人やパキスタン人も来るわけである。新聞も英語である。

香港は長くいるとダレる予感がある。「自由」ってのは、あまりにすぐにあったりまえになっちゃう。中国から入ったばかりで感じた興奮もどれぐらいもつことだろうか。

香港の10ドル札は2種類の銀行の券があることに気づいた。(3・28　昆明〜香港)

予定通り香港の啓徳空港に来ている。朝の6時40分。7時頃から窓口が開くのではないかと思っているのだが、さあどうですか。

ホテル前から空港までは16香港ドルで行けた。タクシー代は上がっていないようである。眠い。なにしろ朝の3時頃目がさめた。寒かった。シーツ1枚では寒い。香港のテレビは、ウィークエンドのせいかどうか分からないが、一晩中放映している。映画をやっている。昔の中国のエライ人のバカ息子のところに美貌の女が嫁に来て、その美人はどうも仙女か何かのようである。その美人がバカ息子を正気に戻らせ、さてそれからどうなるかというあたりまで、うつらうつらしながら見ていた。美貌の女はジュディ・オングにそっくりだった。

7時に日本航空カウンターが開いたのできいてみた。対応してくれたのは日本人ではなく香港の人で、事情を話すと、4階の事務所に行けと言われた。9時から開くといわれたが、行ってみるとすでに開いていて、人がいた。東京行きは今日の分は満席で、スタンバイしろ、と。乗れそうかどうか見込みをきいたら、very full だそうで難しそうだ。明日沖縄直行便も飛ぶのできいてみると、これも満席。東京行きのスタンバイの手続きをしてみたが、やはりダメだった。

アリタリアにも行ってみたが、満席なので、これはとにかく早く確定予約を取ってしまわないといけないと判断し、日本航空でもっとも早く予約の取れる4月1日の便の予約を入れた。そしてチェックインカウンターに戻って代金を払うと4万5000円で買えた。日本での正規料金の半額以下である。あきれてものが言えない。日本で買うのがいかに高いかということであるが、円がいかに強くなったかということでもあろう。どうせ日本で使うもので必要なものは香港で買って行けばよい。たとえばズボン。ちょっと汚れすぎた。洗濯してもシミが落ちない。

帰国できることが確定したので、安心してチョンキンマンションに戻ってきた。昨日の部屋は寒かったので、同じゲストハウスには行く気にならず、Mindenゲストハウスにした。1泊30香港ドルなので3日分まとめて払った。昨日の1泊分でしかない。3人部屋だが、窓際でとてもよい。このゲストハウスはチョンキンマンションの裏手の2階で、マネジャーはインド人のようである。まったく満足している。今日は日曜日だし、雨が降り出しそうだし、疲れているしで、ゆっくりして、明日はマカオに行ってみよう。昨日寝るとき、マカオに行っておきたいと考えていたので、帰国日が3日延びても失望はない。切符を買うときに、4月2日(木曜日)の沖縄便に空席があるかもしれないのでちょっと迷ったが、でもこれでいい。

暑さ、寒さの感覚がやっと戻ってきているようだ。人々が1枚なのに、なぜか私はジャンパー、おまけに、ときにはセーターまで着るということが続いていた。香港に着いてからもジャンパーを着ていた。さっき昼寝して、久しぶりに「暑い」と感じた。本当に久しぶりだ。シャワーを浴びて半袖1枚になってみるととても気持ちがよい。

松下竜一氏にはとうとう、中国からは手紙を出さなかった。個人的に一番印象に残るのは、松下氏が自分の子どもたちに対して示される感情の深さである。私も、娘がワケがわかるようになってくると娘のことを考えざるを得なくなっている。「子はかすがい」とはよく言ったもので、それによって沖縄につなぎとめられているみたいなところもある。旅行中に娘のことをいろいろ考えることが多くなった。

一種の旅疲れはある。ゆったりと考えるゆとりが失われている。東京でどういう本を買うか考えておく必要がある。おそらく沖縄に帰るのは4月4日か5日だろうから、あまり時間がない。(3・29　香港)

久しぶりにぐっすり寝て起きた。元気が戻っている。

中国については一応所期の目的は達したと思う。今、川喜田氏の本を読んでいていろいろ行きたいと思う場所が出てきているわけだが、それは今度またにすればいい。アリタリアの切符が残っているので、片道切符で沖縄から香港に直行することもできる。確実にまた来るだろうな。

香港と中国を比べてみると、香港の方が笑いが少なく、カサカサした感じがある。ジーンと来るものがない。それに比べればこの安宿でインド人を見ていると和やかな気持ちになる。家族経営のようだ。ボンベイ(現・ムンバイ)からの人たちだそうだ。

マカオ行きハイドロフォイルなるものに乗っている。人がその上で生活している小舟に興味がある。蛋民(タンミン)というのだったか。雰囲気あるね。結構島が多い。

香港の朝の地下鉄ではウォークマン着用の若い人が目立つ。

長い間行ってみたかったマカオに行ってきた。もっとも、中途半端に終わった。日本人旅行者と一緒になっちゃったのだ。そのかわり、その人及びその仲間合計8人と一緒にアバディーンまで行く機会を作れた。夜10時頃帰ってきた。そのことについては明日でも書こう。（3・30 香港）

昨日マカオに着いてから、バスで街に出ようと停留所らしいところに座ってタバコを吸っていたが、来ない。別の場所からでるのかもしれない。腹が減ったので、ターミナルの食堂できしめんを食べた。それから歩いていこうと思って海岸沿いに歩き出した。暑い。ほんのちょっとで、まいった、という感じ。それで、最初のバス停（たぶんエクセルシオールホテル前）からバスに乗った。そうしたら、次の停留所でかなりの人が降り、座った隣が日本人のようである。話したらその通りだった。話してみたら、予定も日帰りで私と同じようなので、一緒に歩くことにした。バスは中心街を過ぎたあたりのターミナルで終点になり、そこから南に向けて歩き始め、結局南側をひとまわりした。確かに古い感じが残っている。静かでもある。テンポが少しゆっくりしているのは確かだ。建物の造りにポルトガル風なところを感じはするが、ポルトガル語がどこまで使われているか。標示や店の看板には、確かに漢字と並べてポルトガル語が示されていることが多い。しかし、全体の印象は香港とそれほど違わない。

一緒に歩いた人は珍しくカメラを持っておらず、私が撮ってあげたのである。仕事仲間と8人でツアーを組んでやって来ている。仕事は『ぴあ』の編集であるが、この人はアルバイトの形なのだそうで、帰国してすぐに仕事というわけではないそうだ。ツアーの形で来ていてもすべて自由行動のようで、しかし、午後4時半頃に晩飯を一緒に食べる約束をしているそうだ。2時半に中心に戻ってきて、市場を見てから、タクシーでフェリーターミナルまで戻って、今度はジェットフォイルというものに乗って香港に戻った。待ち合わせ場所に行くと旅の仲間はいなくて、タクシーで中環（セントラル）まで行くと会えた。話では、香港島の裏側を見に行き、そこでメシを食うということで、№70のバスの終点が香港仔（アバディーン）で、その前に蛋民の小舟がわんさと浮かんでいる。そして無料のボートでこの間を縫っていくと大御殿のようなレストランが水上に浮かんでいて、ここで飯を食べるのだそうだ。最初、蛋民の小舟の大群を目にしたときはすごいなぁと思ったが、そのど真ん中に水上レストランをこしらえる発想はもっとすごい。超豪華の料理は確かに口当たりはよい。エビが多かった。それとおかしらつきの魚。しかし、料金は9で割って一人あたり200香港ドルで、4000円。話の種にはなるかもしれないが、全然割に合わない。満腹もできないし。一緒に行った人たちの話は雑音であまりよく聞き取れなかったが、香港が日本と一番違うと思ったところは、ときいてみたら、活動的（といっても疲れている感じ）というのと、においがきつい、というのがあった。

アバディーンの町を歩いてバスターミナルに戻り、セントラルまでバスで帰ってきたところで別れ、スターフェリーで九龍に渡る。降りたところでマンゴジュースとパンを食べた。
昨日で香港島の感じは見当がついたので、今日は九龍でゆっくり散歩、の感じでやりたい。本を読んでもいいし。本当に旅の終わりだ。

昼前に出てカレーを食べた。久しぶりに青空がのぞいて暑い。ネイザン路の西側に渡ってみたら恒生銀行があったので20米ドル両替した。両替屋でやるよりよほどレートがいいようだ。それからネイザン路西側の裏道を歩いた。性交中の男女を型どった彫刻が記憶に残る。それからネイザン路に戻って、ちょうど来たバスに乗って油麻地まで行き、フェリーターミナルに行ってみる。荃湾(ツェンワン)の方に行くバスがあったのでこれに乗る。九龍の西海岸近くを北上すると、市街地が続き、だんだんときたない感じになってくる。それから団地地帯に入った。団地は、郊外に行けば行くほど新しく、高層である。№30のバスは団地の中をまわりまわりしながら行く。葵芳(Kwai Fong)で降りた。地下鉄駅周辺が商業センターになっていて、スーパーや商店が集まっている。周辺は丘状になっているが、丘の上に20階ぐらいの団地群がニョキニョキ建っているのはすごい。姉のいる横浜の団地より高層で、しかし、一つずつの建物は小さい。つまり鉛筆ビルと言うにふさわしい団地群である。倒れないのだろうか？　センターに不動産広告が出ていて、30～50万香港ドル、つまり600万円から1000万円ぐらいのようである。結構高いと思う。地下鉄でチムサチュイまで戻ることにする。郊外から乗った皆さんの身なりはなかなかおしゃれだが、刺激の少ない中間色を好むようである。香港の街では、公衆便所は中国ほどではないが比較的見かける。しかし、センターに見あたらなかったのにはちょっと驚いた。

ホテルに戻ってくる頃にはまた曇って、雨が降りそうである。曇りばかり、本当によく続く。夕方になって本屋に行ってみた。ハイアットホテルの西側前の店。ヨーロッパの本屋に入ったような錯覚を起こす。値段は「日本よりはるかに安い」とガイドブックに書かれているが、中国のようにタダみたいな値段というわけにはいかない。日本人の写真家の手になるものと思われる中国の写真集はよかったが、465と値段がついていたから約9000円。けっして高いとは思えないが、重い。絵はがきを6枚だけ買って打ち切りにし、飯を食って引きあげてきた。頭がボーッとする。今回の旅は期間はそんなでもないのに長く感じられる。出発した頃のことはもう、よほど考えないと思い出せない。(3・31　香港)

雨が降っていたのがやんだが、すずしい。東京はどうなのだろう。衣類を着込むと荷物が軽くなるので、寒い方が動きやすい。

朝飯を食べに出た。マカロニスープ、目玉焼き、パン、コーヒーのセットで8香港ドル。もう一度本屋に行って、英文の中国研究書を見ているうち、便意を催した。下痢したようだ。仕方なくホテルに戻る。夜寒くて冷えるせいだろう。

空港にいる。チェックインが始まるまでにあと1時間ほどあるので、これまでに書いた文を読み直して、書きたくなったことがあれば書いてみる。

昨日松下氏の本の、松下氏自身が一種の記憶喪失症ではないかと思っていると書いてある部分を読んだ（150〜153頁）。記憶のあり方と文章の間に関係がありそうなことは私自身も感じている。私の場合、ものおぼえがいい方だとは思いにくい。特に中年になってからはそうである。ただ、耳が遠かったせいでいろいろ傷つく経験が多く、そういう経験は忘れようにも忘れられない。傷を癒やす方法として、むしろ「忘れる」ということを意識的に心がけてきた。そして幸い忘れやすいのである。少なくとも意識の中には傷は残っていない。どんなにつらい経験も風化されてしまう。こだわるのが嫌いで、それはこだわりがちだからであろうが、そこから抜け出そうとする力はもっと強力である。それが「積み重ねがない」という自己イメージにつながっていく。格好良く言えば「流れる人」なのだ、と。だから積み重ね型の文章は得意ではなく、論文も現在進行形のものになるのである。スジメは結果としてしか意識されない。私の愛好する「哲学」もすべてそのようなものだし、学問もそうだ。かくして、まとめはあってもそれは意外な結果として得られるという仕組みになっていて、したがって、「現在」は常に冒険である。「過去」は意識の上では「無」である。「未来」は遠近によって差がある。「近い未来」は「有」である。「無」であると思いながら行動はできない。そして、私なりに常に「行動」（これはときには何もしないことである）し続けてきた。「遠い未来」は、まさにこの5～6年やって来た学問の方面から意識されるようになってきて、それが簡単に言えば一種の「生きがい論」なのである。内容的には「生きがいはない」というもので、それが、「近い未来」は「有」であるとする意識とどう接合するかが課題と言えば言えよう。論理的には般若心経的な脈絡で解決できようが、問題は感情レベルの問題としてどのようにしっくりと統合できるのかということなのである。あるいは、統合の必要が本当にあるのかどうかということなのである。あるいは統合を望んでいるのかどうかということなのである。文明論的に言えば「近い未来」はもちろん、「遠い未来」も「有」であるという思考が支配的であろう。理念としてはともかく、現実に文明世界で会った人々はそのようである。そして、そこに退屈を感じるわけだろう。中国は「有」の世界である、ということをこの旅で強烈に感じた。食欲、金銭欲だけでなく、人口の多さはそれを物語っているのではないか。そういう意味ではインドなんかもおもしろいかもしれない。メキシコはどうか？　ブラジルはどうか？　今日本で「生きがい」が問題なのは、この「近い未来」と「遠い未来」をどう位置づけるかということだろうと思われる。

予約があって空港に行くってのはラクですわ。今イミグレーションを終わって出発待ちである。ヤレヤレやっと帰れるか。

私が気にしてきたのは「人目」、「世間体」なのか？　何か違うと思うのである。それは、「流れる人」の行動様式に過ぎないのではなかろうか？　その証拠に、「私」ないし私が周囲と合わせるのは一定の条件が整った場合に限られる。私はけっして人に従っては来なかった。「わからないもの」「X」にこそついてきて、それが「周囲」でないことは明らかである。似て非なる現象ではなかろうか。

東京への機内にいる。飛び立ってしばらくして、テレビニュースで大道寺将司の死刑判決が確定したことを知った。最高裁で判決が出たのである。それから、新聞によると、今日から国鉄は民営分割化されるのだそうである。久しぶりに日本のテレビ、新聞、週刊誌を読んでだいぶボケたなと感じた。

さっき搭乗表示を見てMASというのがMalaysia Airlines Systemの略であることを知った。Systemという言葉が会社名に使われているのは初めて見た。この地にはどういう文明があるのだろうか？　今日本時間で午後5時45分、ちょうど沖縄の上空あたりのはずである。

香港では丸出しのエロ本が読める。中国の方は、コンドームがタダとガイドブックに書いてあるような国であるが、それと関連するのかどうかは不明だが、中国旅行中は本当にエロスの感覚を失っていた。われながら不思議で、環境とは恐ろしいものだと感じた次第である。今テレビで京都の案内をやっているが、舞妓さんに口紅を塗るとき、まず白粉を塗りまくって唇の部分も白くして、その上から紅を書くのだが、実際の唇の部分より相当小さく書くのですね。中国で女のことを考え出したのは昆明に着いてからで、つまり「少数民族」が出現してからである。

アジア経済研究所の安田信之氏が東南アジア法の重層性ということを言っているが、川喜田氏の本を読んでいると、重層化を最も上手になしえたのがむしろ日本やヨーロッパだという感じだ。

エアポートバスで東京に向かっている。高速道路は都心に近づいてくるにつれて渋滞がひどくなってきた。香港から来てみると東京のビルはとても低い。だだっ広くどこまでも広がっている。まだ木場を過ぎたあたりだろうが、ポスターが少なく、人も少ない。今高速を降りたが、横文字が驚くほど少ない。

東京駅では、八重洲中央口でJNRあらためJR発足のフェスティバルをやっていた。

成田では、入国手続きを最も早く終えた。香港で正規料金の切符を買ったためエグゼクティブクラスになり(これは昨年のロンドン－東京間もそうだった)、席も一番前の方で、預けた荷物も出てくるのが早かったからである。それだけでなく、動き方もきわめて速くなっているし、たとえばリムジンを降りるときに前の人にピッタリくっついて間に人を割り込ませない、なんてのは明らかに中国仕込みである。東京は静かで穏やかに感じる。しかし、「活力がない」という風でもない。まっ、香港よりはラクに違いない。男は眠り込んでいる人が多い。さっきの電車にはディズニーランド帰りらしい中学生ぐらいの女の子たちが乗っていた。もう10時半なのだが。かなり冷える。カッパのズボンを成田ではいた。まったく汚れておらず、このズボンだけが光っている。東京について「何

でもできる」ってことのありがたさを感じている。（4・1　香港〜東京）

以上が1987年に、香港経由で中国に行ったときの記録である。

この「自由旅行」のあとも、中国には何度か行っている。

2回目は、1996年6月に、やはり香港経由で行った広州で、この旅については『40代の旅と日常』の中で書いた。

3回目は、2004年5月に、成田から全日空の直行便で大連に行き、北朝鮮との国境の丹東を見に行った。一人旅だったが、現在私の家の3階で旅行社をやっている福州出身の蔡莉萍さんのお友だちの周昌輝さんという、共産党の幹部と思われる人のお世話になって動いた。

4回目は、2007年4月に、友人の俊武士さんの案内で、姉も一緒に、沖縄から香港経由でシンセン（深圳）に行った。この頃俊さんは頻繁にシンセンに行って、翻訳とか、日本語教育の関係の仕事をしていたようである。

5回目は、2010年3月に、昆明出身で、当時沖大の院生だった劉艶さんの世話になって、共同研究仲間と一緒に、昆明からシーサンパンナに行った。

6回目は、2011年9月に、姉の長男と一緒にツアーでチベットに行った。成田から上海経由で西寧に行き、ラサまで青蔵鉄道に乗った。

このように、結構な回数中国には行っていて、しかも、行き方や行き先がさまざまなので、だいぶ経験も蓄積できてきたのではないかと思うが、とにかく行くたびに中国はすごい変貌ぶりだった。形としてそれが一番ハッキリ見えたのがシンセンで、はじめて行ったときはまだ田舎の感じだったのに、4回目に行った時には目を見張るような大都会に変わっていた。6回目に行ってからもう10年以上たち、中国はすっかり大国となっているが、今のところ、また中国に行ってみたいという気にはなっていない。たぶん、私なりにしっかりした中国のイメージができて、旅をしたいという動機が生まれにくくなっているからだろう。中国のイメージがほぼ固まったのが2010年に昆明に行った頃だと思う。昆明出身の劉さんと一緒に動いたおかげで現地の人の感覚がしっかりつかめた感じがした。

87年度の法人類学講義で中国について考えた内容は、前掲「法人類学の内容(Ⅲ)」の五「中国の社会組織と法」にまとめてある。

11　中国旅行の後

中国から帰って1年間は、私は外国旅行をしておらず、中国の次に外国に行ったのは88年3月で、タイから、マレーシアを経てシンガポールまで陸路で旅行した。

この間の記録で残っているのは、「哲学」で、11部（1）（86年10月～87年4月）、11部（2）（87年4月）、12部（87年5月～11月）、13部（87年11月～88年10月）がこの時期をカバーしている。「哲学」を書く習慣は、沖縄に住むようになって「もう一人の自分」が消えたのに対応して自然に消滅したようだと漠然と思っていたのだが、続いていたのですね。しかし、内容は変質していって、大学の先生業をやめるかやめないかと迷い始めるとこのノートに書くことが増えたと思う。そして、実際、1987年度はやめる、やめないでまた大騒ぎし、結局やめなかったのである。

そのほかに、妻が書いていた雑記帳みたいなものが見つかった。中国製のノートで、表紙ががっちりしてる。1987年3月27日に書き始め、1990年2月18日までの期間である。内容は主に娘関係のことのようである。娘は、87年3月いっぱいで保育園を卒園し、幼稚園に入った。ノートには娘が描き込んだ絵が混じっている。娘は妹をほしがっていて、おばあちゃん（妻の母）のお腹が大きいので、もしかしたらうまれるのではないかと期待していたらしい。

中国から帰ったあと、私はまず病気になった。4月5日に沖縄に帰って、その夜は元気だったが、翌日、妻、娘と保育園に行って発表会のビデオをもらった頃あたりから体がだるくなった。37度ちょっと熱が出たので寝ていた。7日もそのまま熱は下がらず、夕方妻が帰宅してから指摘されて気がついたが、すごいじんましんが体中に広がった。これはショックだった。伝染するなら授業ができない。旅行で無理して肝臓をやられたのではないかと思った。8日の朝、県立那覇病院に行って診察を受けたら、ビールス（ウイルス）ですと断定され、三日ばしかのようなものだと言われた。血液検査のため採血し、風邪薬をもらって帰宅した。授業は、もうたいていの人がかかっているから、ということで、熱が下がったらやっていいそうだった。帰って寝ていたら夕方になるにしたがい寒気がひどくなって、熱も38度を超えた。病院で診てもらったときに、先生から、中国で何か流行してませんでしたか、ときかれたので、そう言われて考えたら、昆明でペストが流行しているとの未確認情報があると沖縄出身の学生が言っていたことを思い出した。それで愕然として、家の前の薬局や、看護師をしている妻の下の兄の嫁さんにあれこれきいたところ、ペストの症状とはかみ合わないということでホッとした。熱は39度まで上がったが、翌9日朝には37度台に下がり、顔や胸のじんましんも消えていった。それで、この日の教授会を休んだら、まだ東京にいてさぼっていると思われたようで、けしからんということになったらしい。まあ、問題を起こしてばかりなので誤解されても仕方ないか。妻に言わせれば私がうらやましいのだ、嫉妬しているんだというのだが、そんなもんですかねえ。

ところが、病気のことなど吹っ飛ぶような事件が発生した。学生が提出したレポートから私が選んで学科の会誌に載せたものが盗作らしいというのだ。学科長からの連絡によれば、問題のレポートは、当時東大社会科学研究所教授であった奥平康弘氏の『日本人の憲法感覚』（筑摩書房、1985年）という本に収録されている文章のまる写しだというのである。私は、この本を1年前に読んでいた。教養ゼミのテキストとして指定したからである。しかし、細部は忘れていて、同旨であっても、学生自身の文章であれば問題はないと思っていたのだが、まさかまる写しとは思わなかった。まったく。学生にも、了解なく載せたので、ちょっと気の毒なことになった。事前に連絡を取ろうとしたが、取れなかったのである。結果的には私のミスであり、当然責任は私が取らなければいけないと考えたが、さてどうするか。

このレポートを、東京に入試で出張した際に機内で興奮とともに読んだときのことが鮮やかに思い出された。横書き原稿用紙を縦に使って、まあなんてことだとビックリしたが、内容を読んで、いい意味での反骨精神があり、こういう人ならこういう書き方もするかもしれないと思ったのである。私はこの会誌の編集には関与しておらず、もとのレポートに私が字句訂正をして編集委員に渡し、校正は同僚の先生に頼んでから中国に行った。会誌が発刊されてからもしばらくは、誰もまる写しとは気がついていなかったようである。

4月10日夕方に妻が、当のレポートを書いた学生のアパートの場所をきいてきた。実家は東京だそうだが、沖縄にいるらしいので、妻とタクシーで行ってみた。かなり探してその場所を探し当てたが、そこは別人の名前になっていた。下の大家さんにきくと、この学生は休学するつもりだったようで、荷物をまとめて東京に戻ったらしい。しかし、気持ちが変わって、沖縄に戻ってきたが、別の場所に移ったらしく、探し出せなかった。私と妻の共通の友人が家に来てくれて、事情をきいて言うには、この雑誌は学生の発表がメインの会誌で、「盗作」といってもカッコ付きじゃないかと。そして、未配布分は当然削除し、表紙もはり替えるが、回収といった大げさなやり方はかえって問題を大きくする恐れがあるので、むしろ奥平氏に近い人を通して個人的に了解を取る方がいいだろうということだった。私は妥当な意見だと思ったし、妻も同感のようだった。

最終的には、問題のレポートを除いて、雑誌は新たに再発行され、当初発行のものは回収という扱いになった。実際にどれぐらい回収されたのか疑わしい。再発行された雑誌の末尾に「再発行とお断り」と題する文章が掲載されていて、会長と編集責任者名になっている。今読んでみると、なにしろ、学生を非難することはできないので、学生の承諾を得ないで載せたこと、仮に事後承諾したとしても載せるのにふさわしくないと判断したことが述べられていて、読んだだけでは何が問題なのかよく分からない。

再発行の前に私が個人名義で奥平氏に手紙を書き、当初発行された雑誌とともに送ったらすぐに返事があり、われわれの対応を了解してくれて、心配いらないとのことだった。奥平氏は、これより前に、岩波新書版の著作をまるまる盗作されたことで有名な方で、よくよくこういう事件とは縁のある方らしい。それからかなりたって、奥平氏が新たに書かれた『憲法にこだわる』(日本評論社、1988年)という本のあとがきに、この事件の概要が記されていた。自分の文章は学生の書いた文章と区別もつかない程度のもので、といったようなことが、もちろん名前は伏せて書かれていた。私はこうして、東大の先生の文章を添削した人間ということになったのである。

当の学生については、成績評価を「優」から「可」に下げたところ、本人から電話があって、完全にまる写しではないと言ってきたのにはあきれた。

私はこの事件の直後、責任を感じて、1年後に大学をやめようと思った。妻も異論はなかった。やっぱり先生としての資質に欠けるところがあると思わざるを得なかった。気分も、特に4月いっぱいはずっと重かった。気分的に疲れを感じたときは、意識的に妻の父と世間話をした。すごくいい気分転換になった。

大学をやめたらどうすると考えて、書く仕事しか思いつけなかった。自分で書きたいことを書いて、それで暮らせたらいいなと思った。例えば、中国から帰ってからも松下竜一氏の本を引き続き読んでいたが、どうやったら著述業で独立できるのかといった観点からいろいろ考えさせられた。とにかく書こうと思って、4月29日に書き始めた。原稿用紙3枚ずつで区切りをつけ書いていった。ところが、これが3回分しか残っていない。本にする意気込みで書き始めたのだが、すぐにつまずいたようである。2回目に次のようなことを書いている。

「昨日書き始めてから『豆腐屋の四季』の「書き始める」という項を読んだ。そして、私の書き始めと比較してみると、松下氏の方は、自身のほか、妻、老父、姉や弟たちが登場するであろうこと、そして亡き母上に捧げられることが記されているのに対し、私のは私だけしか出てこない。そこで、考えさせられたのは、本にするといったって一体誰のためにか、ということなのである。松下氏の場合、人数は少なくても、とにかく本になることを心から待ち望んでいる人が具体的に存在したのである。実際本にするつもりであることを奥さんに話したことが記されている。私の場合、少なくともこれまで、予想される実在の読者がいなかった。書くのがなぜか好きで、そして私自身はそれを好んで読み返すというおかしな趣味を持っているが、私以外に読者が予定されなければ本にする意味もないのではないか。」

本にするという考えははじめから、それがたまたま飯の種になればいいけどな、という考えといつもつながっていたと思う。もっとも、1978年にラテンアメリカに行ったときは、本を書いて、その執筆料を利用して行ったのである。しかしそれは、司法書士試験用の通信教育テキストと問題集で、私自身はこれを本には入れたくなかったのである。

松下氏の『ウドンゲの花』279頁から次のような抜き書きをしている。

「自分は信念に従って行動していながら、しかし人々の仕事（日常生活）と対照されるとき、座り込みという非生活的行為があたかも根無し草のように宙に浮いている羞恥を覚えずにはいられなかった。あれは暇人だからあげなんことをするんじゃというささやきが聴こえるようだった。

私は豆腐屋をやめ著述の仕事を選んだ日から自分を暇人だと規定したはずである。自由な時間を持ち、誰からも掣肘されることのない職業を持つ暇人である。だから、暇人にしかできぬことを自らに課さねばとも思っている。はるばる福岡の高裁まできて、水俣病謀圧裁判を見守るのもそのためである。

そう割り切っているはずなのに、私の羞恥と孤独はつのるばかりで勤め帰りの人々にもまれながら全身をこわばらせている。」

4月末にめがねのわくが壊れた。娘がじゃれついていたらポキンと折れたのである。最初に行った店に同サイズの黒いのがなく、近くのもう一軒に行くと、あるにはあったがアメリカ製の上等のものだと店主が言う。1万6000円。仕方なくそれを買ったが、使い心地はいい。レイバンだ。

4月は荒れ模様だった。

5月に入ったらだんだん元気が戻ってきたようである。「哲学」の中に生活の記録が混じるようになってきた。5月13日に次のような記述がある。

「久茂地児童館に娘を連れてやってきた。今日からお絵かき教室の実質的な内容が始まる。隣の部屋に亀がいる。30㎝×40㎝×30㎝ぐらいの合成樹脂の箱に入れられていて、幅15㎝、長さ20㎝ぐらいの甲羅をつけている。見ていると、さっきから箱を抜け出そうとして、箱の内側を登ろうとしてはどすんと落ちて逆さまになる。最初見たときは、とても元通りにひっくり返れそうに見えなかったが、首が意外に長くて、しかもしっかりしていて、自分で元に戻れるのである。一日に何度ひっくり返っているのだろう。もう何年も生きてきたんだろうね。」

娘とは結構一緒に遊んでいたようだ。

盗作事件は、5月18日に奥平氏に会誌の修正版と一緒に手紙を送って一件落着となった。やめようという気持ちはずっと継続していたが、その理由というのが、だんだん変わってきた。事件処理の際に同僚の皆さんが何とか責任逃れしようとするのを見てしまって、長くはつきあえないなと思ったのである。こんなところでいつまでも働きたくないという気持ちの方がだんだん強くなっていった。

5月下旬になって、また書き出した。それが、「人びとのブラジル」と題した1985年のブラジル旅行記である。原稿用紙3枚ずつを一区切りにして、1日に6枚ぐらい書いていたようだが、私はそもそも書いていた記憶が全然ない(これを後に『旅の深層』第2章を書いたときに使った)。

6月末に、大阪の私立大学で教員公募しているのを知って、応募しようかと真剣に考えた。担当は国際学史という変わった科目で、応募資格として、国際法や国際関係論、地域関係など専攻とあった。しかし、その大学の情報を集めた結果、ミッション系の大学なので窮屈かなと思われて、結局応募しなかった。

7月になって、夏休みに入ったが、25日まで大学の用事で足止めを食っていた。その頃の生活は、起きてからまず洗濯機をまわし、その間に運動をする。洗濯は、妻と同居中ずっと私の仕事だった。妻は肌が弱く、石けん水に手をつけるとすぐに荒れた。洗濯物を干してから、アイスコーヒーを作って、飲みながら原稿を書く。午後はボーッとしたり昼寝したりした。大学をやめる件については、やはり、作品ができていないと始まらないと感じていた。

この頃は河合隼雄氏のものを連続的に読んでいて、その影響でか、夢をよく見た。河合氏のユング関係の本を読み出してから、私に「影」がまとわりついてきたような気がし始めた。怖い夢が多かった。

7月28日に娘と一緒に上京した。妻の雑記帳によれば、妻も8月1日に上京して、翌日から2

泊3日で娘と全国子どもの本と児童文化講座に参加するために熱海に行った。そして、二人は7日に沖縄に帰った。私は全然夫らしくも、父親らしくもなかった。

まだ傷が癒えていなかったのか、河合氏の『明恵　夢を生きる』(京都松柏社、1987年)に書かれていることが私の気持ちとピッタリ一致しているような感じがして、出家について考えたりしていた。同氏の『カウンセリングを語る(上)』(創元社、1985年)の74頁に、「人間というのは面白いものでして、見通しをもっているとずいぶんしんぼうができるのです」とある。原稿を書いていても、気分転換にはなっただろうが、爽快さは得られなかった。こういう状態だったし、アクセスが遅すぎて、外国旅行をするにしても9月下旬から10月にかけてしか考えられなかった。

姉の息子達と、東京の実家近くの高尾山に行ったり、富士山にも登った。気分が山歩きの感じだったのだろう。ボーッとしているうちに少しずつ気持ちは落ち着いていったみたいである。つげ義春の漫画集『無能の人』(日本文芸社、1987年)に、石を拾いに小旅行する話が載っている。中央線の高尾から大月までの間のどこかのようである。それがどこなのか確かめてみたくなって、やはり姉の長男を誘って、3つぐらいの駅で降りて河原を歩いた。母は、物好きだねえ、と言ってわれわれを送り出したのだが、母も興味を持ったのか、『無能の人』を読み出した。物好きな母親だねえ。川で泳いでいるうちに、何をしに来たのか、だんだんボケてしまったが、いずれにせよ、こういう間の抜けたことができるのは落ち着いてきたのだろう。度胸も戻ってきたようだし、体力もついてきた。図書館で借りてきたり買ってきた本もなべて面白かった。8月18日に深沢七郎が亡くなった。

8月20日を過ぎてから、大阪に行った。最初は元学生宅に2泊したが、どうも居心地が悪くて、釜ヶ崎にやって来て、ホテルをとった。ここで、ジョン・アップルガスという人の書いた『ワーキング・フリー――さよなら！「九時五時労働」』（有斐閣選書、1985年）を読み出したら、私の問題意識にピッタリだった。比較的に見て、大学の先生ほど自由であり得る職業はなさそうに思われた。自立を早まる必要もないようだ。大学でもうちょっと頑張ってみようかなという気になりだした。この本は老荘思想の影響が各所に見られる。章分けしてあるが、議論の展開方向がハッキリせず、欧米の著者には珍しい。

8月24日の夕方沖縄に帰った。何かドキドキした。心が不安定で重苦しかった。しかし、一晩ぐっすり寝たら元気は戻った。寝ている間に膨大な量の夢を見た感じがした。具体的には一つもおぼえていないのだが、夢の中でいろいろな生活をして、そして、起きた私にもその体験が移ったみたいな気がした。

『ワーキング・フリー』の訳者である川喜多喬氏が加わっている、現代フリーワーク研究会編著『人材派遣』（有斐閣、1986年）を買ってきて読んで、愕然としてしまった。予想に反して、フルタイムがいかにラクでトクかの証明をしているようなものだ。フルタイムが支配的なところでフリーワークの形で職を求めると、いいようにしか使われない。現に、大学の非常勤講師がそんな感じだ。「ワーキングフリー」は普通の会社に従属する形ではダメなのだ。独立自営の形を取るしかない。そういうことで考えると、私なんか、やっぱり書くことしかないみたいに思われた。とにかく1冊でも本の形にすることが先決だと思った。

8月28日に、友人の三宅俊司弁護士から、軽貨物の事件を一緒にやらないかと誘われた。ずっとこの問題には関心を持っていて、沖縄航空訴訟事件(『40代の旅と日常』90頁以下参照)とも関連させながら考えていたので、すぐにOKした。

9月2日に、三宅事務所で軽貨物の組合代表者らと初めて会った。予想していたのとは違って、「普通のおじさん」たちだった。沖縄のテンポの人たちで、話した長さの割に疲れず、これならやっていけると思った。

『40代の旅と日常』34頁以下にも書いたが、軽貨物の事件は、沖縄と奄美において従前から定着していた荷主添乗方式による軽貨物運送が道路運送法違反の白タク行為に当たる違法な行為だとして問題となったのである。ただ、違法行為と言うためには反復継続性が必要とされていたところ、1985年に同法が改正され、一回きりの行為であっても違法とされることとなった。これは、本土において軽貨物車によるタクシー行為が急速かつ広範に広がったことに対応するものだった。しかし、沖縄と奄美においては従来から荷主添乗方式が定着してきたことに鑑み、適切な指導期間を設け、実効ある生業対策を推進する旨の附帯決議が改正にあたってなされた。そこで、そのための懇談会が沖縄総合事務局主催で組織され、当初は業者と合意の上で生業対策を進めるということだったのだが、業者に対するアンケート結果は、「従来通り荷主添乗方式で営業できるのが最上で、それが不可能ならワゴンタクシー方式での営業を認めてほしい」とするものが大半だった。その結果、沖縄総合事務局は合意路線を放棄し、同年12月19日付で軽貨物運送事業生業対策要綱をまとめた。ここで明らかにされている生業対策は、本来の軽貨物事業への専念・兼業の専業化・転業・現在の技能などで就ける職への転職・職業訓練を受け新たな技能等を習得してからの転職・タクシー運転手への転職・トラック運転手への転職の7項目からなる。しかし、この要綱にしたがって転職したものはごくわずかだった。このような状況の中で当局は、「指導期間」というのは1年間であるとして、86年4月9日から罰則を適用することとした。その結果沖縄総合事務局陸運事務所長による営業停止処分が続出した。当時三つあった事業協同組合のうちの一つである沖縄軽車両運送事業協同組合が訴訟戦術を取ることに決め、三宅弁護士と私は訴訟代理人となった。

生業対策という言葉を聞いて思わず笑ってしまった。皮肉にも私の課題と同じではないか。大学をやめるかやめないかについては、ずっと迷っていたが、87年10月10日の39歳の誕生日に、やめないということで一応決断した。私自身はやめたい気持ちが非常に強かったのだが、いろんな人に相談した結果、やめた方がいいという人は一人もいなかった。妻は、私がこのままずるずると大学にいるようなことにはならないだろうから、まずは書いたものをちゃんと出版すべきであるという意見だった。そういうことから自費出版に興味を持ち、いくつか当たってみたら、自費出版というのも商売のようで、結構高かった。

学科の1988年度カリキュラム編成が87年11月に入って始まった。学科の会議で提示された案を見ると、責任担当コマ数は6コマということになっている（学科長だけは5コマということに当時はなっていた）中で、私だけ7コマになっていた。そして、会議で公然と示された理由というのが、私は学科長をやるべき順番なのに引き受けないので、その分増やすのだというのである。私は、難聴なので、会議の多いポストははずしていただきたいということで辞退したのである。それで、どうして7コマ担当しないといけないことになるのか、全然納得できなかった。罰なのだろうか。今考えると、これはいじめではないだろうか。しかし、みんなにいじめられたというのでもなかった。そうではなく、会議でも私をはっきりと非難する人が一人だけいて、他の人は黙っているという状態であった。それで場の空気は悪かった。だが、私自身はいじめられているという意識はなく、その人が私にことあるたびに突っかかって来るのに対して、私はそれにいちいち反論していた。講義のコマ数の件でも、納得できないと私ははっきり言って、ずっと保留にしていたが、結局7コマということになってしまったようである。ただ、私に常に突っかかってきた人はその後いつだったのかはっきりしないが、突然別の大学に転職してしまい、以後居心地はよくなった。

ブラジルの旅行記を本にして出版するという話は、結局実現しなかった。自費出版だけでなく、通常の出版の形でできないかと、知人を介していくつかの出版社にあたってもらったり、懸賞にも応募してみたりしたが、いずれもダメだった。ノートを見ると、この時期、旅行記のほかに、法人類学関係で書いてきたものもまとめて出版しようとして、やはり知人を介してあたってもらっていたようだが、これも実現しなかった。学界のボスと目されていた人（すでに故人となっている）といろいろあったのもこの頃のことだ。学界というのも狭い世界なんだなということを非常に感じた。とてもつきあえないなと思い、私なりにやっていこうという気持ちがこの時期にしっかり固まった。そして、弁護士の仕事もだんだん入るようになってきて、常時いくつかの事件を抱えるようになった。

88年3月に妻から頼まれて公民館で「時テク考」という題の講演をしたが、このような雑用もまた増えた。こうして、だんだんと仕事中毒みたいな状態になっていき、ヒマというものがなくなっていった。

88年3月の中旬から、「哲学・第13部」は、ワープロで作成した文章を印刷して、それをノートにのり付けした形に変わっている。キヤノンのワープロを購入して、使うようになったのである。最初の頃に作成した文書は保存せずに、このように、印刷してノートにはり付けてしまったら消去していた。今からすると考えられないことだが、当時は、ワープロにきれいな文書を作るという機能だけしか期待していなかった。実際、ワープロの機種をキヤノンに決めたのも活字がきれいだからだった。ワープロからパソコンに切り替えるまでに私の場合はちょっと時間がかかった。

12　タイ、マレーシア、シンガポール——1988

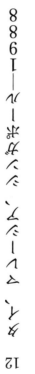

１９８８年3月18日に娘の幼稚園卒園式があった。式が終わってから、私は上京した。

20日（日曜日）夕方成田発のノースウエストでバンコクに向かった。バンコクに着いてから、入国手続きを簡単に終え、タクシーでホアランポン駅（バンコク中央駅）に行った。すぐにチャイナタウンに歩いていってみたが、ホテルはどこも満員のようで、ダメ。疲れてしまったので、三輪タクシーでどこでもいいから泊まれるところにということで行ってもらった。ホテルが決まり、部屋に入ると、ベッドに接して大きな鏡がはってあった。ラブホテルの感じ。ビールを注文してから飲んですぐに寝た。

21日（月曜日）、朝起きて、外に出てみたら鉄道沿線で、ホアランポン駅からそんなに遠くなかった。ホアランポン駅横のホテル南洋というところに決めた。値段は１２０バーツ（1ドルが20バーツぐらい）。トイレ、シャワー付きで、明るく、回廊がついている。大変気に入って、このままバンコクにずっといてもいいという気持ちになる。

たまたま１９８５年にパラグアイのアスンシオンで知り合った陳さん（『旅の深層』１１５頁以下参照）がバンコクに滞在していたので、タクシーで行った。ブロードウェイホテルというホテルで、チャイナタウンの先にあったと思う。おぼえているのは、京都銀行が近くにあったことだ。日本の京都ではなく、首都銀行という意味でしょう。偽造パスポートを売っている店もあった。

陳さんは台湾に戻ると再び出られなくなるのではないかと恐れていた。彼の話では、パラグアイ市民権をとっているので、台湾への入国も華僑の形になり、兵役はないはずだというのだが、本当にそうなのか、自信がないようだった。台湾という国が信用できない様子だった。しかも、パラグアイ市民権を証明するスタンプのついたパスポートは紛失したのだという。台湾のパスポートで入国できるところは限られていて、結局タイに滞在することになったのではなかったかと推測している。兵役拒否で自由を得るためにこうやってフラフラと旅を続けなければならない。会ってみたら、陳さんはこれからマレーシアに行くかもしれないということなので、一緒に行ってもいいなという気持ちになった。私はビルマ（現・ミャンマー）にも行ってみたかった。しかし、まだ準備はまったくしていなかった。

夕方5時にまた陳さんと会って、静かに話せるところはないかと「冷気茶室」なるものに入ったら売春の店だった。いかん。バスでサイアムセンターに行く。ジュースが10バーツで普通の倍もする。陳さんのホテル近くに戻って、陳さんが気に入っているという娘がいる店で食べた。

22日（火曜日）、マレーシアホテル近くの旅行社に行ってビルマに行きたいというと、団体パックになっているようで、1週間滞在だという。ツアーは疲れると思い、ビルマはやめにした。陳さんと会ってから、一緒に別の旅行社に行って、マレーシアへの国際列車についてきいたら、2日ぐらい先まですべて満員だった。しかし、国境近くのハジャイまでならいつでも買えるという。陳さんも、マレーシアに一緒に行けるならば行きたいというので、切符を買うのは翌日まで待つことにした。

別れてから、北バスターミナルに行って、アユタヤへの行き方をチェックした。夜、ホテルの回廊で涼んでいたら、商売の女性がやってきた。幸いにきこえないので、わからんで通した。

23日（水曜日）、陳さんの話では、マレーシア大使館に電話で問い合わせしたところ、陳さんは空路入国は可能だが、陸路入国は不可能だそうで、別々に行くことが決まった。近くの旅行社で午後2時発のハジャイ行きを買って、列車に乗った。

列車はボロだなと思ったし、エアコンもついていなかったが、座席は結構倒れて、よく眠れた。夕食時にはちゃんと作って持ってきてくれた。うまかった。

夜が明けて、ハジャイに着いてから、列車を乗り換えて、東側の国境に向かう。ヤラーあたりまで来るとイスラム教徒がどっと増えた。しかし、仏教の坊さんも見かける。稲はもう実っていた。このあたりは、以前からタイの中で治安がよくないといわれている。

国境に着くと、さっそくバイクのにいさんがやってきて、10バーツでタイとマレーシアの出入国事務所を順にまわってくれた。マレーシアに1ヶ月の入国許可が出た。フレンドリーだった。銀行で100ドル両替した。1ドルが2・5リンギットで、1リンギットが50円ぐらいだった。時間はタイより1時間早い。すぐにバスが来て、コタバルまで行った。

コタバルは、マレーシアの東海岸の北端部にある。田舎町と思っていたらだいぶ違う。バスターミナル横で昼食を食べてから、乗り合いタクシーに声をかけられたので、東海岸を南におりていって、クアラトレンガヌまで行くことにする。2人の子ども連れ男性に、もう1人おじさんと、私。乗り合いタクシーは、古いが大型のハイヤータイプで、広くて乗り心地はよく、きわめてラクだった。スピードを上げるので、2時間半で着いた。バスより1時間はやい。

クアラトレンガヌで泊まった安宿は14リンギットだった。蚊がいるので、ホテルのすぐ隣の華僑系スーパーで蚊取り線香を買ってきてつけた。マラリアをやったので、私は蚊には神経質だ。町を歩いてみた。不思議な感じだ。まっすぐ筋の入った道がほとんどないのである。道があるべきところにドンと建物が建っている感じで、そして、歩いているうちに方角が分からなくなる。ボロ屋とビルとの落差も大き過ぎてちぐはぐだ。マレーシア語は全然分からないが、アルファベットなので、だんだん見当がついてくる。

25日(金曜日)、9時半発のバスでクアラルンプールに向かった。バスはのろくて、エンジンをヒーヒーいわせながら坂を登った。バスの中にテレビがあり、日本の旗が出てきていた。どうやら、日本軍とマレー半島で戦争中、白人のヒーローが出てきてどうにかするという筋書きのように思われた。

午後6時にクアラルンプールに着いた。雨がぱらぱら降る中を、歩いて、チャイナタウンに行き、その近くに環球旅社というホテルを見つけた。1泊18リンギットで、信じられないぐらい安かった。40か50は覚悟していたのである。受付の青年は完璧な英語を話した。ちょっと変わっているのは、2階の広いホールに面して、その奥の方に部屋がある。部屋には窓はないが、ホールで読めばよい。洗面台はあるがトイレは外で、これもよい。こちらのトイレは、水で流す方式なので、いつも湿っている。

レストランでマレー料理を食べてきた。夜、ホールに人が集まっていた。楽器の音がきこえたり、子どもの声がきこえたりして、ちょっと落ち着かなかった。この夜のことは、童話の世界に入り込んだみたいな感じで、今もよくおぼえている。夜遅くなって涼みながら楽しんでいたんでしょうね。ヤモリが鳴いていた。

26日(土曜日)、シンガポールまでの国際列車はやはり満員で買えなかった。マラッカを見ようと思い、翌日のバスの切符を買った。ターミナルの食堂も中華料理とマレー料理に分かれていた。暑いときはマレー料理の方が辛くて食べやすい。地図を立ち読みしたら、道路が木の枝のように小分かれしていっている。

27日(日曜日)、朝8時発のバスでマラッカに行った。3時発のシンガポール行きバスを予約してから、昼食をすませ、観光に出かけたが、この町もやっぱり方向が分からなくなって、タクシーに乗った。教会で、何組ものカップルが結婚式後の写真を撮っていた。そこでタクシーを降りて、歩いてバスターミナルに戻った。預けた荷物をとりに行くと、タクシーで行かないか、と。17リンギットだそうだ。バスの倍ぐらいの値段。他に3人がすでに待っていた。これに決めた。ものすごくぶっ飛ばす。追い抜きレースをやっている感じで、本当に、よく事故を起こさないもんだ。幹線道路なら同一目的地に行く人が4人集まるのにさほど時間はかからない。優れた交通システムだと感心した。そういえば、前記のようにマレーシア航空の英語名もMalaysia Airlines System（MAS）で、システムという言葉が使われている。ちょうどこの頃、東亜国内航空が日本エアシステムと名前をかえたことと照らし合わせて興味深く感じた。

夕方5時過ぎ、ジョホールバルのバスターミナルに着いた。私はてっきりここが出国事務所だと思って降りたのだが、タクシーはシンガポールまで行ってくれたのかもしれない。でも、相当くたびれていたので、結果的にはよかった。国境近くの安宿に泊まった。2階は普通のホテルだったが、1階は売春の場所になっているようだった。ちょっと怖い感じがした。

国境まで行ってみた。シンガポール行きの170番のバスは満員だったが、シンガポール側から来るバスは空いていた。エル・パソを思い出した。平日は、こちら側からシンガポールに働きにいく人がたくさんいるのだろう。

マレーシアを旅してみて、様々な文化が混合しているのには驚いた。あらかじめ本を読んで予想していたことではあるが、現実に見ればやはり驚いてしまう。クアラルンプールに着いて、私はユーゴスラヴィアのベオグラードを連想した。梅棹忠夫氏が東南アジアと東欧との類似性を指摘されているのはもっともなことだと納得できた。両方とも大文明の谷間になっている。歴史的にもそうだった。クアラルンプールの公共市場の大食堂に行くと、マレー料理、中華料理、インド料理の店がそれぞれ固まっていて、混合というよりはすみわけと言った方が適当かもしれない。

28日(月曜日)、7時半頃ホテルを出て、エアコン付きのバス(1・5リンギット)で国境を越えて、シンガポールに入った。実に簡単。

バスが着いてから、安宿街のあるベンクーレン通りにタクシーで行った。ホテルまではすぐで、歩いてもいけたのだが、勘違いして、町の中心部から遠いところに着いたのだろうと思ったのである。この時、町のセンターに車が入るには料金を払わないといけないことが分かった。それを客の私が払った。一度払えば、当日は領収証を見せるだけで払わなくていいらしい。

ホテルは建華旅店に決めた。部屋が空くのを待つ間に、両替と航空券購入をすませた。ホテルのそばで安売りチケットも売っている。非常に安い。例えばバンコクまでだと、210シンガポールドルというのがあったが、到着は午後11時半。予約変更するかもしれないということを考えて、30日の、494シンガポールドルのノーマルチケットを買ったら、非常にビックリしていた。1シンガポールドルが当時60円ぐらいだったから、3万円ほどになる。

シンガポールに着いてから、地下鉄もあるのに気がついて、乗ってみたが、冷房がききすぎていて、暑くなったり寒くなったりで、調子が狂ってしまう。席は、当時の日本の国電方式だが、1席ずつへこんだ形になっている。今は日本でもこういう方式が多くなった。地下鉄内で、席を子ども連れに譲るのを見た。

食べる場所も、冷房が入ったところは疲れるので、扇風機が回っているだけのインド料理店でカレーを食べた。店主も貫禄があってよかった。

29日(火曜日)は町の中を歩き回っていたが、特に記憶に残っているのはインド人街である。ちゃんとヒンズー教の寺院もあったが、やっぱりインドとは違って、清潔な感じがする。あと、頼まれたルイ・ヴィトンを買ったり、手芸センターを見たりした。ホテルそばの古本屋で日本の文庫本をたくさん売っていて、一律2シンガポールドルだった。120円。日本の新本の値段より安くなるので、店の売り子にそう説明したのだが、この値段でないと売れないそうである。2冊買った。

シンガポールには、その後、2005年9月に、フィリピンからインドネシアのスラウェシ島に行く際に経由地として1泊した。非常に洗練されたビジネス都市だなという感じがした。

30日(水曜日)、昼過ぎ発のシンガポール航空便でバンコクに戻った。安宿の集まっていたカオサンに泊まってみようかとも思ったが、4月1日の朝早く日本に発つので、やっぱりこの前と同じホテル南洋にした。隣の部屋にゲイのおにいさんと思われる人がいたが、男なのか女なのか最後までハッキリしなかった。ゲイは非常に多い。

陳さんに会いにいったら、日本のビザは身元保証の得られる台湾かパラグアイでなければ取得できないそうである。彼は4月1日にシンガポールに行くそうだが、それから台湾に一旦戻るしかないようだ。お金があればパラグアイに行きたいらしい。というのはパラグアイの市民権をとったのが1978年だそうで、10年ごとに更新しなければならないのだそうである。彼はひげを伸ばしていた。泊まっているホテルで、偽造パスポートを使ったらと教えてくれたのだそうだ。誰かの偽者になるわけだが、ほんものが30歳のタイ人なんだそうで、老けて見えるようにひげをのばしたが、変装の時間が十分ないのでやめた、と。テレサ・テンも台湾人だが、彼女も偽造パスポートで日本に入って、バレて追放になったのだそうだ。インターネットで確認したら1979年に実際にそういうことがあったのが分かった。

31日（木曜日）、朝10時過ぎ発の列車でアユタヤに行ってきた。遺跡をみていたときに、英語が話せる地元のタイ人女性と話した。彼女は、日本に行きたいと言っていた。話をきいて、とても無理だろうなと思ったのだが、現実には東南アジアだけでなく、世界各地からデカセギの人が日本にたくさんやってくる時代がすぐに到来した。バンコクに戻って、この日も陳さんと会って夕食を食べた。

4月1日（金曜日）、ホアランポン駅から朝4時45分発の列車でドンムアン空港に行った。ホテルを出る直前に乞食がやってきて、「カーウ」なんとかと。ご飯のことだな。これが一番頭に残ったタイ語。空港の待合室には坊さんが2人いた。結局お寺には一つも行かなかったなと思った。冷房がきいていて寒いので、靴に履き替えた。タイに着いて、ホテルで脱いで以来である。成田に着いたら寒かった。

13　旅の合間

タイ、マレーシア、シンガポールの旅から帰った後、1988年は後述のように8月3日から30日まで、またまたブラジルに行った。これは望んだ旅というより、はめ込まれた旅というか、仕事の一環であった。何しろ、サンパウロでは勤めている大学の学長と一緒だったのである。

この二つの旅行の間は、「哲学・第13部」と「1988年度講義準備ノート①」に書いている。ほかに、市販の日記帳が残っていて、日付も正確に分かる。日記帳をつけるようになったのは、いくつもの弁護士業務が入ってくるようになったからだろう。沖縄に来てから入った事務所で、控訴期限を徒過してしまって損害賠償請求された弁護士の代理人となったことがあり、訴えられた弁護士を目の当たりにして、きちんと業務日誌をつけていないと大変なことになると思った。

この時期に起こったことや会った人のことをなぜ「哲学」に記したのか、今思えばちょっと奇妙である。私なりに解釈すると、「哲学」はその書き始めの段階（1976年）では、私の交際範囲が非常に狭くて、ほとんど引きこもりのような生活の中で書いたもので、その感覚を維持したまま沖縄に来たので、万事が「哲学」がらみになってしまったのではないだろうか。その中から「日常」が誕生し始めたのではないか。バラバラな内容の記録ではあるが、どんな「日常」が生まれ始めていたのか、今興味の持てる範囲で、記憶に残っていることや、ノートを読んで思いだしたことをちょっと書き連ねてみたい。

1988年の4月8日は、娘の小学校への入学式だった。タイの空港で、余ったバーツで買ったネクタイを締めていった。2日後の10日に、自転車が盗まれ、11日にブリヂストンで新しいのを買った。かごとかライト、荷台をつけてもらい、保険にも入って、全部で6万8000円のところを、6万円にまけてもらった。アルミを多用していて、それまでのよりずっと軽かった。変速ギアも二つついていて、6×2段である。帰りに荷台に妻を乗っけてきたが、とても軽く感じた。この自転車はその後20年以上も使ったが、坂道で車輪が空回りするようになって、危ないので買い換えた。

4月12日、軽貨物の刑事裁判公判がコザであった。その後、具志川市の社会教育課に行った。妻と妻の友達の喜納勝代さん、それに社会教育課長が既にいた。喜納さんは、久茂地文庫を主宰していて、沖縄に来た当初から知っていた。用件は、当時具志川市で新しい図書館建設を計画中で、その建設予定地を見せてもらうためだった。喜納さんの友達が館長候補だということで、その人が来ていないのできいてみたら、館長候補というのは私だというのだ。まったくたまげてしまった。当時私は、図書館のことなど何も知らなかった。だから、文字通り一日館長候補だったのだが、課長は親切に建設予定地に案内してくれた。九州一の図書館にしたいとか、気宇壮大な話をしていたが、それにしては敷地がちょっと狭いんじゃないかと思った。この図書館は、1990年1月31日に竣工している。

軽貨物の刑事裁判は、何しろ被告人の数が多いので、その後もちょいちょい公判が入った。これと並んで、軽貨物業者側から民事訴訟も提起した。国がちゃんと生業対策をやらないで取り締まりを先行しているのは違法だ、という国家賠償法に基づく損害賠償請求訴訟である。そういうことで、事件は政治がらみになっていった。三宅弁護士は社会大衆党（社大党）の線を追っていて、これはいい選択だと思われた。なぜなら、社大党は沖縄の地元政党で、沖縄関係の問題のとりまとめには適任と思われたからである。軽貨物運送というのが、沖縄や奄美の地域に根ざして生まれた仕事であり、業者も、組合を結成しているといっても自営業者の集まりで、普通のおじさんたちなのである。一日分稼いだらさっさと仕事を切り上げて、夕方からは泡盛を飲みながらゆっくりするという感じなのだ。みんなで集まってわいわいやるのが大好きみたいで、組合員の中に三線など沖縄の芸能に達者な人がたくさんいた。私はこういう感じが気に入っていた。そして、このような人たちを検挙して、犯罪者に仕立てていく当局のやり方には腹が立った。結局、国会の方の窓口として、当時参議院議員だった喜屋武真栄氏にお願いすることになり、5月8日に市場の中の喫茶店で会って話した。沖縄側の政治的な窓口には、社大党の島袋宋康氏にお願いした。島袋氏は、その後社大党委員長になり、参議院議員にもなった。

5月の連休中に、私の弟が東京から来て、レンタカーで南部と北部を回った。私はまだ免許を取っていなかったから、弟が運転した。5月2日に、午後から南部を一周した。知念半島の先端まで行ったのはこれが初めてだった。弟の横で地図を見ながら道を指示していたら、初めて南部市町村の並び具合がしっかり頭に入った。3日は昼前に出発して、名護、海洋博公園を経て辺土名まで行った。本部半島の北側と大宜味村以北も初めてだった。辺土名旅館には、見かけの予想に反し、風呂もシャワーもあって、部屋もよかった。23年前の柱時計が広間に掛けてあった。

「うちのと似てるけど、こっちの方が音がいい」

と、娘が言う。この日は娘の誕生日だった。

辺土名旅館で私が感心したのは、ドライクリーニング屋でくれるようなハンガーの首のところが90度ねじってあることだ。こうすると、ふすまの上にも掛けられる。連休なのに(連休だから、か?)、料理する人が帰っているそうで、すぐそばの食堂で野菜炒めと焼きそばを食べた。ここのおねえさんが髪をのばしていた。食後散歩していたら、これとそっくりの髪のお姉さんにまた会った。沖縄では女の人は髪をのばすんだなと思った。妻の母もずっとのばしていた。切らないのが沖縄の風習のようだ。

4日は辺戸岬に行ってから、東海岸をちょっとおりたところで泳いだ。山の方から流れてきた真水がたまっていて、ちょうどシャワーがわりになった。その後、東海岸を東村までおりてから名護に出て、高速で沖縄北まで行き、東南植物楽園はこんでいたのでやめて、コザと宜野湾市の大山でショッピングしてから帰った。沖縄に来て10年目で初めて本島を一周できた。自動車ってすごいと思った。

5月の中旬から下旬にかけて、暴力団に乗っ取られそうになった不動産を取り戻す事件を集中的にやっていて、裁判所で処分禁止の仮処分をもらった後、依頼者宅で広島の暴力団組員と交渉したときのことはよくおぼえている。相手は二人でやってきて、交替で出たり入ったりして、そして、途中ピンクの派手なカラーシャツに着替えてきたりした。思わず笑ってしまったら、相手はむっとしていた。私は全然怖くなくて、こっけいに見えた。

16日に、サンパウロで会ったIさんという人が来た。タイで坊さんになるとかいって、もう日本には帰らないとハッキリ言っていたのだが、いろいろ事情があったようで、岐阜で働いて、500万円ためたのだそうだ。これから奄美に行って百姓をするんだという。大阪から奄美直行の船がなくて、沖縄に立ち寄ったということだった。Iさんが農業をしようと思ったのは、この頃右翼からの追い出し攻勢を受けて有名になった宇検の無我利道場に行こうと思い立ったからだそうで、この道場のことはすでに書いた通りである。当時私は、「ワーカーズ・コレクティブ」というものについて興味を持って調べていた。私企業型から協同組合型経済への脱皮というのが基本的な考え方のようである。そして、私が買って読んでいたその関係の本には無我利道場も一覧表に載っていた。このような社会運動がなぜ「左翼」ということになるのか、分からないところもあるが、Iさんの話では、かつての全共闘世代がこういう運動に関わっているらしい。しかし、共産党系の医療生協というのもあるし、「協同組合」という組織自体はもうちょっと幅のある容れ物だろう。考えてみると、軽貨物も事業協同組合である。イタリアはこの種の活動が盛んなようであり、働き方の比較という点から興味を感じた。

Iさんは最初、那覇の民宿に泊まっていたが、6月24日には今帰仁村でペンションに移動していた。このペンションを経営している女性の妹が大学で勉強していて、私も教えていた。今帰仁村は、本土から来て有機農業をやっている人がまとまって住んでいるということで有名なところだったが、このペンションのすぐそばにも、本土からやって来た若い夫婦と子どもが住んでいて、養鶏などをやっていた。夫が難聴者で、彼が難聴者の会の活動をやっていた関係で知り合いになった。彼は当時髪を長く伸ばしていて、見えないように耳かけ補聴器をつけていたので見た目には難聴者とは分からなかった。彼の一家が今帰仁村で農業をやるようになったのは、家族に食べ物アレルギーの人がいたからだということだった。

Iさんはその後、7月2日夜発の船で西表に向かったと書かれている。そして、以後の記録はないようである。Iさんは現在は奄美に住んでいる可能性もあるわけだ。

5月28日に、台湾人の陳さんがやってきた。どういう風にして日本のビザを取得したのか知らないが、とにかく日本に入国できたわけである。沖縄には6月2日までいた。この時のことを、「哲学・第13部」に、「陳さんとの一日」と題して、日記風に4日分書いている。彼は当時、大検の合格発表を待っていた。これに合格したら、高校卒の資格ができるので、コンピュータの専門学校に入りたいという希望を述べていたが、どこまで具体性のある話か疑わしく思われたし、若いのでこれから希望も変わっていく可能性があり、私は大学の方がいいんじゃないかと思った。当時の彼の口癖が「関係ない」で、関係ないことはしないという生き方をしているようだったが、それにしては紆余曲折の歩みではないか。私が、一見関係ないと見えるものも切らずに取り込んでおいた方がよい、というと、彼から来た返事が「切っても切れない」というもので、頭の方の理解は速い人だなと思った。

こういうふうに、沖縄をベースにして、普通に「日常」が成り立ち始めていた。気分的にも落ち着いてきていたように感じる。

14

ブラジルとウルグアイ—1988

1988年は、6月下旬あたりから夏休み中の旅行のことを考え出した。インドネシア、オーストラリア、ミクロネシアやスリランカ、チベット、スカンジナビアなど、とにかく行ったことのないところに行きたかった。

行き先が決まらないうちに7月に入って、6日から10日まで東京にいた。上京中に陳さんに会った。最終日の10日は、五反田の立正大学で交通権学会があり、これに出た。軽貨物訴訟を担当するようになってこの学会に入ったのである。交通権という言葉は、その当時は珍しかったが、公共交通機関の整備が人々の移動の権利を保障するという考え方が基本になっている。自家用車だけになると、それを利用できない人々は移動の権利を制約され、交通弱者になってしまう。東南アジアではバスのほかに、各種の乗り合いタクシーが一般的に見られ、それらはパラトランジットと言われて、副次的な公共交通機関と位置づけられている。軽貨物も同じような位置づけが可能だろう。東南アジアと共通しているのは那覇市の中心部に市場があるという点で、市場で買い物をした客にとっては、人も荷物も一緒にのせられる軽貨物は非常に便利である。

沖縄に帰った翌11日の夕方、私が働いている大学に地域研究所が設立されたことを記念するパーティがあった。初代の所長は宇井純先生である。軽貨物問題も研究所の共同研究テーマの一つとして取り上げてもらえることとなったので、出席しないわけにはいかなかった。何というか、タイムリー過ぎてビックリしてしまった。

7月13日に、夏休み中の旅行の行き先がブラジルと決まった。8月にサンパウロで日伯合同の法学シンポジウムがあるのだそうで、それに、私が勤務している大学の学長、私が勤めていた法律事務所の代表も参加するということで、私も行かざるを得なくなった。ブラジルのことは講義では全然取り上げられないでいたし、興味も薄れつつあるかに見えていたのだが、これでなんとか息を吹き返しそうだと思った。しかし、まさかこんなに早くまたブラジルに行くことになるとは意外だった。

7月中旬に、学長等と何度か打ち合わせをやった。サンパウロで落ち合うことにして、出発は別々にした。

同月25日に上京して、ブラジルのビザ取得手続きと航空券探しを始めた。非常に混んでいて、出国できるかどうかも分からないような状況であったが、8月3日にカナダ航空便で出発して、トロント経由でサンパウロに行き、同月30日に成田に戻る便に決まった。

切符については、いったん香港やバンコクなど海外に出て、そこからブラジルに行こうかとも考えていた。当時は外国で買った切符が日本でも使えるならベラボーに安かったが、差額徴収がタテマエになっていた。運輸省と日本航空が一体になって、権益擁護のために取られていた措置ではないかと思われる。日本航空は1987年に民営化されたので、今後変化が出るかもしれないと思われた。とにかく、外国で正規で買っても、それが日本の安売り切符より安いというのはおかしいと思った。本人が外国で買えばOKなので、外国に行ったときに日本出国チケットも合わせて買っておけばいいわけで、実際にそういうふうにして動いている人は結構いたようである。なお、当時のドルレートは190円ほどだった。

出発前に読んだ本で、梶田孝道『エスニシティと社会変動』（有信堂高文社、1988年）はとても面白かった。エスニシティという言葉は、この頃から、民族性という言葉とは似ていても、ちょっと違うニュアンスで使われるようになった。実は今も、どう違うのか、人によって言い方が違うのではっきりしないのだが、基本的には、エスニシティというのはマイノリティ集団というニュアンスを込めて使われてきている。そういう問題がヨーロッパでどのように起こっているのかを具体的に知ることができて、その後、日本でも日系人等が入ってきて問題となっていったときに、比較の視座を提供してくれた。その後に出た、梶田孝道・丹野清人・樋口直人『顔の見えない定住化 日系ブラジル人と国家・市場・移民ネットワーク』（名古屋大学出版会、2005年）では、日系ブラジル人についての非常に正確な分析がなされていて、地域国際化論の授業でも利用してきたのだが、インターネットで検索してみたら、梶田氏がすでに2006年に59歳で亡くなっていることを知ってビックリした。

予定通り、8月3日夕方のカナダ航空便でトロントに向かった。すいていて、横になることができた。機内で、世界各地の魚のバイヤーをしている人と話した。一年のうち半分は日本を留守にするほど出張が多いらしい。今回は、カナダの、まあ町と言えるところに行くそうで、そこにはもう二人が先に行ってるそうだった。気仙沼の会社の人で、その会社ではシイタケやワカメも扱っているそうだった。

トロントで乗り換えて、サンパウロに4日午前10時前に着いた。空港で両替すると1ドルが248クルザード。まだ、2年前と同じクルザード単位が使われていたが、値打ちは大幅に落ちていた。新しく1000クルザード札、500クルザード札ができていた。和食店でギョーザ定食が750クルザードで、間違えて、10万クルゼイロ札（100クルザード相当）を1000クルザードと勘違いして出して、「これじゃダメなんです」と言われた。ここの人でも間違えることがあるそうだった。以前は10万クルゼイロ札は最も高額で、ちょっと普通には使えないお札だった。クルゼイロの時代には数字の大きさで計算能力を試されたが、今回はごたまぜ紙幣で苦労する。

旅行会社で両替したら、1ドルが379クルザードだったから、公定レートとはおよそ1・5倍の開きがある。また、以前は台湾人の店などで旅行会社と変わらないレートで両替ができたのだが、やってくれなくなったし、旅行会社でも、人の見えるところではなく、別室に招じ入れられて、鍵をかけてから両替するようになったので、取り締まりが厳しくなったのだろう。景気は悪くなり、ペンション荒木の朝食もカフェだけになり、楽しみにしていたフランスパンは無くなった。

8月5日（金曜日）は、例によって時差ボケで、午後いっぱい寝てしまった。よくはないが、仕方がないとも思う。

翌6日（土曜日）、まず、テイシェイラ・デ・フレイタスに住んでいた妻の下の弟に会いに行くことに決めて、この日の夜行バスの切符を買ってきた。荒木に戻って出発の準備を終え、広間に行って、荒木のおばさんたちとビデオを見ていたら、鹿児島出身で農業をやっている松山順一さんがやって来た。彼は、この年の1月にテイシェイラに行き、妻の下の弟にも会ったそうである。奥間邑盟さんは、ニカラグアから帰ってきてサンパウロにいるそうだが、おじさんと喧嘩して荒木から出たそうだ。おじさんというのは、荒木のおばさんと一緒に住んでいた人である。後に奥間さんからきいたところでは、荒木で盗難事件があり、奥間さんが犯人ではないかと疑われたらしい。同じ理由で荒木から出た二世が他にもいた。

夕方7時半発のバスでテイシェイラに向かった。バスはすいていたので横になれた。冷えるので、カッパ上下を着て寝袋に入った。暖かくて、よく眠れた。

翌7日(日曜日)、朝10時頃にはビトリアを通過し、午後3時半にテイシェイラに着いた。途中、マモン(パパイヤ)があまり見あたらないので、マモンはダメになったのかなと思う。

荷物をいつものホテルに置いて、タクシーで妻の下の弟の家に行った。ここでもお札を混同して、料金を払い間違えた。妻の下の弟は家にいた。お手伝いさんも使っている。彼の息子は写真で見たよりやせていた。回虫がいて、体力が落ちて、風邪ひいたんだそうだ。国籍はブラジルにしたそうだ。やがて奥さんが帰ってくる。大きなお腹である。

ホテルから荷物を取ってきて泊めてもらった。夕食後、奥さんのお父さんと一番下の弟が来た。お父さんは農場を売ってしまって、今は貯金の利子で暮らしているとのことで、以前とは感じが少し変わった。

8日(月曜日)、妻の下の弟と畑に行った。以前とは違う畑で、家から近い。スイカの苗は植えてから20日ぐらいになるという。カボチャはすでに収穫中らしい畑と、1ヶ月ぐらいの畑。これから消毒するらしく、トラクターの準備をしていた。3人使っている。

午後は、奥さんの妹さんが来た。日系三世の男性と恋愛中で、太った。この男性は27歳だが、既に離婚して子どもがいるという。夜は、奥さんの真ん中の弟さんが来て、「ブラジルを脱出したい」、「2年間行って、お金をいっぱい貯めてきて、女をいっぱい抱きたい」としきりにいう。デカセギならヨーロッパの方がいいんじゃないかと思うが、自動車修理の仕事をやりたいようなので、そういうことなら日本の方がいいかもしれない。

ブラジルの経済状況は相当悪いようで、それに合わせてテイシェイラにもデカセギの波が押し寄せてきているらしい。妻の下の弟はたばこを吸わなくなっていたが、これも節約のためと言っていて、まんざら冗談のようでもなかった。

9日(火曜日)、妻の下の弟とブラジル銀行に行く。以前Kさんの農場で会った二世や、奥さんのお父さんもいた。妻の下の弟は2階に行く。私は1階でかなり待った。妻の下の弟は親指を下にして出てきた。借金交渉がうまくいかなかったようだ。

当時奥さんは学校の校長をやっていた。その学校というのは選挙の公約でつくられたらしいが、お金が続かず、建設途中で終わっていて、給料もなしのボランティアだった。学校に連れて行ってもらったら、清潔でいい感じの学校だった。

妻の下の弟の話ではカボチャの保険請求中だということだった。雨が少なくて生産が上がらなかった補償である。査定までは実をちぎってはいけないのに、もうかなりちぎった後で車輪の跡が残っている。それがバレればもう保険に入れないだろうとのことだった。

前年は妻の下の弟はカボチャでもうけた。それで、この年もやったら値段が全然上がらない。値段が20クルザード／キロで何とかペイするそうだが、現在19クルザード。

Kさんからただで借りていたマモン畑は、もうKさんが土地を売ってしまって新地主になり、木の植え替えができないそうだ。それで、農協（コチア）からお金を借りてカボチャ畑のそばの土地を買う予定だったらしいのだが、面倒な書類を15ぐらいもやっとそろえてみたものの、もう資金がないという。マモンの場合期間が長くなるので、なかなか借りれないようである。マモンは、値段は今高いそうだが、品がないのだそうである。というより、ないから高いのだろう。やっぱり灌漑設備がないとリスクが大きすぎる。しかし、金を借りても、収穫の時にはもうインフレで借金はふくれあがっている。結局資本がないと何もできない。

「もうからんから、やる気がなくなる」

妻の下の弟の話をきいていると、儲けることだけみたいでつまらない。それなら、農業でなくてもいいわけでしょう。日本では農業は手堅い仕事というイメージがその頃はあったが、ブラジルでは全然違う。妻の下の弟は、今回は窮状を特に隠そうとはしなかった。沖縄の実家に援助を期待しているのかなとも思ったが、もしそうならちょっと甘いんじゃないか。

妻の下の弟が、スイカの苗をいくつか持って、近くのスペイン人の家に相談に行くのについていく。この人はスイカ専門にやっているそうだ。バスク出身だそうで、これまでアフリカのギニア15年、ブラジル30年というからすごい。

10日(水曜日)、起きたら妻の下の弟は朝早くから畑に行き、奥さんも学校なので、私は自転車でテイシェイラを走る。

Kさんの家は1階から4階まで窓は全部閉め切って誰もいないようだった。あとできいたところでは倒産してしまったのだという。ちょっと信じられないほどあっけない。

公設市場を建設中だった。はずれには住宅が増えた。これから市長選だそうで、主要な通りには幕が張られていた。

午後4時半発のバスで私はテイシェイラを発った。

11日(木曜日)、リオで乗り換えて、昼過ぎにサンパウロに戻った。

これから行くところが寒いだろうし、学長などと動くときは必要かなと思って、革のブレザーを探したのだが、沖縄に置いてあるのにまさるものは見つからなくて買わなかった。

12日(金曜日)、サンパウロからウルグアイのモンテビデオまでの片道切符を買った。それから、マッケンジー大学に行って、日伯商法セミナーの中心になっている知念明氏に置き手紙してきた。ちょうど郵便がスト中で届かないためである。夜は、荒木で同室の二世の話を聞いた。この人の両親は8年前からサンパウロとリオ間にあるウバトゥバにいて、お父さんは大工をしているそうだが、その前は五島列島で漁業をやっていたのだという。彼自身は日本の学校を途中でやめて、こちらに来てから最初からやったので、今8年目で18歳だという。学校は夜で、昼は自動車修理の仕事だそうだ。

13日（土曜日）は昼寝して、ゆっくりしていた。夕方から松山さん、及び、1985年に知り合った山田さんと荒木の近くでビールを飲みながら話した。山田さんは4月まで日本に帰っていたそうだが、今回は実習ということでブラジル南部のサンタカタリーナに来ていて、10月にはまた日本に帰るそうである。つくっているのはニンニクとリンゴだそうだが、ブラジル南部も雨が少なくて大変らしかった。松山さんは、沖縄でゴイアバ（グァバ）をやったらどうかという話をしていた。ゴイアバは沖縄でバンジローと言っていて、グァバジュースは沖縄では普通に売られている。

14日（日曜日）、夕方7時半発のプルーナ（ウルグアイの航空会社）でモンテビデオに向かった。モンテビデオに着いてからきわめて迅速に空港の外に出た。日曜日だったが、両替所は開いていた。1ドルが374・1ペソ。セントロ行きのバス（110ペソ）に乗ってからちょっとして、雨が降り出し、やがてザーザー降りになった。終点で降りて、長距離バスターミナルの場所をきくと、歩いて3ブロックほどの所で、その近くのホテルに決める。2500ペソ。

雨の中を歩いてみると白い肌ばかりで、血が混じっていないなぁ。目がぱっちりして、口は大きめ。人びとの目つきから私がかなり珍しい顔であることが分かる。ホテルのそばで簡単に食べて、早く寝た。

15日（月曜日）、翌朝のリベラ行きバス切符を買った。コースとしては、海岸沿いに戻るのが速くて簡単なのだが、ウルグアイの田舎を見てみたいということで、内陸部を走ってみることにした。時間的には、日伯商法セミナーにギリギリかもしれない。

町の中で両替屋が多いのには驚いた。香港並みだ。両替屋の方が銀行よりもちょっとだけレートがいい。地元の人も並んでいるところを見ると、ドル払いがわりと普及しているのかもしれない。中心の7月18日通りはとても長く、店や露店が並んでいる。変わった品が多く、退屈しない。センスはなかなかいいみたいである。車はボロ。気温はそんなに低くないと思うのに、ちょっと大げさすぎる服装が多いようだ。風が強いせいだろうか。マテ茶を飲むのはパラグアイと同じで、両国は地図では一応離れているが、案外共通の所があるのかもしれない。革のブレザーは見かけないし、必要もなさそうである。用意してきた登山用のカッパで十分である。しかし、ホテルでは毛布1枚しかないので、着物を着たまま寝る。寝袋なしでは、安宿の旅は冬はちょっと無理であろう。

シエスタ（昼寝の時間）がある関係で、夕食時間が遅い。7時半では誰も食事していない。寒いせいか、バールやサンドイッチェリアのトイレは、食べるものを注文しなくても自由に使えるようである。大変よい。ここではどの店でも料金は食べてから支払うようになっている。治安がよいようで、女性がハンドバッグを持つ手もゆるい。しかし、乞食は時々見かけた。それより、アル中のようでもないのに、意味のないことをしゃべりかけてきたりする人がいる。女性は整った顔の人が多い。洋服もキレイである。そういう人たちがボロバスに詰め込まれているのはヘンな感じもする。

歩いていたら、旅の調子が戻ってきて、マイペースで動けるようになった。そうなるとよく見えるし、よくきこえる。

16日(火曜日)、朝5時45分発のバスでリベラに向かう。バスは最高級。道は後半ちょっと悪いが、舗装はされている。景色がちょっと荒っぽくなったが、言うほどのこともなく、12時過ぎにリベラに着いた。

出国事務所で手続きをしてから道をきいて、ちょっと歩くと国境である道に出る。道を渡ってブラジル側のサンタナ・ド・リブラメントに入り、入国事務所で入国手続きをする。『旅の深層』109頁に書いたペドロ・ファン・カバジェロとポンタポラン間の国境とそっくりである。手続きが済んでからホドビアリアに行く。近い。当日夜のバスがあったのでそれにする。体が疲れているように感じたので、レイト(寝台バス)にした。

使い残したウルグアイペソを使おうと思って、もう一度国境を渡ってリベラの食堂に入り、フィレを注文した。バカでっかい。しかも柔らかい。こんなの久しぶり。最後に余ったペソをドルに換えた。レートは悪くなかった。リベラではクルザードはヤミレートで売買されていた。両替するのにパスポートも何もいらない。見たところ形はオープンに見えても断絶があると思う。ウルグアイ側ではブラジルの商品は見かけなかった。小さな子が私を見て、チノ(中国人)という。親はそれをきいても知らん顔をしている。こうやって二つの町を比較すると、ウルグアイというのがよくも悪くも「小さなヨーロッパ」であることがハッキリと感じられた。ブラジルっていうのは、なにしろいろんな人が混じっていて、肌だけじゃなく服装もいろいろで、そして、騒々しいのである。ブラジル南部は真っ白かと思っていたらそうでもなかった。

リブラメントには国境横に細長い公園があり、幸いにも快晴だったので、夕日を浴びながらバスを待った。風がたえず吹いていて、夜は寒いんじゃないかと思われた。

レイトに乗ったとたんに寝て、17日(水曜日)朝、目がさめると、終点のポルトアレグレに着く直前だった。5時過ぎに着いた。ホドビアリア近くの安宿は700クルザードで後払い。宿のおじさんはたえずマテ茶を飲んでいる。試飲させてもらうと薄い味だった。

昼前までぐっすり寝た。荷物を持たず外に出てみる。セーター一枚程度の人が多い。かんでいたキャラメルがくっついて、歯に埋めた銀がはがれてしまった。唇をかんでしまうので、サンパウロで治してもらわないといけない。メトロがあり、地下鉄かと思ったら地上線で、それで市場に行ってみた。サンパウロの公設市場を小さくしたような感じ。ここで昼食。突き抜けて坂を登っていくと裁判所があり、自由の女神が目隠しをして立っていた。メトロで反対方向に行ってみた。郊外電車だ。市街密集地はすぐになくなる。工場が多い。相当なスピードで終点まで30分か40分走った。またホドビアリアの方に戻ってきて、スーパーマーケットを探して買い物をしてから、バイキング式の夕食をすませた。フィガド(牛のレバー)はおいしかった。

ポルトアレグレという町の名前からもっと騒々しい町かと思っていたので、意外だった。まとまりのいい町だなと思った。全体に、物価はサンパウロより安い。

18日(木曜日)、午後2時発のバスでサンパウロに向かう。乗車の際に珍しくパスポートの提示を求められた。

19日(金曜日)朝、サンパウロに着いて、荒木のそばの日伯文化協会内の病院で歯を治してもらった。600クルザード。信じられない安さである。

荒木には、留守中に新しい人が入っていて、この人とまる一日話した。24歳だったか、青山さんというのである。関西大学の社会学部マスコミ科を出たんだそうで、サンパウロには親戚がいて、そこにいながら日伯毎日新聞の記者修行をしたが、もたなくて辞めて、荒木に来たのだそうである。私もパウリスタ新聞で経験したが、こちらの日系社会というのは現代日本社会とはちょっと別物なのである。だから、もたなかったというのも、日本とはちょっと違う事情によるのかもしれないが、見たところ、彼の場合、人間関係病ではないかと思われた。両親ほど死んでほしい人はないと言うし、ウツのようでもある。大学在学中にインドに8ヶ月行っていたそうだから、のめり込むタイプなのだろう。こういう人と話していたら、逆に私は落ち着いた。

翌日から日伯商法セミナーが始まるということだったが、この種の公式行事というのは私は好きではなく、距離をとって動きたかった。

翌20日(土曜日)、朝7時頃の便で沖縄からの一行がサンパウロに着くときいていたので迎えに行ったが、知っている人は誰も降りてこなかった。それでマッケンジー大学に行ってみたら、講堂でセミナーが始まったところで、お祝いの挨拶等をやっていた。壇上に知っている顔もちゃんとあった。非常に多くの人が出席していて盛況のようだった。多くはマッケンジー大学の学生だろう。

休憩の後にセミナーが始まって、最初は日本とブラジルの法曹制度の比較から始まった。日本の制度については、私の勤めていた法律事務所の金城睦弁護士が話した。ブラジルと違って日本の法曹資格取得は非常に難しいということを強調していた。この点は実際その通りで、これがその後日本での法科大学院の創設や裁判員制度の導入につながった基本的な理由である。ブラジル側からはサンパウロ大学の二宮正人氏が話した。

その後、商法の比較に入っていった。日本の制度については、沖縄から来た商法が専門の研究者の発表があった。きいていて、それぞれの国の制度の状況を並べるだけで精一杯という感じがした。法律制度については、どちらもヨーロッパの法を継受したという点では共通だが、受け入れた社会が違うので、比較するといってもそう簡単にはまな板の上に乗せられない。恒川恵市氏の考えの受け売りだが、ラテンアメリカはアジアより植民地経験が長く、かつ、スペイン人やポルトガル人は土着の政治組織の存続を許さなかった。加えて混血が進み(メスティソ化)、アジア的な意味での民族集団は政治行動の基盤としての地位を失った。このため、強い国民意識の形成はきわめて困難である反面、文化的共通性の認識に基づく民族集団の形成も困難である。そこで、アジアでは政治文化論が盛んなのに対して、ラテンアメリカでは政治経済論が盛んであり、文化以外の要因に基づく対立が社会紛争の主流を成すことになる。

パネリストの発表の後、討論が始まったが、私は退屈を感じて、途中で引きあげた。この日参加してみて、セミナーには最後までつきあう必要はないと判断し、それよりは、何日か自分の時間を作って、できればチリに行ってみたかった。

荒木に戻って、青山さん、同室の二世の人と夕食をしてきたら、学長から電話があったそうなので、宿泊場所の日系パレスホテルに行った。歩いて10分内で行ける距離だ。沖縄や東京から来た方々と一緒に、「でいご」というリベルダージ内にある沖縄料理屋に行って飲んだ。荒木に宿を取っていてよかったと思った。ずっと一緒ではとてももたないだろう。私はそういうのは向いていない。

21日(日曜日)は、食事に行ったほかは外に出ずにいた。奥間さんから、訪ねていくと伝言があったときいたからである。奥間さんは夕方来た。青山さんも一緒に彼のアパートに歩いていった。新築のきれいなビルの6階である。2部屋に、台所、浴室がついているが、広さの割に家具が少なすぎる感じである。ピンガのレモン割りを作ってくれて、それを飲みながら話した。

奥間さんは、ニカラグアには3ヶ月間ほど行っていたそうだ。大いに時計を売りまくったようである。今は、以前と全く同じようにして働いているそうで、月曜日と金曜日にはセアザ(農産物の卸売市場)に行くそうだった。ブラジリアやカンピーナスにもよく行くそうだが、カンピーナスでもサンパウロの仕入れ値の倍で売れるというのだから驚く。しかしそれでもカンピーナスの店で売っている値段よりは安いのだというのだからおもしろい。カンピーナスは、サンパウロからバスでたったの2時間ぐらいしか離れていないのである。一緒に、うどんを食べてから別れた。

夜、学長から電話があった。

22日（月曜日）、下痢をした。青山さんもだそうだから、一緒に食べた何かが当たったのである。ハンバーガーではないかということになった。体がふらつくので、昼間は寝ていた。起きてからは、荒木でいろいろな人と雑談していた。

夕方7時前に、日系パレスホテルに行って、学長、金城睦弁護士と3人で、沖縄タイムスサンパウロ支局の宮城さんという方に会った。タクシーで20分ぐらい走って、沖縄出身者のやっているカラオケに行って話した。刺身がおいしい。ピンガを飲んで、皆さん調子がよく、楽しかった。沖縄のうたを3人ともうたった。私は、沖縄のうたは一つもうたえない。11時半頃お開きになって、タクシーで戻った。私は荒木に戻ってから午前1時半頃まで青山さんと話した。

23日（火曜日）、荒木で初めてあった、農業の人と話した。北海道の酪農大学を出たんだそうで、1年間、サンパウロ州のソロカバ近くでやってみて、作るより流通の方にかわってみようと思い立ったのだという。周囲は皆ダメだ、ダメだというが、だからこそ可能性があるんだ、と底抜けに明るい顔で言う。確たる見通しがある、というより、これから勉強して、確たる見通しを持とうということらしい。農協か何かの流通の仕事に空きができたので、これからそこにおさまる予定のようである。年輩の人でこういう話をまともにきいてくれる人は少ないのだそうだが、話しているうちに、彼自身が「夢のような話で」といって、照れていた。24歳なのだそうだが、しきりに年齢を気にしていた。まだそんな歳ではないと思うのだが。

昼前、奥間さんが来た。奥間さんを見て、荒木のおじさんは、やはりいやな顔をした。それで、青山さんも一緒に外に出て、公設市場近くでまたアラブ料理を食べた。近くの時計の仕入れ店などを見てから、歩いてレプブリカ（空港バスの発着広場がある）に行って、カセットの店、切手の店なども回った。レプブリカのビルは上の方の階も店になっているのだが、実際に上がっていってみないとどういう店が入っているのか分からない。看板や目印になるものは出ていないのが普通である。

その後、奥間さん宅まで歩き、奥間さんがわれわれのために買ってくれたというワインを飲みながら話した。

24日（水曜日）、奥間さんとカンピーナスに行った。11時に着いた。中心部らしい方に向かって歩き出す。古い教会などが見える。サンパウロから来ると実に静かである。日系人にはほとんど出会わない。歩いているうちに鉄道駅に出る。そこからセントロに向かう。商店街は結構長く続いていた。大きな教会を通り過ぎたところでフェイジョアーダの定食を食べる。すぐそばに市場があった。引き返していく途中に公設市場もあった。そんなに大きくはない。物は豊かで、市場はやはり日系人が多い。これだけ見てから、ホドビアリアに戻り、一人でサンパウロに帰った。午後3時過ぎに着いた。

青山さんは、私の弟へのお土産にするためのカセットを選んで買ってきてくれていた。それを試聴するうちに寝てしまった。

夜は、名刺のコピーをとって、名刺サイズに切り抜いた。名刺が足りなくなったため、コピーで代用することにしたのである。

25日(木曜日)、学長から電話があったので、朝8時半頃日系パレスホテルに行った。金城弁護士と学長が順にロビーにおりてきた。かなり遅れて、マッケンジー大学の知念明氏が来た。日系パレスのロビーで一緒に話した。

知念氏の話では、ブラジルの先生は12月～3月が休みなので、その間に日本に行って、研究をして、そういうのを何度か繰り返すことで交流の基礎作りをしたい、と。大学間の提携もそういった中で出来ていくであろう、と。ということで、12月には、マッケンジー大学の法学部長や、労働法の先生も日本に行って、講演会をしたいとのことだった。

交流すること自体は結構なことに違いないが、どうせやるならお互いに意義のある内容にすべきであろう。ブラジルの側はやはり日本の経済力にひかれているのではないだろうか。そうなら、交流内容も法学関係に限らない方がいい。

法学関係の交流をする際に一番心配なのは、日本の大学の場合、法律を勉強しているといっても、法曹になろうという学生はごく少数で、大部分は法律を専門的に活かす職に就くわけではない。これは金城弁護士が、このセミナーの最初に話した内容に通じる。ブラジルでは弁護士の数も多いし、マッケンジー大学はサンパウロでも名門の私立大学であり、専門職希望者が非常に多いのではないか。だから、日本ないし沖縄に来て話す場合は、学生を相手にする場合でも、ちょっと質やレベルが異なるので、そういう意味で、普通の人も分かる内容にすべきであろうと私は言った。

この打ち合わせの後、裁判所見学をするのに背広でないと入れてもらえないというので、いったん荒木に帰って、松山さんが貸してくれたブレザーに着替えてきた。そして、日本からの訪問団と一緒に、サンパウロのど真ん中のセーにある裁判所を見学した。裁判官と面談し、法廷傍聴をするなど本格的なものだった。法廷も撮影自由というのにはビックリした。裁判官は明瞭な英語を話した。

荒木に戻って、ちょっと休んでから、青山さんも誘って、一緒にマッケンジー大学に行った。この日がセミナーの最終回だった。トップの金城弁護士は「日本の企業家」という題で話したが、分かりやすく、内容もよかった。そのあと、東京から来た研究者が話したが、途中で引きあげた。学生の出席は相変わらず多かった。たぶん、講義の一部となっているのだろう。青山さんがマッケンジー大学の学生たちの様子を見て、「盛り上げようとしますね」と言った。私もそういう空気を感じた。

26日（金曜日）、8時半に日系パレスを出発して、マッケンジー大学を表敬訪問した。学長はじめ、日本には十分関心を持っているようである。特に学長は熱心で、日本での沖縄の位置づけもよく知っているようであった。

午後は車で、沖縄文化センターというところに連れていかれた。行く途中で理事長の花城清安氏を乗せた。サンパウロの南方で、結構遠かった。着いてみたら管理人しかいなかった。いったん日系パレスに戻って、セー広場の近くにある日本・ブラジル比較法研究所というところに行った。

東京から来た研究者の講演会があったが、金城弁護士と抜けて日系パレスに帰ってきた。金城弁護士は東京から来た研究者と一緒の部屋で、そこで話したが、四つ星ホテルとは思えない狭い部屋だった。日本からお土産をいっぱい持ってきて、そして、日本にお土産をいっぱい持って帰るらしく、足の踏み場もないぐらいだった。

私がセミナーを見た範囲で一番活躍が目立ったのは二宮正人氏だった。やっぱり、ポルトガル語も日本語も完全にマスター出来ているってのはすごい。そのうえ話す内容もある人ということになると、そんなにたくさんはいない。『旅の深層』109頁で取り上げた杉山春『移民環流　南米から帰ってくる日系人たち』(新潮社、2008年)の第5章「百年後の光景」にも二宮氏のことが詳しく書かれている。二宮氏は1954年、5歳の時に両親と一緒にブラジルに移住した長野県出身の準二世である(幼少時に移民した人を準二世と言っている)。日系社会の人間は日本人とは違うことを肌で知っていた彼は、1972年から11年間日本の東大で学び、ブラジルに帰国後弁護士となり、1986年からサンパウロ大学で教え始めた。セミナーが開かれたのはそれからちょっとしてということになる。

その後、1990年に入管法が改正されてデカセギブームが本格的になったとき、二宮氏は当初から、日系ブラジル人はブラジル人であって、日本人ではない、日系人はバナナみたいなもので、外側は黄色いかもしれないけれど、中味は白いし、混血も増えている、と言い、だから、人手不足だからといって行き当たりばったりに入国させるのでは困るということを訴えてきた(同書

192頁)。その後、日本人だと思っていた日系人は、実際に日本に来てみてそうではないことに気づかざるを得なかったわけである。

夜は、沖縄県人会の歓迎パーティに連れていかれた。私はもともと、今回の訪問団とは別に個人旅行の形で来ていたのだが、学長の挨拶をきいていたら、私をブラジルとの交流の窓口にすると言って、私のことをいろいろ述べていた。公式行事にできるだけ巻き込まれないようにと努力し、距離を置いてきたのに、ちょっと意外だった。会の前後に、ひょうひょうとしたおじさんと話したが、ブラジルの現状についてとても批判的なようであった。政治が特にめちゃくちゃで、上の人はなってない、という感じだった。口調に憤りがこもっていた。コネがまかり通っているようで、能力のない人がポストについているということは随分多いらしい。しかし、考えてみれば日本でも似たようなことはあるし、特に、沖縄は狭い社会で、コネ社会そのものと言っていいぐらいである。ブラジルにはラテン社会的な家族主義があり、その結束は固いと言われてきた。これに対して日本は、家族主義を壊していくような形で近代化、現代化を進めたのであるが、その中で、古い家族主義が様々な形で残っているのが沖縄だともある意味言える。そうすると、ブラジルでは、沖縄出身者というのは適合的だったのかもしれない。

27日(土曜日)、前夜学長が話したことからすると、沖縄に帰ってからいろいろやらされそうだと思われた。特に、ブラジルの国とか政府について、具体的なデータでつかんでおく必要性を感じた。それで朝、奥間さんのところに行って相談したら、彼も一緒に本屋に行ってくれて、よさそうな本を2冊見つけた。何とかいけそうだと思った。

昼食は、青山さんと一緒にうどんを食べた。彼は、この日の夜行バスでバイアに向かい、サルバドル経由でジュアゼイロ・ド・ノルテにも行ってみるとのことだった(『旅の深層』122頁参照)。

午後は、訪問団の人たちと知念氏の自宅に行った。サンパウロ大学に近いモルンビの警備付きの高級住宅地にあって、プールもあった。学長と金城弁護士は、たまたま私と同じ便で翌日の出発だったが、他の人はこの後、帰国するため空港に向かった。われわれは、サンパウロ大学とセアザを回ってから戻ってきた。

夜は、私は奥間さんの所に行って、この2年間ぐらいの旅行写真を見せてもらった。人物写真にしても風景写真にしてもきわめて落ち着きがよくて、絵はがきを見ているような感じがして、私は奥間さんはプロの写真家になれるのではないかと思った。奥間さん自身が写っている写真もかなりあった。一人ではなく、美人や旅行者と一緒に撮ったものが多い。キューバの女性の写った写真を見ながら、キューバでは離婚が多く、この人も、この人も別居中といったような話をしていた。その後、一緒に中華料理を食べてから、10時半に荒木に戻って、荷物の整理をした。

28日(日曜日)、8時過ぎに奥間さん宅に行って、一緒に日系パレスホテルに行った。金城弁護士、学長とともに地下鉄で南方向終点のジャバカラまで行く。二人とも地下鉄に乗るのは初めてだそうで、治安が悪いときいているのか、心配そうな顔だった。ジャバカラからサントス行きのバスに乗った。霧の中、坂道を下りていく。途中、クバトンで降りた。ここのファベーラに奥間さんの妹の旦那さんが住んでいる。貧しい人たちの生活も見ておくのがいい、という奥間さんの考えで、こここを案内することになったわけである。感じである。このあたりは工場の煙で空気が汚染されていて、ファベーラというよりは、貧しい労働者の住宅街といった感じである。案内した二人にはどう見えたであろうか。とくに学長はかなり緊張した様子だった。そこから、サントスまでまたバスに乗って、サントスに着いてからタクシーに乗ったのか、最初からまっすぐタクシーで行ったのかハッキリ記憶していないが、サントス港まで行った。それから、市内バスで海岸線を走らず、ごちゃごちゃした住宅街を走るうちに那覇市と姉妹都市になっているサンビセンテに着いた。帰りはビーチ経由のバスでサントスまで戻ってきた。そして、荒木に帰ってきて、ここが私の滞在場所だと二人に教えた。

金城弁護士は移民資料館に行ったので、学長と一緒に中華料理を食べた。その後、サンパウロの弁護士の車で空港に行った。そして、午後8時過ぎ発のカナダ航空機でトロントに向かった。

29日(月曜日)、トロントに着いてから、バンクーバーに向かった。バンクーバーから成田に発つ前、オーバーブッキングのため乗れない人がいるので、誰かホテルつきで翌日の便に乗ってくれないかという機内放送があり、応じようかと迷ったのだが、何しろ、帰ったらすぐに授業という日程なので、あきらめた。

30日(火曜日)の午後7時頃成田に着いた。

以上が1988年のブラジル・ウルグアイの旅の記録である。

今回は時差ボケが相当ひどかった。芯から疲れる感じ。ジーンとしびれて別世界に居るような気がしてくる。でも、それももうじき消えるはずである。まさに「時間の問題」だ。

ブラジルへの関心を取り戻すことは十分に成功した模様である。というより、関心を持たざるをえない形が作られてしまった。ちょっと逃げられそうにない。仕事の形にして、しかしそれを楽しみながらやれるのであれば申し分なかろう。ポルトガル語の継続的な学習が是非とも必要であり、その方途を早急に考えたい。聞いていてほとんど分からないというのは問題である。これを、「少しは分かる」ところまでもっていかねばならない。さしあたって今年の12月がメドである。今度の旅行中、とくに金城睦弁護士からいろいろ質問されていい訓練にもなったし、疑問点を明確にするのにも役立った。いい本も見つけてきたのだから、ひとつじっくり勉強してみようかという気になっていた。

ブラジルでの私のあり方ってのは面白かったと思う。マッケンジー大学が招待したのは4名で、私は何でもなかったのである。というのは、セミナーは日本とブラジルの商法を比較するのがテーマだったからである。若干一般的なテーマもあったが、これは金城睦弁護士がやった。非常にうまかった。私はもうブラジルはおしまいにしようかと内心思っていたりで、かなりシニカルにこの国を見るようになっていた。私はサンパウロでは毎日この4名の方々につきあわされてあちこち行ったのだが、招待した側から見ると、なぜ私がいるのかよく分からないようだった。私もどういう態度でいればいいのかよく分からなくて妙な具合だった。しかし、特に金城弁護士と学長は私に親切で、結局最後まで行動を共にした。これまで一人でやって来たような旅では到底出来ないようなことがいとも簡単にできるのにはびっくりした。「招待される」ということの大きさを思い知った。招待された人々と一緒に動くことで同じ体験を持てたのである。考えてみると悪くない。一番いいところだけ頂いたような気がする。お土産や記念品のやり取りとは私は全く無縁だった。

9月12日から津波古《つはこ》なおみ先生にポルトガル語会話を習い始めた。先生は琉球大学に留学してきていて、栄養学が専門である。両親は現在ゴイアニアに住んでいるそうだ。素晴らしいの一語に尽きる。頭も人柄もいいのだが、なによりユーモアが通じるのが最高である。あと6ヶ月日本に滞在するらしいので、この間にちゃんと会話ができるよう勉強してみたい。私は全くタイミングのいい人間だと、またしても思った。

10月3日にマッケンジー大学の要覧を抄訳する仕事を終えた。個人的にはこの仕事を大いに歓迎していた。ポルトガル語の勉強になるし、ブラジルの大学教育の内容を知るのにも好適である。組織の全体像をつかむまでかなり苦労したが、やはりやってよかったと思う。カリキュラムを日本のそれと比較するだけでも、いろいろなことが分かる。

ポルトガル語の授業を受けていて感じるのは、ごく基本的な動詞を十分に使いこなせていない。何度も使って練習するしかないし、それだけでも格段の効果があると思う。当たり前といえば当たり前のことだが、それが分かっていなかった。

15　社会主義地域の比較――ロシアのウクライナ侵攻との関連で

１９８８年度までの段階で、私は諸社会を、分節社会・個人優位型社会・社会優位型社会という分類でやって来た。

「社会優位型」というなら、ここに社会主義地域は当然入るのだろうか？　中国を検討してみたとき、この点はいろいろ考えた。集団主義といえる特徴が見られるにしても、それは国家サイズのものではないだろう。この点はインドも同様である。逆に言えば、国家サイズでの「集団主義」を確立できることが、先進地域となるための前提といえるのかもしれない。それがうまくいかないと、いかに国家が管理を強めても国民がついていかないという現象が共通に見られる。

安田信之氏の分類では、共同法理・市場法理・指令法理の三つが挙げられ、それぞれの国家モデルとして、原始共産制国家？（コンミューン型国家？）・資本主義型国家（法治国家）・社会主義国家（計画型国家）が挙げられている（『アジアの法と社会』三省堂、１９８７年、参照）。このモデルによれば、例えば西欧における法の近代化とは市場法理が幅を利かせるようになったことを指しているのだし、東南アジアは三法理がせめぎあっている地域としてとらえられることになるのである。

この三分類自体は分かりやすく、説得的であるようにも思われるが、余りに抽象的であり、したがってまた、そのなかに色々のタイプのものを包含でき、基準としてはいささか妥当性を欠くと思われた。例えば、「指令」といっても様々なものがあり、「社会主義」と一対一対応の関係にあるのかどうか疑わしいし、実際、様々な「社会主義国家」がある。「指令」ということとの関連で日本についてみれば、恐らく「指令」もなしにこんなにピッタリと行動がそろう国は、少なくとも先進諸国の間ではほとんど例がないだろう。昭和天皇の体調悪化後、いわゆる「自粛」が流行語となったのだが、流行する以前からどこでも見られる現象であった。これと比較すれば、中国の人々は個人としてもっとハッキリした顔を持っている。なぜこれが社会主義なのか、といった感じさえしてくる。これから逆に推測すれば、社会主義化した地域というのは「指令」という強制を必要とした地域なのではないか、とも考え得る。西欧や日本が社会主義化しなかったのはこのためではないか。しかし、「指令」がどのような形や意味で必要とされるのかは、地域によって異なるだろう。それを検証するには、まず、複数の社会主義国を比較してみるのがよかろう。

というわけで、社会主義のイメージを具体的に検討することがメインテーマとして決まったが、その際、袴田茂樹『深層の社会主義―ソ連・東欧・中国　こころの探訪』(筑摩書房、1987年)はきわめて面白く読んだ。例えば、ソ連でも当時ペレストロイカ(改革)ということが盛んに言われていて、一見すると中国と実によく似た状況にあった。また両国間の交流も進展していると伝えられていたが、この本では、ちょっと長期的に考えてみると両国関係の基本ベースは不信と対立であり、社会主義国同士だからといってそれが通常の国家関係を超える特殊な関係に発展することはないだろうということ、そしてまた、両国がたまたま似た路線を取っていても、相互に大きく異なっていることなどが述べられている。これから容易に推察されるように、この本は各国の「民族性」を重視する立場に立っている。この「民族性」を強調する本のなかには、本当かなと疑念を抱かせるような誇張と独断に満ちたものが多いのだが、本書の場合、何よりまず、私の旅行体験から得られた印象ときわめてうまく合うのである。読んでいて著者は優れたフィールドワーカーだと思った。ちょうど希望するテーマとぴったり一致してもいるので、１９８８年度後期はこの本を、いわば羅針盤として利用させてもらうことにした。

このように方針を決めてから新聞を見てみると、社会主義圏の記事が意外に多いのに今更ながら気づき、素朴にびっくりしてしまった。日によって差はあるが、多いときは国際面の半分以上が社会主義圏の記事だった。そのなかでも、民族紛争関係の記事が目立って多い。そのいくつかをコピーして配り、講義でも読んでみた。具体的には、ソ連、ユーゴスラヴィア、ルーマニア領内のハンガリー系住民の問題に関するものである。他の地域においても共通の潮流があるのではないかと推量し、そして、社会主義は「民族」と適合的な制度なのか、という問題意識も持った。

このような見地から考えるとき、中国の場合は、多民族国家であることが強調され、当時チベットで紛争が起こっていたが、漢民族が圧倒的多数を占めていた。

１９８７年度に引き続き88年度もまず中国を見てみたが、例えば張辛欣・桑曄『中国女性事情：インタビュー』（草風館、１９８６年）を、個人の生きがいと仕事との関連で考えている過程で見つけて読んで感動してしまった。われわれと同じような興味をもって生きている人々はこの地域にも確実に存在する。そこで、アジア（中国とベトナム）の社会主義の問題を向こう岸のこととして考えないで、「先進」国日本にも共通した問題として考える、という態度で書かれた吉沢南『個（わたし）と共同性（わたしたち）　アジアの社会主義』（東京大学出版会、１９８７年）を紹介した。「個と共同性」という分析視角は、私がそれまで興味をもって考えてきた「公と私」という問題設定と同様のものである。

具体的にはこの本は、土地の所有と管理の変遷に焦点を当てながら、互助組・初級合作社・高級合作社・人民公社と変化してきた集団化の過程の意味を、個人・集団・国家それぞれのレベルから考察しているが、まず革命の出発点のところで、アジアにおいては「自由」とか「権利」の内容・主張の仕方がヨーロッパのそれとは異なっているのではないかと指摘される。ヨーロッパのそれが私有権確立を基礎とした政治上のものであるのに対して、例えば孫文は、四億人すべてが豊衣豊食することをその内容として挙げており、中国は四億の全数的生存権の実現を目指していたというわけである。ホーチミンの考えでも民主主義の主体を個人から民族に拡大し、それを民主主義の継承・発展と定式化しており、私的な領域での要求はそのあとを追う形で実現されていった。

革命後の中国の土地改革は、意外にも日本の農地改革と同じ様なもので、土地私有を原則として認めるものだった。土地保有を平均化することによって水平的な社会関係がもたらされた。政治的には貧農を中心に据えたかったのだろうが、結果としては中農が伸びている。平均化したといっても、現実の生産と生活はそれほど均等ではないことから、伝統的な慣行を利用する形で互助組が組織される。しかし、清算に問題があった。質の異なる労働の評価、あるいは、人の労働と役畜の労働の換算などである。さらに、実は私有物であるのに、「みんなで共同に使用するのだからみんなのものだ」と飛躍して、個人の労働を熱心に投下しても「半公」として取り上げられてしまうではないか、という不満をうむ。かくして、「みんなのもの」を作り出さねばならないというわけで合作社（協同組合）化が進められる。当初は、報酬配分において土地報酬を含める形のものから出発しているが（初級合作社）、合作社が大きくなるにつれ構成員の階級的均質度が崩れていき、土地報酬のない高級合作社へと移行する。1956年、高級合作社はほぼ中国全農村に普及する。高級合作社の段階になって、かえって並行して自留地とか、家庭副業とか、個人収入とかの問題が自覚されるようになるということがまずおもしろい。組織が大きくなるに従い管理機関の必要性は当然高まり、初めは一般社員と画然と区別されていなかったが、独り歩きしてしまう傾向が指摘されるようになる。利益処分においても合作社の取り分の増加が認められるが、それ以上に、国家の介入が目立ち出す。一つは農業税（平均して15・5％だったという）、もう一つは余剰農作物をすべて、統一買い付け価格で買い取ることによってである。この統一買い付け価格が低い水準に保たれることで、工業生産に従事するものが利益を受けることになった。

1958年にいわゆる「大躍進」の時代を迎え、人民公社が創設される。合作社段階では数百から数千人の規模だったのが、人民公社では万人単位になる。こうして、1958年の夏以降数ヶ月で、47万余りの合作社が、2万6000余りの人民公社に統合される。当初このサイズの人民公社が内部組織も持つことなく、単純な協業をしたというのだから全くびっくりしてしまう。各世帯で食事の準備をする手間を省くため公共食堂が設けられ、そこでは、働きに応じてではなく、必要に応じて食べることになったのだというから、まさにSF並みである。その年の内に食い尽くし、たちまちのうちに手直しが必要となる。それが、具体的には内部に分割組織を作っていくことだったというのはきわめて興味深い。１９５９年に人民公社－生産大隊－生産隊の３級所有制が取られ、土地などの基本的生産手段は中間の生産大隊が所有することになる。そして、自留地と個人の手工業が再び許されるようになる。生産隊はさらに小さく分割されていく。では、手直し後も存在し続けた人民公社とは何なのか？　人民公社は、最末端の行政単位である「郷」に一つずつ設けられた。この「郷」と人民公社が一体となったのである。これを憲法上「政社合一」と言ったわけである。人民公社はかくして、農村と国家との交通を結ぶ紐帯となったのである。国家の最上層と最下層とがこれによってつながれることとなった。このことは、農業だけではなく、生活全般にわたって起こったのである。いわゆる文化大革命は、「大躍進」後の手直しをことごとく否定しようとするものだった。こう見てくると、文革というものがどのようなものか、実によく分かる。

吉沢氏の本を私なりに要約してみて感じたのは、公と私の関係について日本と決定的に違うのは、公と私をつなぐものが弱いということで、この点において日中間の距離を実感することになった。

限りなく資本主義に近いなどとも言われるようになった文革後の状況の中で腑に落ちなかったのは、社会主義の国家体制のまま資本主義化というのがどこまで推進できるのか、ということであった。そうこうするうち、１９８９年にいわゆる天安門事件が起こった。その事情について私を最も納得させてくれたのは、本多勝一「「天安門の虐殺」への道―古川万太郎氏との対話」（本多『貧困なる精神D集』朝日新聞社、1989年）である。利潤追求が、いけないことからいいことに変わって、皆が儲けろということになれば、権力に近い人ほどチャンスがある。その人たちがなりふりかまわず金儲けに走る。そして腐敗する。その際に自浄装置が働かない。この組織の問題は現存の社会主義国家が共通に抱えている問題で、だから社会主義もどきしか存在しないということになる。

中国のあとソ連を見てみた。ロシア、あるいはスラヴ民族の「民族的特性」をイメージとして得る、という作業は、中国について講義しながらずっと試みていたが、成功しなかった。例えば、「民族の世界史」シリーズの中の第10巻に森安達也編『スラヴ民族と東欧ロシア』（山川出版社、1986年）がある。このシリーズには随分お世話になってきて、これまで利用したどの巻でも、その扱っている民族のイメージを得るのにきわめて有益であったが、この巻に限っていえば、全然駄目なのである。しかし、何か特色はあるのだろう。例えば、さきに述べたように、袴田氏の本はソ連と中国との違いを強調しているが、具体的に述べている内容は実に納得的なのである。ソ連でも一部の共和国や地域で家族請負い制を実施しようとしているが、とても中国のような思い切ったことはできないだろう、とか、ソ連では商業とか市場経済というものに対する心理的抵抗は強く、これは共産主義イデオロギーのせいだけではない、とか、ソ連の場合改革への欲求は上にはあるが、庶民の間にはそれほど強くない、とかと述べていて、それに関する具体的説明を読むと私の体験や知識とよく一致するのである。

時間的余裕がなかったので、講義ではとりあえず、中国の検討とテーマの上で出来るだけダブるデータをということで、中山弘正『ソビエト農業事情』（NHKブックス、1981年）を取り上げた。農業国有化ということに関しては、一貫してその方向への政策が取られてきたことが分かる。この国有化は、大多数の農民の意志に反して強行され、1930年代初頭には党対小農民の激突が見られた。形態的には、ソフホーズ（国営農場）とコルホーズ（協同組合農場）に分かれ、当初はソフホーズの割合が小さかったが、これは、ソフホーズ労働者が公務員であるということから財政負担が大きいということだったようで、フルシチョフ期から「党対農民」がほぐれて「農民のソビエト市民化」が進んでいくなかでソフホーズ優先政策に転換したようである。この本では、西欧や日本と同じく、農業労働力が都市流出し、兼業化が進展してきていることなどについても詳述されている。個人の副業経営状況についても述べられているが、しかし、これについては中国の戸別請負いとはレベルが違うように思われる。「西欧化」ないし「近代化」と日本でわれわれが言っている現象も見られるかわり、それによって社会主義体制の基盤が揺らいでいるというふうには見えなかった。

注目したのは、ソ連農業の豊凶の揺れが大きい、という事実である。ブレジネフ期に入ってこの揺れがますます大きくなっている。もっとも、ソ連が穀物の大量輸入国に転落したからといってパンもない状態になったということではない。人間用の穀物は、私の体験でも十分すぎるくらいで、問題は飼料用穀物である。揺れの大きくなった原因は従来の中心地だったウクライナの比重が落ち、辺境の穀作が増大したためである。いったんかんばつになると全部が駄目になる。では、この辺境はどうなっているのか。ソ連南辺の方はイスラム地域になっている。山内昌之氏『現代のイスラム　宗教と権力』(朝日選書、1983年)の第7章で、ソ連の中にイスラム問題があることを知って以来気になっていたが、講義ではおもに上記の「民族の世界史」シリーズの最終巻『現代世界と民族』(江口朴郎編、山川出版社、1987年)中の、「社会主義と民族の問題」と題する山内氏執筆部分を紹介し、さらに背景を知るために読んだ濱田正美・梅棹忠夫両氏の対談「一瀉千里だった中央アジア」(月刊みんぱく、1985年10月号、所収)には驚いた。

まず、ソ連国内についてみても、2000年における人口予想では、ムスリム人口がちょうど50%に達するのである(1970年においては23%)。これに対しロシア人の人口はこの間に40%から30%に落ちると予想されていて、人口面では逆転してしまうのである。出生率の差によってこうなる。ロシア人はこの面で「西欧化」しているということである。そして、「地元民化」が進み、民族的地域内での母語への執着は100%に近いとされる。ソ連南部はたくさんの共和国・自治共和国に分けられていた。これは分断政策なのだが、成功しなかったようである。山内氏は、この点に関して、4種類の「民族意識」があると指摘される。

a．氏族・部族につながる亜民族意識。これは、むしろエリートの間で顕著に見られるという。

b．「境界確定」のため分割・区分させられた30以上の民族への帰属意識。

c．イスラム共同体意識、あるいは、パン・トルコ的意識。

d. ソ連市民意識。

このなかで、bが最も分析困難とされる。もともと人工的だった区分も、ある程度のリアリティを獲得したが、文化的分割はむしろ失敗だった。中央アジアの中で最も人工的集団といえるウズベクが核となってcに発展する可能性がないとは言えない状況なのだという。前記の濱田・梅棹両氏の対談はcの可能性について論じている。すぐには実現し得るというようなものではないにしても、国境線をはさんで相対している中国・アフガニスタン・イラン・トルコと民族的にきれいに切れるわけではない。

このように見てくると、例えば、ソ連のアフガニスタン侵攻についても、「ソ連社会はイスラムシンドロームの挑戦に免疫になっており、ソ連のイスラム社会の現状は第三世界のイスラム同伴者に「発展モデル」を提供するものだ」という見解よりは、これをイスラム的人間に対する先制的防御と見るほうが事実に近いのではないかと思われた。

ソ連の法的な問題については結局1988年度はほとんど触れることができなかった。

講義では、東欧の民族問題についても、前記『現代世界と民族』所収の、木戸蓊「東ヨーロッパ—政治変動と民族問題」などを利用して簡単に説明した。木戸氏は、東欧における民族運動イデオロギーの特色として、懐古的・排外主義的傾向が見られるとされる。外国支配が数世紀に及ぶことが多かったため、独立運動指導者にとって目標とすべきモデルが手近に存在せず、例えば「大ハンガリー」とか、「大セルビア」など、かつての最大領域が独立達成の目標となり、それが限りない民族対立を招いたのだとされる。そして、それはまた、「下からの」国民統合に向かわず、特権や断層を温存したまま目を外部に向けることにもつながったとされる。

ソ連・東欧については、1989年度に継続する予定でいたところ、周知のように激動が始まり、お手上げの状態になってしまった。

以上が1988年度後期の授業内容である。

2022年2月24日にロシアが突然ウクライナに侵攻したあと、3月12日に、自宅の本棚に林克明、大富亮『チェチェンで何が起こっているのか』(高文研、2004年)を見つけて再読した。チェチェンはロシア連邦を構成する共和国のひとつであるが、今のウクライナを考えるのに参考になるだろうと思われた。

朝日新聞社『知恵蔵』に収録された袴田茂樹氏の記事(2007年)によれば、チェチェンはグルジアに隣接する人口約80万、日本の四国ほどの大きさのイスラム系住民が中心の共和国で、首都はグロズヌイ。旧ソ連時代には石油を年間400万トンほど産出し、交通、運輸、地政学上の要衝の地にある。チェチェン人は19世紀以来ロシアの支配に対して激しく抵抗した。1922年にチェチェン自治州、36年にチェチェン・イングーシ自治共和国が成立、43～44年にはドイツ軍に協力したとしてスターリンによって民族ごと中央アジアに強制移住させられ、57年に帰国が許され自治共和国が再建された。91年11月に独立国家を宣言しドゥダエフが大統領に就任したが、モスクワはこれを認めなかった。92年6月にイングーシ共和国が分離独立。94年12月、ロシア軍の攻撃で内戦状態に発展し、96年4月にドゥダエフは戦死。同年8月に和平合意が成立し、選挙で穏健独立派のアスラン・マスハドフが大統領に選ばれた。97年1月、ロシア軍はチェチェンから撤退した。モスクワが最大限の自治を保障するタタルスタン方式を主張しているのに対して、独立派はあくまで完全独立を主張、やがて独立運動は激化した。99年9月にロシア軍は空爆を開始、再び内戦化して、プーチン政権は2000年6月に臨時行政府を設置、マスハドフ大統領を追放し、イスラム教指導者で親ロシア派のアフマト・カドイロフを行政長官に任命した。03年10月の共和国大統領選挙で、カドイロフが大統領に選ばれたが、04年5月のテロで倒れた。同年8月29日に大統領選挙が実施され、共和国内相のアル・アルハノフが当選したが、独立派はモスクワの傀儡（かいらい）政権として認めていない。元大統領のマスハドフ司令官は05年3月にロシアとの戦闘で死亡した。強硬な独立派で対ロシアテロ活動の指導者シャミル・バサエフ野戦司令官も06年7月にロシア連邦保安局の作戦で死亡した。

２０２２年４月７日午後の日本テレビの「ミヤネ屋」でチェチェンとウクライナとの比較をやっていて、この番組ではジャーナリストの常岡浩介氏が話していたが、上記のようにチェチェンの主要民族であるチェチェン人は独立志向が強く、帝政ロシア時代から自治と独立を求め戦ってきた。ソビエト連邦崩壊直前の１９９１年11月、チェチェン大統領に選出されてまもないジョハル・ドゥダエフがロシア共和国からの分離独立を宣言。ロシアはチェチェン国内の反ドゥダエフ武装勢力を支援して独立を阻止しようとしたが、果たせなかった。1994年12月11日、ロシア軍がチェチェンに侵攻し、第一次チェチェン紛争が勃発した。ロシア軍は1995年3月首都グロズヌイを制圧したが、チェチェン側はゲリラ戦による抵抗を続けた。1997年5月チェチェンとロシアは暫定平和条約に調印し、ロシア軍はチェチェンから撤退した。独立問題は5年間凍結されることになり、チェチェン側はこれを独立容認と解釈した。1999年8月、チェチェン武装勢力が隣国ダゲスタン共和国を攻撃したことから、ロシア軍が再びチェチェンに侵攻、第二次チェチェン紛争が始まった。チェチェン側は再びゲリラ戦で応じると同時に、ロシア国内で爆弾テロなどを行った。二度の紛争による死者は10万人を超えた。

第二次チェチェン紛争と今回のウクライナ侵攻にどのような類似点があるのだろうか。常岡氏はまず「戦争の始まり方」に言及していた。ウクライナではロシアとヨーロッパ、どちらの同盟につくのか、国論も二分していた。チェチェンもほとんど同じ状況だ。ソ連が崩壊したタイミングで、国内で「ロシア連邦に残留したい勢力」と「独立したい勢力」があった。独立派が優勢になって94年に第一次紛争が起こり、ここでは独立派が勝った。第二次のタイミングで、モスクワで連続爆破事件があり、ロシアは「テロの背後に独立派の大統領マスハドフがいる」と言って翌日に攻め込んできた。今回のウクライナでは「東部で独立紛争が起こっていて、そこで虐殺が起こっている。親ロシア派の住民を助ける」という名目で攻め込んできた。何らかの理由を使って攻め込んでいるが、親ロシア派の地域で虐殺が起こっているという実態はない。さらに、常岡氏によると、当時モスクワで起こった連続爆破事件は、ロシアの諜報機関ロシア連邦保安庁（FSB）による偽旗作戦の疑いが濃厚だという。第二次チェチェン紛争時、指揮をとっていたのが当時のプーチン首相である。プーチン氏は翌2000年に大統領になったが、常岡氏は「プーチン氏は国民の恐怖を煽ってその恐怖を解決する、ヒーローのような指導者という自分をプロデュースすることに成功した」と見解を述べる。プーチン氏はまず首相代行になり、首相、大統領代行になって、その後大統領になった。首相代行という形で世間に出てきたときには支持率が2%、最大でも5%しかなかったと言われている。その状況で、いたるところでチェチェンのテロと称するものが何度も起こり、ロシアの市民がチェチェンのテロに対する恐怖心に囚われた。それをうまく利用したというよりも、それ自体が偽旗作戦だったと思う、と。常岡氏は「4000万人と100万人では攻撃の規模が違う」とした上で、「第二次チェチェン紛争並みにウクライナが戦う可能性は高い」とする。ウクライナも第二次世界大戦では何百万人も殺された。それでも抵抗をし続けた。今のウクライナのお年寄りはそれをやっていた人たちで、その記憶は過去のものになっていない。今回たくさん殺されたら諦めるのかというと、少なくともチェチェン並みに戦う可能性は高いと思う、と。

2022年6月4日に「ソビエト最後の日々」（『本多勝一集　第30巻　ソビエト最後の日々』朝日新聞社、1998年、所収）を読み終わった。ルポと言うより、助手の同行ロシア人と一緒に動いた旅行記のような感じになっていて、「取材しない取材」方式（184頁）が、とにかくすごくおもしろい。

期せずして「ふつうのソ連」が浮かび上がっている。そして旅行したのが、1991年8月の、失敗したクーデター直前である4月21日〜5月26日と、クーデター失敗後の同年9月13日〜17日という絶好の時期である。この直後の同年12月、カザフスタンのアルマアタで開かれたソ連構成共和国首脳会談の結果、独立国家共同体（CIS）が結成され、74年に及ぶソ連邦の歴史が終わったのだった。旧ソ連を構成していた15の共和国のうち、バルト三国を除く12ヶ国が新しいCISの枠組みに移行した。

旅のコースはアンドレ・ジイドの『ソヴェト旅行記』（岩波文庫、1937年）と同じでモスクワ、レニングラード（現・サンクトペテルブルグ）、グルジア、クリミア半島のヤルタである。このうち、モスクワについては、私が1982年にソ連を旅行したときと基本的に変わっていないという印象を受けた。

民族問題との関連では、このあとのグルジア（日本では2015年4月以降ジョージアと呼称変更）と、グルジア国内の自治共和国であるアブハジアがとくに興味深い。

グルジアはかつてソ連構成国のひとつであったが、1991年に独立を果たした。1997年にはウクライナの呼びかけに応じてアゼルバイジャンやモルドバとともにGUAMを結成し、2005年にはウクライナと共に民主的選択共同体（CDC）を発足して加盟、2009年にCISを脱退した。1999年から欧州評議会のメンバーである。

グルジア内の南オセチア自治州とアブハジア自治共和国の二地域が事実上の独立状態となって

おり、ロシアなど一部の国から国家承認を受けている。つまり、ソ連に対してグルジアは独立を強く志向してきたが、グルジア内部でも民族問題を抱えて「入れ子式の民族問題」となっており、しかも「入れ子」は三重ぐらいになっている。入れ子の二つ目の箱にあたるのが南オセチアで、国境を越えて、ロシア側に北オセチア自治共和国があり、南オセチアはグルジアを離脱して同民族の北と同様ロシア共和国に加わりたいのだが、グルジアはこれを認めず、すでに何度か流血事件が起きていた(『本多勝一集　第30巻』122頁)。

アブハジアは、国際的にはグルジアの一部とされていて、グルジアはアブハジア自治共和国として自国に属すると主張しているが、事実上、アブハジア共和国として独立状態にある。その独立は国際的には認知されていなかったが、2008年8月26日にロシアが承認を発表した。

Wikipediaを参照すると、1989年、独立しようとしていたグルジアへのアブハジアの統合が、グルジアの民族主義者たちによって声高に主張されていたが、多くのアブハズ人たちはこれに反対し、その代わりに、独立の共和国としてのアブハジアの建設を考え始めた。同年7月16日、大学の学生の受け入れをめぐって、スフミで暴動が起こった。暴動は数日間続いた後、ソビエト連邦軍によって鎮圧された。本多氏のルポ後のことになるが、1992年7月23日、アブハジア自治政府が独立を宣言したが、国際的な承認は得られなかったため、グルジア政府は3000人の部隊をアブハジアに送り、スフミにおいて、アブハジアの分離主義武装グループとのあいだで激しい戦闘が起こった。1週間の戦闘で双方に多くの犠牲者が出て、グルジア政府はアブハジア自治政府を廃した。アブハジア側の敗北の後、北コーカサスの諸共和国からの義勇軍がアブハジアの分離主義グループに合流し、再びグルジア政府軍との交戦が始まった。そして、１９９２年８月14日、アブハジア戦争とも呼称される大規模な衝突が開始された。同年９月、反乱軍の攻勢によって、グルジア軍は劣勢に立ち、同年末、反乱軍がスフミ以西のアブハジアの大部分を掌握した。「民族浄化」(ethnic cleansing) が双方に起こり、この段階で約３０００人が殺されたとされる。１９９３年７月、アブハジア軍は、スフミを管理していたグルジア軍に対する攻撃に出た。そして９月27日、スフミはアブハジア軍の手に落ちた。１９９３年10月、国連安保理はアブハジアの軍事行動、民族浄化を非難。１９９４年５月15日、停戦合意が成立し、国際連合の平和維持軍が停戦の監視に当たっている。以後、戦闘は起こっていないが、その代わり、繰り返し行われている交渉による事態の大きな進展もない。１９９４年11月４日、アブハジア政府は新しい憲法を採択し、主権を宣言し、１９９６年11月23日、選挙が行われたが、グルジア政府や国際社会からは承認されていない。

アブハジアと同様にグルジア国内の自治共和国としてアジャール自治共和国がある。アジャール自治共和国は南コーカサス西南部にあり、黒海に面しトルコと接した地方に位置するグルジア国内の自治共和国である。首都は黒海岸の港湾都市バトゥミ。人口は約40万人。グルジア最大の港であるバトゥミを抱えるため、独立以来経済的に困窮しているグルジアにとって非常に重要な地域である。Wikipedia によれば、人口統計上、住民の８割は民族籍をカルトヴェリ人やその支族（ミングレル人、ラズ人、スヴァン人など。国勢調査では区分されていない）とされているが、実際にはこの地方のグルジア人の多くがアジャール人と呼ばれるイスラム教スンナ派を信仰するカルトヴェリ系のエスニック・グループであるため、グルジア国内で自治共和国を形成している。

これだけ見ても、ソ連というのが民族問題を解決できなかったことは見て取れよう。

法人類学の講義を設けた1980年代のはじめの頃は、私は文化や民族の多様性をプラス評価し、基本的に文化相対主義と言われる立場から考えていたのだが、その後、1990年代に入ったあたりから、文化にこだわることに対して疑問符がつくようになっていった。私が講義でよく使った西川長夫氏の『国境の越え方―比較文化論序説』(筑摩書房、1992年)の237頁に書かれているところにしたがって説明すれば、文化相対主義は、あらゆる文化に独自の価値を認めることによって、自己の文化を最高とみなす自民族中心主義に対抗し、植民地主義の時代の人類学者の良心の役割を果たしてきた。文化相対主義に対しては、人類に共通の普遍的価値を放棄するものだという批判もあるが、多様性尊重の方向性から反論可能であろう。諸文化に対する中立的な態度は結局諸文化の現状維持を助けるという批判もあるそうで、事実そういうことはあり得ると思うが、現状維持を助けるというのは文化相対主義の本旨とは思われない。これらの批判より現実的にもっとシリアスに感じられるのは、文化相対主義に認められる国民国家イデオロギーの残滓の問題性である。それがヨーロッパでの移民排斥の動きとつながったと考えられるからである。つまり、移民で来た人たちの文化を尊重しなさいということになると、同時に、自分たちの文化も同等に尊重しろと要求できることになるわけである。これがフランス右翼の立場であり、マイノリティ排斥の道具として文化相対主義が使われ得るということである。文化相対主義は、自文化中心主義や人種差別の潮流に抵抗する概念として、知識人や良心的な人類学者の倫理的なよりどころになったが、文化の多様性は認めるものの、文化を単一な孤立した体系とみなすことによって、文化交流や文化変容に関する考察の道を閉ざしてしまう。境界を設け、相互不干渉を唱える主権国家のイメージである。このような考え方では自己と他者との関係を深く問うことが出来ないだけでなく、現存する差別や抑圧の無視、既成の国際秩序の容認にもつながりかねず、そういう意味で、文化相対主義自体の正しさも相対的なものに過ぎないと批判される。こういったことを私は、1990年代に入ってから以降も具体的な事例との関連で考えていくこととなった。

あとがき

本書によって、『而立への旅』（小6頃に難聴になってから30歳になるまで）と『40代の旅と日常』の間の時期を、自伝的につなげることができた。

私は難聴になってから30歳になる頃までは将来についての展望が全然持てなくて、「30で死ぬ」と本気で思っていたし、そのように公言してもいた。そういう、いわば捨て身の状態だと、一般に人が持つような心配事もなく、生きるってのは至極簡単なことと思われ、実際、沖縄に住むこともトントンと、つまずくことなく達成できてしまったのだった。

ところが、それでうまく行き過ぎて戸惑いが生じた時期が本書に書いた30代の時期だったのだろう。「体験的世界地図づくり」という副題からはすごくオープンな感じがするのだが、本書で見られるように、この時期の旅にはいろいろな迷いがいつもこびりついていて、30歳になるまでと比較すると歯切れの悪いものとなっていた。

このような状況になったことについて、1987年の中国旅行の終わりに考えたのは、本書の中で書いたように、「近い未来」と「遠い未来」をどう位置づければいいのかが問題だということで、これは現在でも課題にしていることである。

場所的にも時間的にも正体不明のXだというのが30歳になるまでの「僕の哲学」で、そういう考えで生きている私というのは格好良く言えば「流れる人」なのだ、と思っていた。だから「現在」は常に冒険であり、そういう私と友達になれるような人はまわりにはいないと考えて、話し相手は「もう一人の自分」しかいなかった。30代に入って私なりに動く中で考えたのは、「無」であると思いながら行動はできないから少なくとも「近い未来」は「有」であり、だから実際「もう一人の自分」も姿を消したのだが、そういう状態が「遠い未来」とどう接合するかという問題意識が新たに生まれた状態で40代に入っていったのだと思われる。中国を旅しながら私は、中国は「有」の世界だということを強烈に感じていた。食欲、金銭欲だけでなく、人口の多さはそれを物語っているのではないか。でもそれだけでは収まりがつかない自分をどう位置づければいいのか。

その後、50代に入ってから一時、私はフィリピンのダバオに住んだが、その頃広井良典『死生観を問いなおす』(ちくま新書、2001年)を読み、沖縄に戻って講義を再開してから、毎年この本の32頁に載っていた次のような質問をする習慣ができた。

「(1)この私が死んだ後も、時間は流れ続けるか？　yes／no

(2)すべての人間(人類全体)が死に絶えた後も、時間は流れ続けるか？　yes／no

(3)宇宙がすべて消滅した後も、時間は流れ続けるか？　yes／no」

三つの質問は、（1）は時間は私とともにのみ存在するという考え、（2）は時間は人間とともにのみ存在するという考え、（3）は時間は宇宙とともにのみ存在するという考えを背景としていると考えられ、（4）として時間はそれ自体において独立して存在するものであるという考えもあり得て、この考えだと（1）から（3）まで全部ｙｅｓの回答になる。

もし私が学生として回答を求められたらどういう回答をしただろうか？「僕の哲学」からすれば、自分というのは空間的にも時間的にも不分明であり、正体不明のXである。宇宙の存在がそもそも不分明であり、したがって時間がどういうものかも不分明である。しかし正体不明であるにせよ、感覚的にはこの世があることはしっかりと感じられ、「仮の世界」なのに生々しい存在感がある。これが私だけのことだとすれば個人的な問題ということですまされるが、肝心なのは、私だけでなく他の誰もが同じように正体不明のXなのだということである。

「僕の哲学」は難聴になったことが決定的に影響している。望んでも実現は絶対できないことがたくさんあり、どうせそういうことなら最初から望まない方がいい、ということで、自分でできることだけを選択する人生を送ってきた。そういう生き方は、三つの質問に対して全部ｎｏと答えるというあり方と親近性があり、だから毎年一人でも全部ｎｏの人が講義を聴いていてくれるとやりがいがあった。

難聴は個人的な出来事だが、これに対してたとえば今回の新型コロナ禍は人類全体の存亡に関わる問題で、そういう問題に体験的に直面したのは私の人生でほとんどはじめてのことだったのではないかと思う（1986年4月にチェルノブイリ原発事故の報道に最初に接したときも、この世の終わりかと思った）。この問題に直面していろいろ考えさせられてきたことが影響してか、「常識」に従うのではなく「僕の哲学」から本気で対応したらどうなるのか、という興味を持ちながら本書を書いた。

順序からすれば、このあと50代の旅ということになるが、2001年2月から2005年2月までは「ブック」というフォルダを作成して図書館関係の旅をまとめていた。ところが、50代後半に入ったあたりから私はその合間にビックリするぐらいあちこち旅をするようになっていって、旅の動機やテーマも複層化していった。この時期の旅については現在まとめている最中である。

本書の編集も『40代の旅と日常』までと同じく落合絵理さんにお願いした。記して謝意を表する。

組原　洋

2022年12月5日　那覇にて

著者紹介

組原　洋（くみはら　ひろし）

弁護士・沖縄大学名誉教授
1948年鳥取市生まれ、1972年東京大学法学部卒業、1974年司法修習修了

著書
『オランダ・ベルギーの図書館』『学力世界一を支えるフィンランドの図書館』（いずれも共編著・教育史料出版会）
『旅の深層』『旅の反復』『旅の表層』『而立への旅』『40代の旅と日常』（いずれも学文社）
『現代沖縄農業の方向性　序論』『同　本論1』（いずれも共編著・沖縄大学地域研究所）などがある。

30代の旅と模索
—— 80年代の体験的世界地図づくり

2023年5月30日　第1版第1刷発行

組原　洋　著

発行者　田中　千津子
発行所　株式会社　学 文 社

〒153-0064　東京都目黒区下目黒3-6-1
電話　03（3715）1501（代）
FAX　03（3715）2012
https://www.gakubunsha.com

印刷所　新灯印刷

ISBN978-4-7620-3235-6

40代の旅と日常
—妻と歩んだ90年代の沖縄と世界
組原　洋
学文社